한국전력기술

실전 최종모의고사 + 무료NCS특강

SD에듀
(주)시대고시기획

2023 하반기 SD에듀 한국전력기술
NCS&전공 최종모의고사 5+2회분 + 무료NCS특강

Always **with you**

사람의 인연은 길에서 우연하게 만나거나 함께 살아가는 것만을 의미하지는 않습니다.
책을 펴내는 출판사와 그 책을 읽는 독자의 만남도 소중한 인연입니다.
SD에듀는 항상 독자의 마음을 헤아리기 위해 노력하고 있습니다.
늘 독자와 함께하겠습니다.

PREFACE

머리말 | 풍부한 발전소 설계 경험과 기술력을 바탕으로 에너지 산업 전반에서 경쟁력을 확보하고 있는 한국전력기술은 2023년 하반기에 신입사원을 채용할 예정이다. 한국전력기술의 채용절차는 「입사지원서 접수 ➡ 서류전형 ➡ 필기전형 ➡ AI역량검사 ➡ 면접전형 ➡ 최종합격자 발표」 순서로 이루어진다. 필기전형은 인성검사와 직업기초능력, 직무수행능력으로 진행된다. 그중 직업기초능력은 의사소통능력, 수리능력, 문제해결능력, 자원관리능력, 정보능력, 기술능력, 조직이해능력을 평가하며, 2022년에는 피듈형으로 진행되었다. 또한, 직무수행능력은 직렬별로 상이하므로 반드시 확정된 채용공고를 확인하는 것이 필요하다. 따라서 필기전형에서 고득점을 받기 위해 다양한 유형에 대한 폭넓은 학습과 문제풀이능력을 높이는 등 철저한 준비가 필요하다.

한국전력기술 합격을 위해 SD에듀에서는 기업별 NCS 시리즈 누적 판매량 1위의 출간 경험을 토대로 다음과 같은 특징을 가진 도서를 출간하였다.

도서의 특징

❶ 합격으로 이끌 가이드를 통한 채용 흐름 확인!
  • 한국전력기술 소개와 최신 시험 분석을 수록하여 채용 흐름을 파악하는 데 도움이 될 수 있도록 하였다.

❷ 최종모의고사를 통한 완벽한 실전 대비!
  • 철저한 분석을 통해 실제 유형과 유사한 최종모의고사를 수록하여 자신의 실력을 최종 점검할 수 있도록 하였다.

❸ 다양한 콘텐츠로 최종 합격까지!
  • 온라인 모의고사 및 AI면접 응시 쿠폰을 무료로 제공하여 채용을 준비하는 데 부족함이 없도록 하였다.

끝으로 본 도서를 통해 한국전력기술 채용을 준비하는 모든 수험생 여러분이 합격의 기쁨을 누리기를 진심으로 기원한다.

SDC(Sidae Data Center) 씀

한국전력기술 이야기

⬡ 미션

> 친환경 에너지 기술을 기반으로 미래 에너지 산업을 선도하여
> 국민 삶의 질 향상에 기여한다

⬡ 비전

> **Technology for Earth, Energy for Human**
> 환경을 생각하는 기술, 사람을 향한 에너지

⬡ 핵심가치

사람   기술   미래

◯ 전략방향 & 전략과제

전략방향	전략과제
핵심역량 중심 주력 · 성장사업 활성화	▸ 원전 전주기 사업 강화 ▸ 신재생에너지 사업 활성화 ▸ 해외사업 경쟁력 강화
보유역량 기반 미래사업 다각화	▸ 미래사업 활성화 역량 강화 ▸ 디지털 융복합 사업 활성화 ▸ 지속성장을 위한 안정적 사업모델 발굴
기술사업화 중심 에너지기술 경쟁력 확보	▸ 기술사업화 관리체계 고도화 ▸ 기술역량 관리체계 고도화 ▸ 에너지 기술개발 다변화
기업가치 제고 지속가능 경영체계 구축	▸ 미래지향적 경영 체계 구축 ▸ 상생 · 윤리 경영체계 확립 ▸ 조직 인사 문화 혁신

◯ 인재상

신뢰받는 Partner	▸	인류에 대한 존중과 신뢰를 바탕으로 시너지를 극대화하는 인재
도전하는 Pioneer	▸	변화를 두려워하지 않고 지속적인 도전을 통해 가치를 창출하는 인재
기술을 선도하는 Expert	▸	세계 최고의 에너지 전문가를 목표로 무한한 성장을 꿈꾸는 인재

신입 채용 안내

⬡ 지원자격(공통)

❶ **연령** : 제한 없음[단, 정년(만 60세)에 도달하지 않은 자]

❷ **병역** : 군 복무 중인 경우 접수 마감일 이전 전역이 가능한 자

❸ 한국전력기술 인사규정 제9조 결격사유에 해당하지 않는 자

❹ **학력**

- 사무 : 제한 없음
- 기술·연구 : 채용 분야 관련 전공자 또는 기사 이상 자격증 보유자

❺ **어학** : TOEIC 점수 또는 TOEIC 환산점수가 700점 이상인 자

※ 인정시험 : TOEIC, TEPS, TOEFL

⬡ 필기전형

구분	직렬	주요 내용
인성검사	전 직렬	필요역량과 성격유형 평가
직업기초능력	전 직렬	의사소통능력, 수리능력, 문제해결능력, 자원관리능력, 정보능력, 기술능력, 조직이해능력
직무수행능력	사무	사무 분야 전공지식(통합전공)
	기술·연구	해당 분야 전공지식(기사수준)

⬡ 면접전형

구분	주요 내용
직업기초능력	자기소개서 기반 직업기초능력 평가
직무수행능력	주어진 업무상황 및 과제를 설정하여 해결하는 과정 관찰

❖ 위 채용안내는 2023년 채용공고를 기준으로 작성하였으나, 세부사항은 반드시 확정된 채용공고를 확인하기 바랍니다.

최신 기출분석

ANALYSIS

총평

2022년 한국전력기술의 필기전형은 모듈의 비중이 높은 피듈형으로 출제되었으며, 시험의 난이도가 어려운 편이라는 의견이 많았다. 의사소통능력과 문제해결능력의 비중이 높은 편이었고, 특히 모듈형 문제가 다수 출제되어 관련 이론에 대한 준비가 필요했다는 의견이 있었다. 또한, 수리능력의 경우 응용 수리와 자료 해석 문제가 주로 출제되었으며, 자원관리능력의 경우 계산이 필요하거나 풀이 시간이 오래 걸리는 문제가 다수 출제되었다.

◇ 의사소통능력

출제 특징	• 비교적 지문의 길이가 길지 않은 문제가 출제됨 • 모듈형 문제가 출제됨
출제 키워드	• 경청방법 등

◇ 수리능력

출제 특징	• 응용 수리 문제가 출제됨 • 자료 해석 문제가 출제됨
출제 키워드	• 확률, 경우의 수, 양초의 길이, 차이 값 등

◇ 문제해결능력

출제 특징	• SWOT 분석 문제가 출제됨 • 모듈형 문제가 출제됨
출제 키워드	• SWOT 분석, 전략적 사고, 분석적 사고 등

◇ 자원관리능력

출제 특징	• 조건을 적용하는 문제가 출제됨
출제 키워드	• 교대근무, 사무비품, 최대비용 등

◇ 정보능력

출제 특징	• 엑셀 문제가 출제됨
출제 키워드	• 워드프로세서, IFS 함수, 데이터 등

NCS 문제 유형 소개

PSAT형

※ 다음은 K공단의 국내 출장비 지급 기준에 대한 자료이다. 이어지는 질문에 답하시오. [15~16]

〈국내 출장비 지급 기준〉

① 근무지로부터 편도 100km 미만의 출장은 공단 차량 이용을 원칙으로 하며, 다음 각호에 따라 "별표 1"에 해당하는 여비를 지급한다.
  ㉠ 일비
    ⓐ 근무시간 4시간 이상 : 전액
    ⓑ 근무시간 4시간 미만 : 1일분의 2분의 1
  ㉡ 식비 : 명령권자가 근무시간이 모두 소요되는 1일 출장으로 인정한 경우에는 1일분의 3분의 1 범위 내에서 지급
  ㉢ 숙박비 : 편도 50km 이상의 출장 중 출장일수가 2일 이상으로 숙박이 필요할 경우, 증빙자료 제출 시 숙박비 지급
② 제1항에도 불구하고 공단 차량을 이용할 수 없어 개인 소유 차량으로 업무를 수행한 경우에는 일비를 지급하지 않고 이사장이 따로 정하는 바에 따라 교통비를 지급한다.
③ 근무지로부터 100km 이상의 출장은 "별표 1"에 따라 교통비 및 일비는 전액을, 식비는 1일분의 3분의 2 해당액을 지급한다. 다만, 업무 형편상 숙박이 필요하다고 인정할 경우에는 출장기간에 대하여 숙박비, 일비, 식비 전액을 지급할 수 있다.

〈별표 1〉

구분	교통비				일비 (1일)	숙박비 (1박)	식비 (1일)
	철도임	선임	항공임	자동차임			
임원 및 본부장	1등급	1등급	실비	실비	30,000원	실비	45,000원
1, 2급 부서장	1등급	2등급	실비	실비	25,000원	실비	35,000원
2, 3, 4급 부장	1등급	2등급	실비	실비	20,000원	실비	30,000원
4급 이하 팀원	2등급	2등급	실비	실비	20,000원	실비	30,000원

1. 교통비는 실비를 기준으로 하되, 실비 정산은 국토해양부장관 또는 특별시장·광역시장·도지사·특별자치도지사 등이 인허한 요금을 기준으로 한다.
2. 선임 구분표 중 1등급 해당자는 특등, 2등급 해당자는 1등을 적용한다.
3. 철도임 구분표 중 1등급은 고속철도 특실, 2등급은 고속철도 일반실을 적용한다.
4. 임원 및 본부장의 식비가 위 정액을 초과하였을 경우 실비를 지급할 수 있다.
5. 운임 및 숙박비의 할인이 가능한 경우에는 할인 요금으로 지급한다.
6. 자동차임 실비 지급은 연료비와 실제 통행료를 지급한다.
   (연료비)=[여행거리(km)]×(유가)÷(연비)
7. 임원 및 본부장을 제외한 직원의 숙박비는 70,000원을 한도로 실비를 정산할 수 있다.

특징
▶ 대부분 의사소통능력, 수리능력, 문제해결능력을 중심으로 출제(일부 기업의 경우 자원관리능력, 조직이해능력을 출제)
▶ 자료에 대한 추론 및 해석 능력을 요구

대행사
▶ 엑스퍼트컨설팅, 커리어넷, 태드솔루션, 한국행동과학연구소(행과연), 휴노 등

모듈형

│ 대인관계능력

60 다음 자료는 갈등해결을 위한 6단계 프로세스이다. 3단계에 해당하는 대화의 예로 가장 적절한 것은?

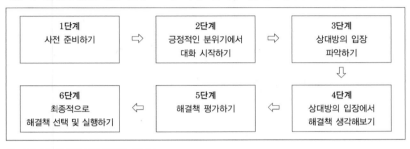

1단계	2단계	3단계
사전 준비하기	긍정적인 분위기에서 대화 시작하기	상대방의 입장 파악하기

6단계	5단계	4단계
최종적으로 해결책 선택 및 실행하기	해결책 평가하기	상대방의 입장에서 해결책 생각해보기

① 그럼 A씨의 생각대로 진행해 보시죠.

특징
▶ 이론 및 개념을 활용하여 푸는 유형
▶ 채용 기업 및 직무에 따라 NCS 직업기초능력평가 10개 영역 중 선발하여 출제
▶ 기업의 특성을 고려한 직무 관련 문제를 출제
▶ 주어진 상황에 대한 판단 및 이론 적용을 요구

대행사
▶ 인트로맨, 휴스테이션, ORP연구소 등

피듈형(PSAT형 + 모듈형)

│ 문제해결능력

60 P회사는 직원 20명에게 나눠 줄 추석 선물 품목을 조사하였다. 다음은 유통업체별 품목 가격과 직원들의 품목 선호도를 나타낸 자료이다. 이를 참고하여 P회사에서 구매하는 물품과 업체를 바르게 연결한 것은?

〈업체별 품목 금액〉

구분		1세트당 가격	혜택
A업체	돼지고기	37,000원	10세트 이상 주문 시 배송 무료
	건어물	25,000원	
B업체	소고기	62,000원	20세트 주문 시 10% 할인
	참치	31,000원	
C업체	스팸	47,000원	50만 원 이상 주문 시 배송 무료
	김	15,000원	

〈구성원 품목 선호도〉

특징
▶ 기초 및 응용 모듈을 구분하여 푸는 유형
▶ 기초인지모듈과 응용업무모듈로 구분하여 출제
▶ PSAT형보다 난도가 낮은 편
▶ 유형이 정형화되어 있고, 유사한 유형의 문제를 세트로 출제

대행사
▶ 사람인, 스카우트, 인크루트, 커리어케어, 트리피, 한국사회능력개발원 등

주요 공기업 적중 문제

한국전력공사

증감률 ▶ 유형

2022년 적중

19 다음은 양파와 마늘의 재배에 관한 자료의 일부이다. 이에 대한 설명으로 적절하지 않은 것은?

〈연도별 양파 재배면적 조사 결과〉

(단위: ha, %)

구분	2019년	2020년(A)	2021년(B)	증감(C=B−A)	증감률(C/A)	비중
양파	18,015	19,896	19,538	−358	−1.8	100.0
조생종	2,013	2,990	2,796	−194	−6.5	14.3
중만생종	16,002	16,906	16,742	−164	−1.0	85.7

〈연도별 마늘 재배면적 및 가격 추이〉

※ 마늘 가격은 연평균임(2021년은 1 ~ 4월까지 평균임)

① 2021년 양파 재배면적의 증감률은 조생종이 중만생종보다 크다.
② 마늘 가격은 마늘 재배면적에 반비례한다.
③ 마늘의 재배면적은 2017년이 가장 넓다.
④ 2021년 재배면적은 작년보다 양파는 감소하였고, 마늘은 증가하였다.
⑤ 마늘 가격은 2018년 이래로 계속 증가하였다.

할인 금액 ▶ 유형

2022년 적중

13 S회사는 18주년을 맞이해 기념행사를 하려고 한다. 이에 걸맞은 단체 티셔츠를 구매하려고 하는데, A회사는 60장 이상 구매 시 20% 할인이 되고 B회사는 할인이 안 된다고 한다. A회사에서 50장을 구매하고 B회사에서 90장을 구매했을 때 가격은 약 399,500원이고, A회사에서 100장을 구매하고 B회사에서 40장을 구매했을 때 가격은 약 400,000원이다. A회사와 B회사의 할인 전 티셔츠 가격은?

	A회사	B회사
①	3,950원	2,100원
②	3,900원	2,200원
③	3,850원	2,300원
④	3,800원	2,400원
⑤	3,750원	2,500원

한전KPS

논리적 오류 ▶ 키워드

16 K공사의 사보에서는 최근 업무를 통해 쉽게 발생할 수 있는 논리적 오류를 조심하자는 의미로 다음과 같이 3가지의 논리적 오류를 소개하였다. 다음 중 3가지 논리적 오류에 해당하지 않는 것은?

> ▶ 권위에 호소하는 오류
>   – 논지와 직접적인 관련이 없는 권위자의 견해를 신뢰할 때 발생하는 오류
> ▶ 인신공격의 오류
>   – 주장이나 반박을 할 때 관련된 내용을 근거로 제시하지 않고, 성격이나 지적 수준, 사상, 인종 등과 같이 주장과 무관한 내용을 근거로 사용할 때 발생하는 오류
> ▶ 대중에 호소하는 오류
>   – 많은 사람들이 생각하거나 선택했다는 이유로 자신의 결론이 옳다고 주장할 때 발생하는 오류

① 우리 회사의 세탁기는 최근 조사 결과, 소비자의 80%가 사용하고 있다는 점에서 성능이 매우 뛰어나다는 것을 알 수 있습니다. 주저하지 마시고 우리 회사 세탁기를 구매해주시기 바랍니다.

② 인사부 최 부장님께 의견을 여쭤보았는데, 우리 다음 도서의 디자인은 A안으로 가는 것이 좋겠어.

③ 최근 일본의 예법을 주제로 한 자료를 보면 알 수 있듯이, 일본인들 대부분은 예의가 바르다고 할 수 있습니다. 따라서 우리 회사의 효도상품을 일본 시장에 진출시킬 필요가 있겠습니다.

④ K사원이 제시한 기획서 내용은 잘못되었다고 생각해. K사원은 평소에 이해심이 없기로 유명하 거든.

⑤ 최근 많은 사람들이 의학용 대마초가 허용되는 것에 찬성하고 있어. 따라서 우리 회사도 대마초와 관련된 의약개발에 투자를 해야 할 것으로 생각돼.

산업재해 ▶ 키워드

20 다음 중 산업재해에 대한 원인으로 옳지 않은 것은?

> 전선 제조 사업장에서 고장난 변압기 교체를 위해 K전력 작업자가 변전실에서 작업 준비하던 중 특고압 배전반 내 충전부 COS 1차 홀더에 접촉 감전되어 치료 도중 사망하였다. 증언에 따르면 변 전실 TR – 5 패널의 내부는 협소하고, 피재해자의 키에 비하여 경첩의 높이가 높아 문턱 위에 서서 불안전한 작업자세로 작업을 실시하였다고 한다. 또한, 피재해자는 전기 관련 자격이 없었으며, 복 장은 일반 안전화, 면장갑, 패딩점퍼를 착용한 상태였다.

① 불안전한 행동   ② 불안전한 상태
③ 작업 관리상 원인   ④ 기술적 원인
⑤ 작업 준비 불충분

한국가스기술공사

10 발산적 사고를 개발하기 위한 방법으로는 자유연상법, 강제연상법, 비교발상법이 있다. 다음 제시문의 보고회에서 사용된 사고 개발 방법으로 가장 적절한 것은?

> 충남 보령시는 2022년에 열리는 보령해양머드박람회와 연계할 사업을 발굴하기 위한 보고회를 개최하였다. 경제적 · 사회적 파급 효과의 극대화를 통한 성공적인 박람회 개최를 도모하기 위해 마련된 보고회는 각 부서의 업무에 국한하지 않은 채 가능한 많은 양의 아이디어를 자유롭게 제출하는 방식으로 진행됐다.
> 홍보미디어실에서는 박람회 기간 가상현실(VR) · 증강현실(AR) 체험을 통해 사계절 머드 체험을 할 수 있도록 사계 절 머드체험센터 조성을, 자치행정과에서는 박람회 임시주차장 조성 및 박람회장 전선 지중화 사업을, 교육체육과 에서는 세계 태권도 대회 유치를 제안했다. 또 문화새마을과에서는 KBS 열린음악회 및 전국노래자랑 유치를, 세무 과에서는 e-스포츠 전용경기장 조성을, 회계과에서는 해상케이블카 조성 및 폐광지구 자립형 농어촌 숙박단지 조 성 등을 제안했다. 사회복지과에서는 여성 친화 플리마켓을, 교통과에서는 장항선 복선전철 조기 준공 및 열차 증편 을, 관광과는 체험 · 놀이 · 전시 등 보령머드 테마파크 조성 등의 다양한 아이디어를 내놓았다.
> 보령시는 이번에 제안된 아이디어를 토대로 실현 가능성 등을 검토하고, 박람회 추진에 참고자료로 적극 활용할 계획이다.

① 브레인스토밍   ② SCAMPER 기법
③ NM법   ④ Synectics법
⑤ 육색사고모자 기법

12 매일의 날씨 자료를 수집 및 분석한 결과, 전날의 날씨를 기준으로 그 다음 날의 날씨가 변할 확률은 다음과 같았다. 만약 내일 날씨가 화창하다면, 사흘 뒤에 비가 올 확률은?

전날 날씨	다음 날 날씨	확률
화창	화창	25%
화창	비	30%
비	화창	40%
비	비	15%

※ 날씨는 '화창'과 '비'로만 구분하여 분석함

① 12%   ② 13%
③ 14%   ④ 15%
⑤ 16%

한국전기안전공사

05 다음 기사의 제목으로 가장 적절한 것은?

> K공사는 7 ~ 8월 두 달간 주택용 전기요금 누진제를 한시적으로 완화하기로 했다. 금액으로 치면 모두 2,761억 원가량으로, 가구당 평균 19.5%의 인하 효과가 기대된다. 이를 위해 K공사는 현행 3단계인 누진 구간 중 1단계와 2단계 구간을 확대하는 내용이 담긴 누진제 완화 방안을 발표했다. 사상 유례 없는 폭염 상황에서 7월과 8월 두 달간 누진제를 한시적으로 완화하기로 한 것이다. 누진제 완화는 현재 3단계인 누진 구간 중 1단계와 2단계 구간을 확대하는 방식으로 진행된다. 각 구간별 상한선을 높이게 되면 평소보다 시간당 100kW 정도씩 전기를 더 사용해도 상급 구간으로 이동하지 않기 때문에 누진제로 인해 높은 전기요금이 적용되는 걸 피할 수 있다.
> K공사는 누진제 완화와는 별도로 사회적 배려계층을 위한 여름철 냉방 지원 대책도 마련했다. 기초 생활수급자와 장애인, 사회복지시설 등에 적용되는 K공사의 전기요금 복지할인 규모를 7 ~ 8월 두 달간 추가로 30% 확대하기로 한 것이다. 또한, 냉방 복지 지원 대상을 출생 1년 이하 영아에서 3년 이하 영·유아 가구로 늘려 모두 46만 가구에 매년 250억 원을 추가 지원하기로 했다.
> K공사는 "폭염이 장기간 지속되면서 사회적 배려계층이 가장 큰 영향을 받기 때문에 특별히 기존 복지할인제도에 더해 추가 보완대책을 마련했다."고 설명했다. 누진제 한시 완화와 사회적 배려계층 지원 대책에 소요되는 재원에 대해서는 재난안전법 개정과 함께 재해대책 예비비 등을 활용해 정부 재정으로 지원하는 방안을 적극 강구하기로 했다.

① 사상 유례없이 장기간 지속되는 폭염
② 1단계와 2단계의 누진 구간 확대
③ 폭염에 대비한 전기요금 대책
④ 주택용 전기요금 누진제 한시적 완화

01 귀하는 최근 회사 내 업무용 개인 컴퓨터의 보안을 강화하기 위하여 다음과 같은 메일을 받았다. 메일 내용을 토대로 귀하가 취해야 할 행동으로 옳지 않은 것은?

> 발신 : 전산보안팀
>
> 수신 : 전 임직원
>
> 제목 : 업무용 개인 컴퓨터 보안대책 공유
>
> 내용 :
> 안녕하십니까. 전산팀 ○○○ 팀장입니다.
> 최근 개인정보 유출 등 전산보안 사고가 자주 발생하고 있어 각별한 주의가 필요한 상황입니다. 이에 따라 자사에서도 업무상 주요 정보가 유출되지 않도록 보안프로그램을 업그레이드하는 등 전산보안을 더욱 강화하고 있습니다. 무엇보다 업무용 개인 컴퓨터를 사용하는 분들이 특히 신경을 많이 써주셔야 철저한 보안이 실천됩니다. 번거로우시더라도 아래와 같은 사항을 따라주시길 바랍니다.
>
> • 인터넷 익스플로러를 종료할 때마다 검색기록이 삭제되도록 설정해주세요.
> • 외출 또는 외근으로 장시간 컴퓨터를 켜두어야 하는 경우에는 인터넷 검색기록을 직접 삭제해주세요.
> • 인터넷 검색기록 삭제 시, 기본 설정되어 있는 항목 외에도 '다운로드 기록', '양식 데이터', 암호, '추적방지, ActiveX 필터링 및 Do Not Track 데이터'를 모두 체크하여 삭제해주세요(단, 즐겨찾기 웹 사이트 데이터 보존 부분은 체크 해제할 것).
> • 인터넷 익스플로러에서 방문한 웹 사이트 목록을 저장하는 기간을 5일로 변경해주세요.
> • 자사에서 제공 중인 보안프로그램은 항시 업데이트하여 최신 상태로 유지해주세요.

NCS 최종모의고사 + OMR을 활용한 실전 연습

한국전력기술 신입사원 필기전형

제1회 모의고사

문항 수 : 60문항
시험시간 : 70분

※ 다음 글을 읽고 이어지는 질문에 답하시오. [1~2]

사람들은 은퇴 이후 소득이 급격하게 줄어드는 위험에 처할 수 있다. 이러한 위험이 발생할 때 일정 수준의 생활(소득)을 보장해 주기 위한 제도가 공적연금제도이다. 우리나라의 연금제도에는 대표적으로 국민의 노후 생계를 보장해 주는 국민연금이 있다.

공적연금제도는 강제가입을 원칙으로 한다. 연금은 가입자가 비용은 현재 지불하지만 그 편익은 나중에 얻게 된다. 그러나 사람들은 현재의 욕구를 더 긴박하고 절실하게 느끼기 때문에 불확실한 미래의 편익을 위해서 당장은 비용을 지불하지 않으려는 경향이 있다. 또한, 국가는 사회보장제도를 통하여 젊은 시절에 노후를 대비하지 않은 사람들에게도 최저생계를 보장해준다. 이 경우 젊었을 때 연금에 가입하여 성실하게 납부한 사람들이 방만하게 생활한 사람들의 노후생계를 위해 세금을 추가로 부담해야 하는 문제가 생긴다. 그러므로 국가가 나서서 강제로 연금에 가입하도록 하는 것이다.

공적연금제도의 재원을 충당하는 방식은 연금 관리자의 입장과 연금 가입자의 입장에서 각기 다르게 나누어 볼 수 있다. 연금 관리자의 입장에서는 '적립방식'과 '부과방식'의 두 가지가 있다. '적립방식'은 가입자가 낸 보험료를 적립해 기금을 만들고 이 기금에서 나오는 수익으로 가입자가 납부한 금액에 비례하여 연금을 지급하지만, 연금액은 확정되지 않는다. '적립방식'은 인구 구조가 변하더라도 국가는 재정을 투입할 필요가 없고, 받을 연금과 내는 보험료의 비율이 누구나 일정하므로 보험료 부담이 공평하다. 하지만 일정한 기금이 형성되기 전까지는 연금을 지급할 재원이 부족하므로, 제도 도입 초기에는 연금 지급이 어렵다. '부과방식'은 현재 일하고 있는 사람들에게서 거둔 보험료로 은퇴자에게 사전에 정해진 금액만큼 연금을 지급하는 것이다. 이는 '적립방식'과 달리 세대 간 소득재분배 효과가 있으며, 제도 도입과 동시에 연금 지급을 개시할 수 있다는 장점이 있다. 다만 인구 변동에 따른 불확실성이 있다. 노인 인구가 늘어나[…]
려워질 수 있다.

연금 가입자의 입장[…]
늘 수 있다. 확정[…]
정하지 않는 방식[…]
방식은 이자율이 낮[…]
또한, 물가가 인상[…]
급여방식은 가입[…]
이는 연금 관리자[…]
운용 과정에서 발생[…]
가입자가 부담해[…]

성 명

지원 분야

문제지 형별기재란

( )형   Ⓐ
         Ⓑ

수 험 번 호

감독위원 확인

(인)

NCS 한국전력기술 답안카드

1	① ② ③ ④ ⑤	21	① ② ③ ④ ⑤	41	① ② ③ ④ ⑤
2	① ② ③ ④ ⑤	22	① ② ③ ④ ⑤	42	① ② ③ ④ ⑤
3	① ② ③ ④ ⑤	23	① ② ③ ④ ⑤	43	① ② ③ ④ ⑤
4	① ② ③ ④ ⑤	24	① ② ③ ④ ⑤	44	① ② ③ ④ ⑤
5	① ② ③ ④ ⑤	25	① ② ③ ④ ⑤	45	① ② ③ ④ ⑤
6	① ② ③ ④ ⑤	26	① ② ③ ④ ⑤	46	① ② ③ ④ ⑤
7	① ② ③ ④ ⑤	27	① ② ③ ④ ⑤	47	① ② ③ ④ ⑤
8	① ② ③ ④ ⑤	28	① ② ③ ④ ⑤	48	① ② ③ ④ ⑤
9	① ② ③ ④ ⑤	29	① ② ③ ④ ⑤	49	① ② ③ ④ ⑤
10	① ② ③ ④ ⑤	30	① ② ③ ④ ⑤	50	① ② ③ ④ ⑤
11	① ② ③ ④ ⑤	31	① ② ③ ④ ⑤	51	① ② ③ ④ ⑤
12	① ② ③ ④ ⑤	32	① ② ③ ④ ⑤	52	① ② ③ ④ ⑤
13	① ② ③ ④ ⑤	33	① ② ③ ④ ⑤	53	① ② ③ ④ ⑤
14	① ② ③ ④ ⑤	34	① ② ③ ④ ⑤	54	① ② ③ ④ ⑤
15	① ② ③ ④ ⑤	35	① ② ③ ④ ⑤	55	① ② ③ ④ ⑤
16	① ② ③ ④ ⑤	36	① ② ③ ④ ⑤	56	① ② ③ ④ ⑤
17	① ② ③ ④ ⑤	37	① ② ③ ④ ⑤	57	① ② ③ ④ ⑤
18	① ② ③ ④ ⑤	38	① ② ③ ④ ⑤	58	① ② ③ ④ ⑤
19	① ② ③ ④ ⑤	39	① ② ③ ④ ⑤	59	① ② ③ ④ ⑤
20	① ② ③ ④ ⑤	40	① ② ③ ④ ⑤	60	① ② ③ ④ ⑤

※ 본 답안지는 마킹연습용 모의 답안지입니다.

▶ NCS 최종모의고사와 OMR 답안카드를 수록하여 실제로 시험을 보는 것처럼 최종 마무리 연습을 할 수 있도록 하였다.

▶ 모바일 OMR 답안채점/성적분석 서비스를 통해 필기전형에 대비할 수 있도록 하였다.

전공까지 한 권으로 최종 마무리

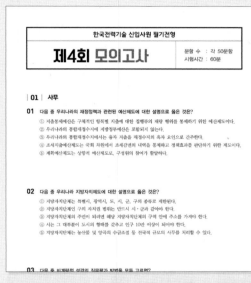

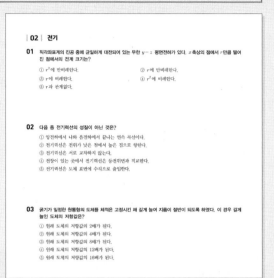

▶ 사무 · 전기 · 기계 전공별 최종모의고사를 수록하여 전공까지 효과적으로 학습할 수 있도록 하였다.

상세한 해설로 정답과 오답을 완벽하게 이해

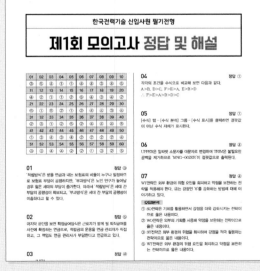

▶ 정답과 오답에 대한 상세한 해설을 수록하여 혼자서도 학습할 수 있도록 하였다.

AI면접 소개

⬡ 소개

▸ AI면접전형은 '공정성'과 '객관적 평가'를 면접과정에 도입하기 위한 수단으로, 최근 채용과정에 AI면접을 도입하는 기업들이 급속도로 증가하고 있다.

▸ AI기반의 평가는 서류전형 또는 면접전형에서 활용된다. 서류전형에서는 AI가 모든 지원자의 자기소개서를 1차적으로 스크리닝 한 후, 통과된 자기소개서를 인사담당자가 다시 평가하는 방식으로 활용되고 있다. 또한 면접전형에서는 서류전형과 함께 또는, 면접 절차를 대신하여 AI면접의 활용을 통해 지원자의 전반적인 능력을 종합적으로 판단하여 채용에 도움을 준다.

⬡ AI면접 프로세스

서류전형 ▸ 필기전형 ▸ 1차 면접 (AI면접 포함) ▸ 2차 면접 ▸ 입사

⬡ AI면접 분석 종류

자기분석
기본면접
상황면접
인성검사

뇌과학분석
게이미피케이션

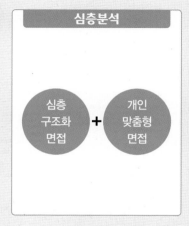

심층분석
심층 구조화 면접 + 개인 맞춤형 면접

AI면접 진행과정

⬡ AI면접 정의
뇌신경과학 기반의 인공지능 면접

⬡ 소요시간
60분 내외(1인)

⬡ 진행순서

❶ 웹캠/음성체크   ❷ 안면등록
❸ 기본 질문   ❹ 탐색 질문
❺ 상황 질문   ❻ 뇌과학게임
❼ 심층/구조화 질문   ❽ 종합평가

▸ 뇌과학게임 : 게임 형식의 AI면접을 통해 지원자의 성과 역량, 성장 가능성 분석
▸ 기본 질문, 상황 질문, 탐색 질문을 통해 지원자의 강점, 약점을 분석하여 심층/구조화 질문 제시

기본적인 질문 및
상황 질문

지원자의 특성을
분석하기 위한 질문

지원자의 강점 /
약점 실시간 분석

심층 / 구조화 질문

⬡ 평가요소
종합 코멘트, 주요 및 세부역량 점수, 응답신뢰 가능성 등을 분석하여 종합평가 점수 도출

❶ 성과능력지수	스스로 성과를 내고 지속적으로 성장하기 위해 갖춰야 하는 성과 지향적 태도 및 실행력
❷ 조직적합지수	조직에 적응하고 구성원들과 시너지를 내기 위해 갖춰야 하는 심리적 안정성
❸ 관계역량지수	타인과의 관계를 좋게 유지하기 위해 갖춰야 하는 고객지향적 태도 및 감정 파악 능력
❹ 호감지수	대면 상황에서 자신의 감정과 의사를 적절하게 전달할 수 있는 소통 능력

◯ 면접 환경 점검

Windows 7 이상 OS에 최적화되어 있다. 웹카메라와 헤드셋(또는 이어폰과 마이크)은 필수 준비물이며, 크롬 브라우저도 미리 설치해 놓는 것이 좋다. 또한, 주변 정리정돈과 복장을 깔끔하게 해야 한다.

◯ 이미지

AI면접은 동영상으로 녹화되므로 지원자의 표정이나 자세, 태도 등에서 나오는 전체적인 이미지가 상당히 중요하다. 특히, '상황 제시형 질문'에서는 실제로 대화하듯이 답변해야 하므로 표정과 제스처의 중요성은 더더욱 커진다. 그러므로 자연스럽고 부드러운 표정과 정확한 발음은 기본이자 필수요소이다.

▸ 시선 처리 : 눈동자가 위나 아래로 향하는 것은 피해야 한다. 대면면접의 경우 아이컨택(Eye Contact)이 가능하기 때문에 대화의 흐름상 눈동자가 자연스럽게 움직일 수 있지만, AI면접에서는 카메라를 보고 답변하기 때문에 다른 곳을 응시하거나, 시선이 분산되는 경우에는 불안감으로 눈빛이 흔들린다고 평가될 수 있다. 따라서 카메라 렌즈 혹은 모니터를 바라보면서 대화를 하듯이 면접을 진행하는 것이 가장 좋다. 시선 처리는 연습하는 과정에서 동영상 촬영을 하며 확인하는 것이 좋다.

▸ 입 모양 : 좋은 인상을 주기 위해서는 입꼬리가 올라가도록 미소를 짓는 것이 좋으며, 이때 입꼬리는 양쪽 꼬리가 동일하게 올라가야 한다. 그러나 입만 움직이게 되면 거짓된 웃음으로 보일 수 있기에 눈과 함께 미소 짓는 연습을 해야 한다. 자연스러운 미소 짓기는 쉽지 않기 때문에 매일 재미있는 사진이나 동영상, 아니면 최근 재미있었던 일 등을 떠올리면서 자연스러운 미소를 지을 수 있는 연습을 해야 한다.

▸ 발성 · 발음 : 답변을 할 때, 말을 더듬는다거나 '음…', '아…' 하는 소리는 마이너스 요인이다. 질문마다 답변을 생각할 시간을 함께 주지만, 지원자의 의견을 체계적으로 정리하지 못한 채 답변을 시작한다면 발생할 수 있는 상황이다. 생각할 시간이 주어진다는 것은 답변에 대한 기대치가 올라간다는 것을 의미하므로 주어진 시간 동안에 빠르게 답변구조를 구

성하는 연습을 진행해야 하고, 말끝을 흐리는 습관이나 조사를 흐리는 습관을 교정해야 한다. 이때, 연습 과정을 녹음하여 체크하는 것이 효과가 좋고, 답변에 관한 부분 또한 명료하고 체계적으로 답변할 수 있도록 연습해야 한다.

답변방식

AI면접 후기를 보다 보면, 대부분 비슷한 유형의 질문패턴이 진행되는 것을 알 수 있다. 따라서 대면면접 준비 방식과 동일하게 질문 리스트를 만들고 연습하는 과정이 필요하다. 특히, AI면접은 질문이 광범위하기 때문에 출제 유형 위주의 연습이 이루어져야 한다.

▸ 유형별 답변방식 습득
- **기본 필수질문** : 지원자들에게 필수로 질문하는 유형으로 지원자만의 답변이 확실하게 구성되어 있어야 한다.
- **상황 제시형 질문** : AI면접에서 주어지는 상황은 크게 8가지 유형으로 분류된다. 유형별로 효과적인 답변 구성 방식을 연습해야 한다.
- **심층/구조화 질문(개인 맞춤형 질문)** : 가치관에 따라 선택을 해야 하는 질문이 대다수를 이루는 유형으로, 여러 예시를 통해 유형을 익히고, 그에 맞는 답변을 연습해야 한다.

▸ 유성(有聲) 답변 연습 : AI면접을 연습할 때에는 같은 유형의 예시를 연습한다고 해도, 실제 면접에서의 세부 소재는 거의 다르다고 할 수 있다. 이 때문에 새로운 상황이 주어졌을 때, 유형을 빠르게 파악하고 답변의 구조를 구성하는 반복연습이 필요하며, 항상 목소리를 내어 답변하는 연습을 하는 것이 좋다.

▸ 면접에 필요한 연기 : 면접은 연기가 반이라고 할 수 있다. 물론 가식적이고 거짓된 모습을 보이라는 것이 아닌, 상황에 맞는 적절한 행동과 답변의 인상을 극대화 시킬 수 있는 연기를 얘기하는 것이다. 면접이 무난하게 흘러가면 무난하게 탈락할 확률이 높다. 때문에 하나의 답변에도 깊은 인상을 전달해 주어야 하고, 그런 것이 연기이다. 특히, AI면접에서는 답변 내용에 따른 표정변화가 필요하고, 답변에 연기를 더할 수 있는 부분까지 연습이 되어있다면, 면접 준비가 완벽히 되어있다고 말할 수 있다.

지원자의 외면적 요소 V4를 활용한 정서 및 성향, 거짓말 파악

Vision Analysis		미세 표정(Micro Expression)
Voice Analysis		보디 랭귀지(Body Language)
Verbal Analysis	➡	진술 분석 기법(Scientific Contents Analysis)
Vital Analysis		자기 최면 기법(Auto Hypnosis)

AI면접의 V4를 대비하는 방법으로 미세 표정, 보디 랭귀지, 진술 분석 기법, 자기 최면 기법을 활용

AI면접 구성

기본 필수질문

모든 지원자가 공통으로 받게 되는 질문으로, 기본적인 자기소개, 지원동기, 성격의 장단점 등을 질문하는 구성으로 되어 있다. 이는 대면면접에서도 높은 확률로 받게 되는 질문 유형이므로, AI면접에서도 답변한 내용을 대면면접에서도 다르지 않게 답변해야 한다.

탐색 질문 (인성검사)

인적성 시험의 인성검사와 일치하는 유형으로, 정해진 시간 내에 해당 문장과 지원자의 가치관이 일치하는 정도를 빠르게 체크해야 하는 단계이다.

상황 제시형 질문

특정한 상황을 제시하여, 제시된 상황 속에서 어떻게 대응할지에 대한 답변을 묻는 유형이다. 기존의 대면면접에서는 이러한 질문에 대하여 지원자가 어떻게 행동할지에 대한 '설명'에 초점이 맞춰져 있었다면, AI면접에서는 실제로 '행동'하며, 상대방에게 이야기하듯 답변이 이루어져야 한다.

게임

약 5가지 유형의 게임이 출제되고, 정해진 시간 내에 해결해야 하는 유형이다. 인적성 시험의 새로운 유형으로, AI면접을 실시하는 기업의 경우, 인적성 시험을 생략하는 기업도 증가하고 있다. AI면접 중에서도 비중이 상당한 게임 문제풀이 유형이다.

심층 / 구조화 질문 (개인 맞춤형 질문)

인성검사 과정 중 지원자가 선택한 항목들에 기반한 질문에 답변을 해야 하는 유형이다. 이 때문에 인성검사 과정에서 인위적으로 접근하지 않는 것이 중요하고, 주로 가치관에 대하여 묻는 질문이 많이 출제되는 편이다.

도형 옮기기 유형

01 기둥에 각기 다른 모양의 도형이 꽂혀져 있다. 왼쪽 기본 형태에서 도형을 한 개씩 이동시켜서 오른쪽의 완성 형태와 동일하게 만들 때 최소한의 이동 횟수를 고르시오.

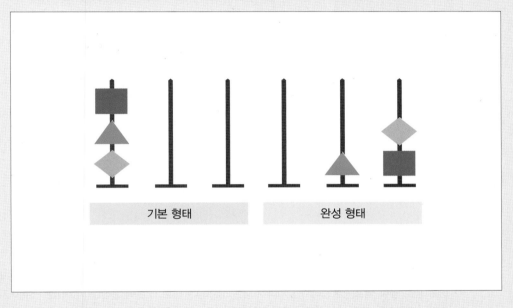

기본 형태　　　　　　완성 형태

① 1회　　　　　　　　　　② 2회
③ 3회　　　　　　　　　　④ 4회
⑤ 5회

해설

왼쪽 기둥부터 1~3번이라고 칭할 때, 사각형을 3번 기둥으로 먼저 옮기고, 삼각형을 2번 기둥으로 옮긴 뒤 마름모를 3번 기둥으로 옮기면 된다. 따라서 정답은 ③이다.

Solution

온라인으로 진행하게 되는 AI면접에서는 도형 이미지를 드래그하여 실제 이동 작업을 진행하게 된다. 문제 해결의 핵심은 '최소한의 이동 횟수'에 있는데, 문제가 주어지면 머릿속으로 도형을 이동시키는 시뮬레이션을 진행해 보고 손을 움직여야 한다. 해당 유형에 익숙해지기 위해서는 다양한 유형을 접해 보고, 가장 효율적인 이동 경로를 찾는 연습을 해야 하며, 도형의 개수가 늘어나면 다소 난이도가 올라가므로 연습을 통해 유형에 익숙해지도록 해야 한다.

동전 비교 유형

02 두 개의 동전이 있다. 왼쪽 동전 위에 쓰인 글씨의 의미와 오른쪽 동전 위에 쓰인 색깔의 일치 여부를 판단하시오.

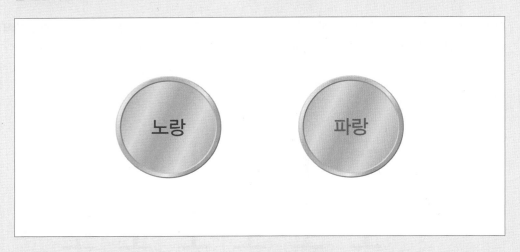

① 일치 ② 불일치

해설

왼쪽 동전 글씨의 '의미'와 오른쪽 동전 글씨의 '색깔' 일치 여부를 선택 하는 문제이다. 제시된 문제의 왼쪽 동전 글씨 색깔은 빨강이지만 의미 자체는 노랑이다. 또한, 오른쪽 동전 글씨 색깔은 초록이지만 의미는 파랑이다. 따라서 노랑과 초록이 일치하지 않으므로 왼쪽 동전 글씨의 의미와 오른쪽 동전의 색깔은 불일치하다.

Solution

빠른 시간 내에 다수의 문제를 풀어야 하기 때문에 혼란에 빠지기 쉬운 유형이다. 풀이 방법의 한 예로 오른쪽 글씨만 먼저 보고, 색깔을 소리 내어 읽어보는 것이다. 입으로 내뱉은 오른쪽 색깔이 왼쪽 글씨에 그대로 쓰여 있는지를 확인하도록 하는 등 본인만의 접근법 없이 상황을 판단하다 보면 실수를 할 수밖에 없기 때문에 연습을 통해 유형에 익숙해져야 한다.

❶ 오른쪽 글씨만 보고, 색깔을 소리 내어 읽는다.
❷ 소리 낸 단어가 왼쪽 글씨의 의미와 일치하는지를 확인한다.

무게 비교 유형

03 A ~ D 4개의 상자가 있다. 시소를 활용하여 무게를 측정하고, 무거운 순서대로 나열하시오(단, 무게 측정은 최소한의 횟수로 진행해야 한다).

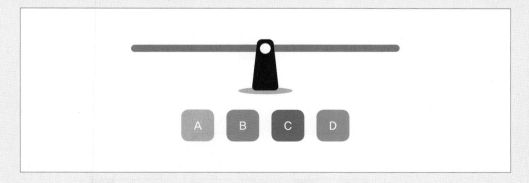

해설

온라인으로 진행하게 되는 AI면접에서는 제시된 물체의 이미지를 드래그하여 계측기 위에 올려놓고, 무게를 측정하게 된다. 비교적 쉬운 유형에 속하나 계측은 최소한의 횟수로만 진행해야 좋은 점수를 받을 수 있다. 측정의 핵심은 '무거운 물체 찾기'이므로 가장 무거운 물체부터 덜 무거운 순서로 하나씩 찾아야 하며, 이전에 진행한 측정에서 무게 비교가 완료된 물체들이 있다면, 그중 무거운 물체를 기준으로 타 물체와의 비교가 이루어져야 한다.

Solution

❶ 임의로 두 개의 물체를 선정하여 무게를 측정한다.

❷ · ❸ 더 무거운 물체는 그대로 두고, 가벼운 물체를 다른 물체와 교체하여 측정한다.

❹ 가장 무거운 물체가 선정되면, 남은 3가지 물체 중 2개를 측정한다.

❺ 남아 있는 물체 중 무게 비교가 안 된 상자를 최종적으로 측정한다.

따라서 무거운 상자 순서는 'C > B > A > D'이다.

n번째 이전 도형 맞추기 유형

04 제시된 도형이 2번째 이전 도형과 모양이 일치하면 Y를, 일치하지 않으면 N을 기입하시오.

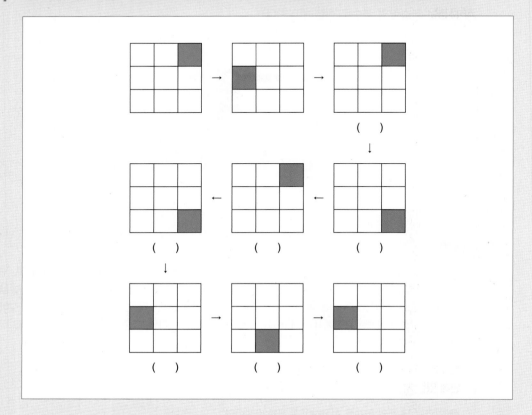

해설

n번째 이전에 나타난 도형과 현재 주어진 도형의 모양이 일치하는지에 대한 여부를 판단하는 유형이다. 제시된 문제는 세 번째 도형부터 2번째 이전의 도형인 첫 번째 도형과 비교해 나가면 된다. 따라서 진행되는 순서를 기준으로 'Y → N → Y → Y → N → N → Y'이다.

Solution

온라인 AI면접에서는 도형이 하나씩 제시되며, 화면이 넘어갈 때마다 n번째 이전 도형과의 일치 여부를 체크해야 한다. 만약 '2번째 이전'이라는 조건이 주어졌다면 인지하고 있던 2번째 이전 도형의 모양을 떠올려 현재 도형과의 일치 여부를 판단함과 동시에 현재 주어진 도형의 모양 역시 암기해 두어야 한다. 이는 판단과 암기가 동시에 이루어져야 하는 문항으로 난이도는 상급에 속한다. 순발력과 암기력이 동시에 필요한 어려운 유형이기에 접근조차 못하는 지원자들도 많지만, 끊임없는 연습을 통해 유형에 익숙해질 수 있다. 문제풀이의 예로 여분의 종이를 활용하여 문제를 가린 상태에서 도형을 하나씩 순서대로 보면서 문제를 풀어나가는 방법이 있다.

분류코드 일치 여부 판단 유형

05 도형 안에 쓰인 자음, 모음과 숫자와의 결합이 '분류코드'와 일치하면 Y를, 일치하지 않으면 N을 체크하시오.

해설

분류코드에는 짝수, 홀수, 자음, 모음 4가지가 존재한다. 분류코드로 짝수 혹은 홀수가 제시된 경우 도형 안에 있는 자음이나 모음은 신경 쓰지 않아도 되며, 제시된 숫자가 홀수인지 짝수인지만 판단하면 된다. 반대로, 분류코드로 자음 혹은 모음이 제시된 경우에는 숫자를 신경 쓰지 않아도 된다. 제시된 문제에서 분류코드로 홀수가 제시되었지만, 도형 안에 있는 숫자 8은 짝수이므로 N이 정답이다.

Solution

개념만 파악한다면 쉬운 유형에 속한다. 문제는 순발력으로, 정해진 시간 내에 최대한 많은 문제를 풀어야 한다. 계속해서 진행하다 보면 쉬운 문제도 혼동될 수 있으므로 시간을 정해 빠르게 문제를 해결하는 연습을 반복하고 실전면접에 임해야 한다.

표정을 통한 감정 판단 유형

06 주어지는 인물의 얼굴 표정을 보고 감정 상태를 판단하시오.

① 무표정   ② 기쁨

③ 놀람   ④ 슬픔

⑤ 분노   ⑥ 경멸

⑦ 두려움   ⑧ 역겨움

Solution

제시된 인물의 사진을 보고 어떤 감정 상태인지 판단하는 유형의 문제이다. AI면접에서 제시되는 표정은 크게 8가지로 '무표정, 기쁨, 놀람, 슬픔, 분노, 경멸, 두려움, 역겨움'이다. '무표정, 기쁨, 놀람, 슬픔'은 쉽게 인지가 가능하지만, '분노, 경멸, 두려움, 역겨움'에 대한 감정은 비슷한 부분이 많아 혼동이 될 수 있다. 사진을 보고 나서 5초 안에 정답을 선택해야 하므로 깊게 고민할 시간이 없다. 사실 해당 유형이 우리에게 완전히 낯설지는 않은데, 우리는 일상생활 속에서 다양한 사람들을 마주하게 되며 이때 무의식적으로 상대방의 얼굴 표정을 통해 감정을 판단하기 때문이다. 즉, 누구나 어느 정도의 연습이 되어 있는 상태이므로 사진을 보고 즉각적으로 드는 느낌이 정답일 확률이 높다. 따라서 해당 유형은 직관적으로 정답을 선택하는 것이 중요하다. 다만, 대다수의 지원자가 혼동하는 표정에 대한 부분은 어느 정도의 연습이 필요하다.

카드 조합 패턴 파악 유형

07 주어지는 4장의 카드 조합을 통해 대한민국 국가 대표 야구 경기의 승패 예측이 가능하다. 카드 무늬와 앞뒷면의 상태를 바탕으로 승패를 예측하시오(문제당 제한 시간 3초).

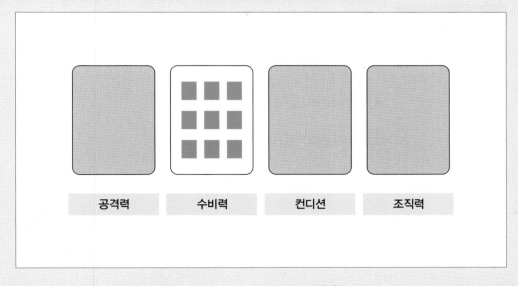

① 승리   ② 패배

Solution

계속해서 제시되는 카드 조합을 통해 정답의 패턴을 파악하는 유형이다. 온라인으로 진행되는 AI면접에서는 답을 선택하면 곧바로 정답 여부를 확인할 수 있다. 이에 따라 하나씩 정답을 확인한 후, 몇 번의 시행착오 과정을 바탕으로 카드에 따른 패턴을 유추해 나갈 수 있게 된다. 그렇기 때문에 초반에 제시되는 카드 조합의 정답을 맞히기는 어려우며, 앞서 얻은 정보들을 잘 기억해 두는 것이 핵심이다. 제시된 문제의 정답은 패배이다.

이 책의 차례

CONTENTS

문 제 편	**한국전력기술 최종모의고사**	
	제1회 한국전력기술 NCS 직업기초능력	**2**
	제2회 한국전력기술 NCS 직업기초능력	**40**
	제3회 한국전력기술 NCS 직업기초능력	**82**
	제4회 한국전력기술 직무수행능력	**120**

해 설 편	**정답 및 해설**	
	제1회 한국전력기술 NCS 직업기초능력	**162**
	제2회 한국전력기술 NCS 직업기초능력	**171**
	제3회 한국전력기술 NCS 직업기초능력	**180**
	제4회 한국전력기술 직무수행능력	**189**
	OMR 답안카드	

제1회
한국전력기술

NCS 직업기초능력

www.sdedu.co.kr

〈문항 및 시험시간〉

평가영역	문항 수	시험시간	모바일 OMR 답안분석
의사소통＋수리＋문제해결 ＋자원관리＋정보＋기술＋조직이해	60문항	70분	

제1회 모의고사

문항 수 : 60문항
시험시간 : 70분

※ 다음 글을 읽고 이어지는 질문에 답하시오. [1~2]

사람들은 은퇴 이후 소득이 급격하게 줄어드는 위험에 처할 수 있다. 이러한 위험이 발생할 때 일정 수준의 생활(소득)을 보장해 주기 위한 제도가 공적연금제도이다. 우리나라의 연금제도에는 대표적으로 국민의 노후 생계를 보장해 주는 국민연금이 있다.

공적연금제도는 강제가입을 원칙으로 한다. 연금은 가입자가 비용은 현재 지불하지만 그 편익은 나중에 얻게 된다. 그러나 사람들은 현재의 욕구를 더 긴박하고 절실하게 느끼기 때문에 불확실한 미래의 편익을 위해서 당장은 비용을 지불하지 않으려는 경향이 있다. 또한, 국가는 사회보장제도를 통하여 젊은 시절에 노후를 대비하지 않은 사람들에게도 최저생계를 보장해준다. 이 경우 젊었을 때 연금에 가입하여 성실하게 납부한 사람들이 방만하게 생활한 사람들의 노후생계를 위해 세금을 추가로 부담해야 하는 문제가 생긴다. 그러므로 국가가 나서서 강제로 연금에 가입하도록 하는 것이다.

공적연금제도의 재원을 충당하는 방식은 연금 관리자의 입장과 연금 가입자의 입장에서 각기 다르게 나누어 볼 수 있다. 연금 관리자의 입장에서는 '적립방식'과 '부과방식'의 두 가지가 있다. '적립방식'은 가입자가 낸 보험료를 적립해 기금을 만들고 이 기금에서 나오는 수익으로 가입자가 납부한 금액에 비례하여 연금을 지급하지만, 연금액은 확정되지 않는다. '적립방식'은 인구 구조가 변하더라도 국가는 재정을 투입할 필요가 없고, 받을 연금과 내는 보험료의 비율이 누구나 일정하므로 보험료 부담이 공평하다. 하지만 일정한 기금이 형성되기 전까지는 연금을 지급할 재원이 부족하므로, 제도 도입 초기에는 연금 지급이 어렵다. '부과방식'은 현재 일하고 있는 사람들에게서 거둔 보험료로 은퇴자에게 사전에 정해진 금액만큼 연금을 지급하는 것이다. 이는 '적립방식'과 달리 세대 간 소득재분배 효과가 있으며, 제도 도입과 동시에 연금 지급을 개시할 수 있다는 장점이 있다. 다만 인구 변동에 따른 불확실성이 있다. 노인 인구가 늘어나 역삼각형의 인구구조가 만들어질 때는 젊은 세대의 부담이 증가하여 연금제도를 유지하기가 어려워질 수 있다.

연금 가입자의 입장에서는 납부하는 금액과 지급 받을 연금액의 관계에 따라 확정기여방식과 확정급여방식으로 나눌 수 있다. 확정기여방식은 가입자가 일정한 액수나 비율로 보험료를 낼 것만 정하고 나중에 받을 연금의 액수는 정하지 않는 방식이다. 이는 연금 관리자의 입장에서 보면 '적립방식'으로 연금 재정을 운용하는 것이다. 그래서 이 방식은 이자율이 낮아지거나 연금 관리자가 효율적으로 기금을 관리하지 못할 때 개인이 손실 위험을 떠안게 된다. 또한, 물가가 인상되는 경우 확정기여에 따른 적립금의 화폐가치가 감소하는 위험도 가입자가 감수해야 한다. 확정급여방식은 가입자가 얼마의 연금을 받을지를 미리 정해 놓고, 그에 따라 개인이 납부할 보험료를 정하는 방식이다. 이는 연금 관리자의 입장에서는 '부과방식'으로 연금 재정을 운용하는 것이다. 나중에 받을 연금을 미리 정하면 기금 운용 과정에서 발생하는 투자의 실패는 연금 관리자가 부담하게 된다. 그러나 이 경우에도 물가상승에 따른 손해는 가입자가 부담해야 하는 단점이 있다.

01 공적연금의 재원 충당방식 중 '적립방식'과 '부과방식'을 비교한 내용으로 적절하지 않은 것은?

항목	적립방식	부과방식
① 연금 지급 재원	가입자가 적립한 기금	현재 일하는 세대의 보험료
② 연금 지급 가능 시기	일정한 기금이 형성된 이후	제도 시작 즉시
③ 세대 간 부담의 공평성	세대 간 공평성 미흡	세대 간 공평성 확보
④ 소득 재분배 효과	소득 재분배 어려움	소득 재분배 가능
⑤ 인구 변동 영향	받지 않음	받음

02 다음 중 윗글의 독자가 〈보기〉의 상황에 대하여 보일 반응으로 적절하지 않은 것은?

─〈보기〉─

K공사는 이번에 공적연금방식을 준용하여 퇴직연금제도를 새로 도입함에 따라 직원들이 퇴직연금방식을 확정기여방식과 확정급여방식 중에서 선택할 수 있도록 하였다.

① 확정기여방식은 부담금이 공평하게 나눠지는 측면에서 장점이 있어.
② 확정기여방식은 기금을 운용할 회사의 능력에 따라 나중에 받을 연금액이 달라질 수 있어.
③ 확정기여방식은 기금의 이자 수익률이 물가상승률보다 높으면 연금액의 실질적 가치가 상승할 수 있어.
④ 확정급여방식은 물가가 많이 상승하면 연금액의 실질적 가치가 하락할 수 있어.
⑤ 확정급여방식은 투자 수익이 부실할 경우 가입자가 보험료를 추가로 납부해야 하는 문제가 있어.

03 다음은 시·군지역의 비경제활동 인구에 대한 자료이다. 빈칸에 들어갈 수를 바르게 나열한 것은?(단, 소수점 둘째 자리에서 반올림한다)

〈비경제활동 인구〉

(단위 : 천 명, %)

구분	총계	남자	비중	여자	비중
시지역	7,800	2,574	(가)	5,226	
군지역	1,149	385		764	(나)

	(가)	(나)
①	30	65
②	31	65.5
③	32	66
④	33	66.5
⑤	34	67

04 다음은 자동차 외판원인 A ~ F 여섯 명의 판매실적 비교에 대한 설명이다. 이를 통해 적절하게 추론한 것은?

- A는 B보다 실적이 높다.
- C는 D보다 실적이 낮다.
- E는 F보다 실적이 낮지만, A보다는 높다.
- B는 D보다 실적이 높지만, E보다는 낮다.

① 실적이 가장 높은 외판원은 F이다.
② 외판원 C의 실적은 꼴찌가 아니다.
③ B의 실적보다 낮은 외판원은 3명이다.
④ 외판원 E의 실적이 가장 높다.
⑤ A의 실적이 C의 실적보다 낮다.

05 다음 중 [C2:C3] 셀처럼 수식을 작성한 셀에 결괏값 대신 수식 자체가 표시되도록 하는 방법으로 옳은 것은?

◢	A	B	C
1	국어	국사	총점
2	93	94	=SUM(A2:B2)
3	92	88	=SUM(A3:B3)

① [수식] 탭 – [수식 분석] 그룹 – [수식 표시] 클릭

② [보기] 탭 – [표시 / 숨기기] 그룹 – [수식 입력줄] 클릭

③ [셀 서식] – [표시 형식] 탭 – [수식] – 선택

④ [셀 서식] – [표시 형식] 탭 – [계산식] – 선택

⑤ [수식] 탭 – [수식 분석] 그룹 – [수식 계산] 클릭

06 다음 중 [D2] 셀에 수식 「=UPPER(TRIM(A2))&"KR"」을 입력했을 경우 결괏값은?

◢	A	B	C	D
1	도서코드	출판사	출판년도	변환도서코드
2	mng–002	대한도서	2008	
3	pay–523	믿음사	2009	
4	mng–091	정일도서	2007	

① MNG–002–kr

② MNGKR

③ MNG 002–KR

④ MNG–002KR

⑤ MNG–002

07 안전본부 사고분석 개선처에 근무하는 B대리는 혁신우수 연구대회에 출전하여 첨단장비를 활용한 차종별 보행자사고 모형개발을 발표했다. 주어진 SWOT 분석 결과에 대응하는 전략과 그 내용이 옳지 않은 것은?

강점(Strength)	약점(Weakness)
10년 이상 지속적인 교육과 연구로 신기술 개발을 위한 인프라 구축	보행자사고 모형개발을 위한 예산 및 실차 실험을 위한 연구소 부재
기회(Opportunity)	위협(Threat)
첨단 과학장비(3D스캐너, MADYMO) 도입으로 정밀 시뮬레이션 분석 가능	교통사고에 대한 국민의 관심과 분석수준 향상으로 공단의 사고분석 질적 제고 필요

① SO전략 : 과학장비를 통한 정밀 시뮬레이션 분석을 토대로 국내 차량의 전면부 형상을 취득하고 보행자사고를 분석해 신기술 개발에 도움
② WO전략 : 실차 실험 대신 과학장비를 통한 시뮬레이션 연구로 모형개발
③ ST전략 : 지속적 교육과 연구로 쌓아온 데이터를 바탕으로 사고분석 프로그램 신기술 개발을 통해 사고분석 질적 향상에 기여
④ WT전략 : 신기술 개발을 위한 연구대회를 개최해 인프라를 더욱 탄탄히 구축
⑤ WT전략 : 보행자사고 실험을 위한 연구소를 만들어 사고 분석 데이터를 축적

08 다음은 특정 기업 47개를 대상으로 제품전략, 기술개발 종류 및 기업형태별 기업 수에 대한 자료이다. 이에 대한 설명으로 옳은 것은?

〈제품전략, 기술개발 종류 및 기업형태별 기업 수〉

(단위 : 개)

제품전략	기술개발 종류	기업형태	
		벤처기업	대기업
시장견인	존속성 기술	3	9
	와해성 기술	7	8
기술추동	존속성 기술	5	7
	와해성 기술	5	3

※ 각 기업은 한 가지 제품전략을 취하고 한 가지 종류의 기술을 개발함

① 와해성 기술을 개발하는 기업 중에는 벤처기업의 비율이 대기업의 비율보다 낮다.
② 기술추동전략을 취하는 기업 중에는 존속성 기술을 개발하는 비율이 와해성 기술을 개발하는 비율보다 낮다.
③ 존속성 기술을 개발하는 기업의 비율이 와해성 기술을 개발하는 기업의 비율보다 높다.
④ 벤처기업 중에는 기술추동전략을 취하는 비율이 시장견인전략을 취하는 비율보다 높다.
⑤ 대기업 중에는 시장견인전략을 취하는 비율이 기술추동전략을 취하는 비율보다 낮다.

09 다음은 치료감호소 수용자 현황에 관한 자료이다. (가) ~ (라)에 해당하는 수를 모두 더한 값은?

〈치료감호소 수용자 현황〉

(단위 : 명)

구분	약물	성폭력	심신장애	합계
2017년	89	77	520	686
2018년	(가)	76	551	723
2019년	145	(나)	579	824
2020년	137	131	(다)	887
2021년	114	146	688	(라)
2022년	88	174	688	1,021

① 1,524
② 1,639
③ 1,751
④ 1,763
⑤ 1,770

10 A ~ C 세 상품에 대한 선호도 조사를 실시하여, 조사에 응한 사람이 가장 좋아하는 상품부터 1 ~ 3순위를 부여했다. 조사 결과가 다음 〈조건〉과 같을 때, C에 3순위를 부여한 사람의 수는?(단, 한 상품에 같은 순위를 부여할 수는 없다)

─〈조건〉─
- 조사에 응한 사람은 20명이다.
- A를 B보다 선호한 사람은 11명이다.
- B를 C보다 선호한 사람은 14명이다.
- C를 A보다 선호한 사람은 6명이다.
- C에 1순위를 부여한 사람은 없다.

① 4명
② 5명
③ 6명
④ 7명
⑤ 8명

11 다음은 K공사의 여비규정이다. 대구로 출장을 다녀온 B과장의 지출내역을 토대로 여비를 정산했을 때, B과장은 총 얼마를 받는가?

여비의 종류(제1조)

여비는 운임·숙박비·식비·일비 등으로 구분한다.

1. 운임 : 여행 목적지로 이동하기 위해 교통수단을 이용함에 있어 소요되는 비용을 충당하기 위한 여비
2. 숙박비 : 여행 중 숙박에 소요되는 비용을 충당하기 위한 여비
3. 식비 : 여행 중 식사에 소요되는 비용을 충당하기 위한 여비
4. 일비 : 여행 중 출장지에서 소요되는 교통비 등 각종 비용을 충당하기 위한 여비

운임의 지급(제2조)

1. 운임은 철도운임·선박운임·항공운임으로 구분한다.
2. 국내운임은 [별표 1]에 따라 지급한다.

일비·숙박비·식비의 지급(제3조)

1. 국내 여행자의 일비·숙박비·식비는 [별표 1]에 따라 지급한다.
2. 일비는 여행일수에 따라 지급한다.
3. 숙박비는 숙박하는 밤의 수에 따라 지급한다. 다만, 출장 기간이 2일 이상인 경우의 지급액은 출장기간 전체의 총액 한도 내 실비로 계산한다.
4. 식비는 여행일수에 따라 지급한다.

[별표 1] 국내 여비 지급표

철도운임	선박운임	항공운임	일비(1인당)	숙박비(1박당)	식비(1일당)
실비 (일반실)	실비 (2등급)	실비	20,000원	실비 (상한액 40,000원)	20,000원

〈B과장의 지출내역〉

(단위 : 원)

항목	1일 차	2일 차	3일 차	4일 차
KTX요금(일반실)	43,000	–	–	43,000
대구 시내 버스요금	5,000	4,000	–	2,000
대구 시내 택시요금	–	–	10,000	6,000
식비	15,000	45,000	35,000	15,000
숙박비	45,000	30,000	35,000	–

① 286,000원

② 304,000원

③ 328,000원

④ 356,000원

⑤ 366,000원

12 다음은 A와 B의 시계조립 작업지시서의 내용이다. 〈조건〉에 따라 작업할 때, B의 최종 완성 시간과 유휴 시간은 각각 얼마인가?(단, 이동 시간은 고려하지 않는다)

〈작업지시서〉

[각 공작 기계 소요 시간]
1. 앞면 가공용 공작 기계 : 20분
2. 뒷면 가공용 공작 기계 : 15분
3. 조립 : 5분

[공작 순서]
시계는 각 1대씩 만들며 A는 앞면부터 가공을 시작하여 완료 후 뒷면 가공과 조립을 하고, B는 뒷면부터 가공을 시작하여 완료 후 앞면 가공과 조립을 하기로 하였다.

〈조건〉

1. 공작 기계는 앞면 가공용, 뒷면 가공용 각 1대씩이며 모두 사용해야 하고, 두 명이 동시에 작업을 시작한다.
2. 조립은 가공이 이루어진 후 즉시 실시한다.

	최종 완성 시간	유휴 시간
①	40분	5분
②	45분	5분
③	45분	10분
④	50분	5분
⑤	50분	10분

13 K공사는 현재 모든 사원과 연봉 협상을 하는 중이다. 연봉은 전년도 성과지표에 따라 결정되고, 직원들의 성과지표가 다음과 같을 때, 가장 많은 연봉을 받을 직원은 누구인가?

〈성과지표별 가중치〉

(단위 : 원)

성과지표	수익 실적	업무 태도	영어 실력	동료 평가	발전 가능성
가중치	3,000,000	2,000,000	1,000,000	1,500,000	1,000,000

〈사원별 성과지표 결과〉

구분	수익 실적	업무 태도	영어 실력	동료 평가	발전 가능성
A사원	3	3	4	4	4
B사원	3	3	3	4	4
C사원	5	2	2	3	2
D사원	3	3	2	2	5
E사원	4	2	5	3	3

※ (당해 연도 연봉)=3,000,000원+(성과금)
※ 성과금은 각 성과지표와 그에 해당하는 가중치를 곱한 뒤 모두 더한다.
※ 성과지표의 평균이 3.5 이상인 경우 당해 연도 연봉에 1,000,000원이 추가된다.

① A사원
② B사원
③ C사원
④ D사원
⑤ E사원

14 K공사에 재직 중인 B대리는 9월에 결혼을 앞두고 있다. 다음 〈조건〉을 참고할 때, 가능한 결혼날짜는?

─〈조건〉─

- 9월은 1일부터 30일까지이며, 9월 1일은 금요일이다.
- 9월 30일부터 추석연휴가 시작되고 추석연휴 이틀 전엔 B대리가 주관하는 회의가 있다.
- B대리는 결혼식을 한 다음날에 8박 9일간 신혼여행을 간다.
- 회사에서 신혼여행으로 주는 휴가는 5일이다.
- B대리는 신혼여행과 겹치지 않도록 매주 수요일 3주간 연속 치과 진료가 예약되어 있다.
- 신혼여행에서 돌아오는 날은 부모님 댁에서 하루 자고, 그 다음날에 출근할 예정이다.

① 1일　　　　　　　　　　　　　② 2일
③ 22일　　　　　　　　　　　　 ④ 23일
⑤ 29일

15 K공사는 적합한 인재를 채용하기 위하여 NCS 기반 능력중심 공개채용을 시행하였다. 1차 서류전형, 2차 직업기초능력평가, 3차 직무수행능력평가, 4차 면접전형을 모두 마친 면접자들(A ~ E)의 평가점수를 최종 합격자 선발기준에 따라 판단하여 상위자 2명을 최종 합격자로 선정하고자 한다. 다음 중 최종 합격한 2명은?

〈최종 합격자 선발기준〉

평가요소	의사소통능력	문제해결능력	조직이해능력	대인관계능력	합계
평가비중	40%	30%	20%	10%	100%

〈면접평가 결과〉

면접자 평가요소	A	B	C	D	E
의사소통능력	A$^+$	A$^+$	A$^+$	B$^+$	C
문제해결능력	B$^+$	B+5	A$^+$	B+5	A+5
조직이해능력	A+5	A	C$^+$	A$^+$	A
대인관계능력	C	A$^+$	B$^+$	C$^+$	B$^+$+5

※ 등급별 변환 점수 : A$^+$=100, A=90, B$^+$=80, B=70, C$^+$=60, C=50
※ 면접관의 권한으로 등급별 점수에 +5점을 가점할 수 있음

① A, B　　　　　　　　　　　　 ② B, C
③ C, D　　　　　　　　　　　　 ④ D, E
⑤ A, E

16 다음 중 기초생활수급자 선정에 대한 설명으로 옳지 않은 것은?

가. 기초생활수급자 선정 기준

부양의무자가 없거나, 부양의무자가 있어도 부양능력이 없거나 또는 부양을 받을 수 없는 자로서 소득인정액이 최저생계비 이하인 자

※ 부양능력이 있는 부양의무자가 있어도 부양을 받을 수 없는 경우란, 부양의무자가 교도소 등에 수용되거나 병역법에 의해 징집·소집되어 실질적으로 부양을 할 수 없는 경우와 가족관계 단절 등을 이유로 부양을 거부하거나 기피하는 경우 등을 가리킨다.

나. 매월 소득인정액 기준

- (소득인정액)＝(소득평가액)＋(재산의 소득환산액)
- (소득평가액)＝(실제소득)－(가구특성별 지출비용)

다. 가구별 매월 최저생계비

(단위 : 만 원)

1인	2인	3인	4인	5인	6인
42	70	94	117	135	154

라. 부양의무자의 범위

수급권자의 배우자, 수급권자의 1촌 직계혈족 및 그 배우자, 수급권자와 생계를 같이 하는 2촌 이내의 혈족

---

① 소득인정액이 최저생계비 이하인 자로서 부양의무자가 없으면 기초생활수급자로 선정된다.

② 소득인정액은 소득평가액과 재산의 소득환산액을 합한 것이다.

③ 수급권자의 삼촌은 부양의무자에 해당되지 않는다.

④ 두 가구의 소득평가액이 같을 때, 재산의 소득환산액이 높은 가구가 다른 가구보다 소득인정액이 더 높다.

⑤ 소득평가액은 실제소득에서 가구특성별 지출비용을 합한 것이다.

17 다음 글을 통해 알 수 있는 내용으로 가장 적절한 것은?

상업 광고는 기업은 물론이고 소비자에게도 요긴하다. 기업은 마케팅 활동의 주요한 수단으로 광고를 적극적으로 이용하여 기업과 상품의 인지도를 높이려 한다. 소비자는 소비 생활에 필요한 상품의 성능, 가격, 판매 조건 등의 정보를 광고에서 얻으려 한다. 광고를 통해 기업과 소비자가 모두 이익을 얻는다면 이를 규제할 필요는 없을 것이다. 그러나 광고에서 기업과 소비자의 이익이 상충하는 경우도 있고 광고가 사회 전체에 폐해를 낳는 경우도 있어 다양한 규제 방식이 모색되었다.

이때 문제가 된 것은 과연 광고로 인한 피해를 책임질 당사자로서 누구를 상정할 것인가였다. 초기에는 '소비자 책임 부담 원칙'에 따라 광고 정보를 활용한 소비자의 구매 행위에 대해 소비자가 책임을 져야 한다고 보았다. 여기에는 광고 정보가 정직한 것인지와는 상관없이 소비자는 이성적으로 이를 판단하여 구매할 수 있어야 한다는 전제가 있었다. 그래서 기업은 광고에 의존하여 물건을 구매한 소비자가 입은 피해에 대하여 책임을 지지 않았고, 광고의 기만성에 대한 입증 책임도 소비자에게 있었다.

책임 주체로 기업을 상정하여 '기업 책임 부담 원칙'이 부상하게 된 배경은 복합적이다. 시장의 독과점 상황이 광범위해지면서 소비자의 자유로운 선택이 어려워졌고, 상품에 응용된 과학 기술이 복잡해지고 첨단화되면서 상품 정보에 대한 소비자의 정확한 이해도 기대하기 어려워졌다. 또한 다른 상품 광고와의 차별화를 위해 통념에 어긋나는 표현이나 장면도 자주 활용되었다. 그리하여 경제적, 사회·문화적 측면에서 광고로부터 소비자를 보호해야 한다는 당위를 바탕으로 기업이 광고에 대해 책임을 져야 한다는 공감대가 확산되었다.

오늘날 행해지고 있는 여러 광고 규제는 이런 공감대에서 나온 것인데, 이는 크게 보아 법적 규제와 자율 규제로 나눌 수 있다. 구체적인 법 조항을 통해 광고를 규제하는 법적 규제는 광고 또한 사회적 활동의 일환이라는 점에 근거한다. 특히 자본주의 사회에서는 기업이 시장 점유율을 높여 다른 기업과의 경쟁에서 승리하기 위하여 사실에 반하는 광고나 소비자를 현혹하는 광고를 할 가능성이 높다. 법적 규제는 허위 광고나 기만 광고 등을 불공정 경쟁의 수단으로 간주하여 정부 기관이 규제를 가하는 것이다.

자율 규제는 법적 규제에 대한 기업의 대응책으로 등장했다. 법적 규제가 광고의 역기능에 따른 피해를 막기 위한 강제적 조치라면, 자율 규제는 광고의 순기능을 극대화하기 위한 자율적 조치이다. 광고에 대한 기업의 책임감에서 비롯된 자율 규제는 법적 규제를 보완하는 효과가 있다.

① 광고 주체의 자율 규제가 잘 작동될수록 광고에 대한 법적 규제의 역할도 커진다.

② 기업의 이익과 소비자의 이익이 상충하는 정도가 클수록 법적 규제와 자율 규제의 필요성이 약화된다.

③ 시장 독과점 상황이 심각해지면서 기업 책임 부담 원칙이 약화되고 소비자 책임부담 원칙이 부각되었다.

④ 첨단 기술을 강조한 상품의 광고일수록 소비자가 광고 내용을 정확히 이해하지 못한 채 상품을 구매할 가능성이 커진다.

⑤ 광고의 기만성을 입증할 책임을 소비자에게 돌리는 경우, 그 이유는 소비자에게 이성적 판단 능력이 있다는 전제를 받아들이지 않기 때문이다.

※ 다음은 K공사의 동호회 인원 구성을 나타낸 자료이다. 이어지는 질문에 답하시오. [18~19]

〈동호회 인원 구성〉

(단위 : 명)

구분	2019년	2020년	2021년	2022년
축구	87	92	114	131
농구	73	77	98	124
야구	65	72	90	117
배구	52	56	87	111
족구	51	62	84	101
등산	19	35	42	67
여행	12	25	39	64
합계	359	419	554	715

18 2022년 축구 동호회 인원 증가율이 계속 유지된다고 가정할 때, 2023년 축구 동호회의 인원은?(단, 소수점 첫째 자리에서 반올림한다)

① 149명
② 150명
③ 151명
④ 152명
⑤ 153명

19 다음 중 자료에 대한 설명으로 옳은 것은?

① 동호회 인원이 많은 순서로 나열할 때, 매년 그 순위는 변화가 없다.
② 2020 ~ 2022년 동안 동호회 인원 구성에서 등산이 차지하는 비중은 전년 대비 매년 증가했다.
③ 2020 ~ 2022년 동안 동호회 인원 구성에서 배구가 차지하는 비중은 전년 대비 매년 증가했다.
④ 2020년 족구 동호회 인원은 2020년 전체 동호회의 평균 인원보다 많다.
⑤ 등산과 여행 동호회 인원의 합은 매년 같은 해의 축구 동호회 인원에 비해 적다.

20 다음은 2019 ~ 2022년 행정기관들의 고충민원 접수처리 현황이다. 이에 대한 설명으로 옳은 것을 〈보기〉에서 모두 고르면?(단, 소수점 셋째 자리에서 반올림한다)

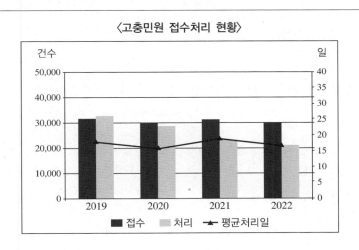

〈고충민원 접수처리 현황〉

〈고충민원 접수처리 항목별 세부현황〉

(단위 : 건)

구분		2019년	2020년	2021년	2022년
접수		31,681	30,038	31,308	30,252
처리		32,737	28,744	23,573	21,080
인용	시정권고	277	257	205	212
	제도개선	0	0	0	0
	의견표명	467	474	346	252
	조정합의	2,923	2,764	2,644	2,567
	소계	3,667	3,495	3,195	3,031
단순안내		12,396	12,378	10,212	9,845
기타처리		16,674	12,871	10,166	8,204
평균처리일		18	16	19	17

─〈보기〉─

ㄱ. 기타처리 건의 전년 대비 감소율은 매년 증가하였다.
ㄴ. 처리 건 중 인용 건의 비율은 2022년이 2019년에 비해 3% 이상 높다.
ㄷ. 처리 건 대비 조정합의 건의 비율은 2020년이 2021년보다 높다.
ㄹ. 평균처리일이 짧은 해일수록 조정합의 대비 의견표명 건의 비율이 높다.

① ㄱ
② ㄴ
③ ㄱ, ㄷ
④ ㄴ, ㄹ
⑤ ㄴ, ㄷ, ㄹ

21 K공사 인재개발원에 근무하고 있는 A대리는 다음 〈조건〉에 따라 신입사원 교육을 위한 스크린을 구매하려고 한다. 다음 중 가장 적절한 제품은 무엇인가?

〈조건〉

- 조명도는 5,000lx 이상이어야 한다.
- 예산은 150만 원이다.
- 제품에 이상이 생겼을 때 A/S가 신속해야 한다.
- 위 조건을 모두 충족할 시 가격이 저렴한 제품을 가장 우선으로 선정한다.

※ lux(럭스) : 조명이 밝은 정도를 말하는 조명도에 대한 실용단위로 기호는 lx이다.

	제품	가격(만 원)	조명도(lx)	특이사항
①	A	180	8,000	2년 무상 A/S 가능
②	B	120	6,000	해외 직구(해외 A/S)
③	C	100	3,500	미사용 전시 제품
④	D	150	5,000	미사용 전시 제품
⑤	E	130	7,000	2년 무상 A/S 가능

22 다음 대화에서 K사원의 답변 중 (가)에 들어갈 내용으로 적절한 것은?

C대리 : K씨, 이번에 신제품 기획안을 프레젠테이션으로 핵심 부분을 표시해가면서 발표하고 싶은데 좋은 방법이 없을까?
K사원 : 슬라이드 쇼 실행 화면에서 화살표를 펜으로 변경하여 핵심 부분을 표시하면서 발표하시면 어떨까요?
C대리 : 좋은 생각이야. 그런데 펜 기능을 사용하려면 어떻게 해야 하지?
K사원 : 네 대리님, 슬라이드 쇼 실행 화면에서 ___(가)___ 를 누르시면 화살표가 펜으로 변경됩니다.

---

① 〈Ctrl〉+〈P〉
② 〈Ctrl〉+〈A〉
③ 〈Ctrl〉+〈S〉
④ 〈Ctrl〉+〈M〉
⑤ 〈Ctrl〉+〈E〉

23 한국전력기술 설비진단처에서 근무하는 점검관 A는 M지사, S지사, G지사를 설비점검차 방문하고자 한다. A가 6월 한 달 동안 다음 〈조건〉에 따라 각 지사의 설비를 점검했을 때, 이에 대한 설명으로 항상 옳은 것은?

───────────〈조건〉───────────
- A는 하루에 하나의 지사만을 방문하며, 주말 및 공휴일에도 근무하였다.
- A는 3개 지사를 적어도 1번씩은 방문하였다.
- 6월 동안 M지사를 방문한 날보다 G지사를 방문한 날이 많았다.
- S지사를 방문한 날은 M지사를 방문한 날이나 G지사를 방문한 날보다 적었다.
- 점검관 B는 A가 S지사를 방문하는 날에만 동행하였다.
───────────────────────────

① A는 M지사를 최대 8번 방문하였을 것이다.
② A는 G지사를 최소 10번 방문하였을 것이다.
③ A가 6월 동안 휴가를 2일 사용하였다면 M지사를 최대 9번 방문하였을 것이다.
④ B는 6월 한 달 동안 A와 많아야 10번 동행하였을 것이다.
⑤ A는 G지사를 최대 27번 방문하였을 것이다.

24 자선 축구대회에 한국, 일본, 중국, 미국 대표팀이 초청되었다. 이들은 월요일부터 금요일까지 〈조건〉에 따라 서울, 수원, 인천, 대전 경기장에서 연습을 하게 될 때, 다음 중 옳지 않은 것은?

───────────〈조건〉───────────
- ⊙ 각 경기장에는 한 팀씩 연습하며 기간 동안 연습을 쉬는 팀은 없다.
- ⓒ 모든 팀은 모든 구장에서 적어도 한 번 이상 연습을 하여야 한다.
- ⓒ 외국에서 온 팀의 첫 훈련은 공항에서 가까운 수도권 지역에 배정한다.
- ② 이동거리 최소화를 위해 각 팀은 한 번씩 경기장 한 곳을 이틀 연속해서 사용해야 한다.
- ⑩ 미국은 월요일과 화요일에 수원에서 연습을 한다.
- ⑭ 목요일에 인천에서는 아시아 팀이 연습을 할 수 없다.
- ④ 금요일에 중국은 서울에서, 미국은 대전에서 연습을 한다.
- ⊚ 한국은 인천에서 연속으로 연습을 한다.
───────────────────────────

① 목요일, 금요일에 연속으로 같은 지역에서 연습하는 팀은 없다.
② 수요일에 대전에서는 일본이 연습을 한다.
③ 대전에는 한국, 중국, 일본, 미국의 순서로 연습을 한다.
④ 한국은 화요일, 수요일에 같은 지역에서 연습을 한다.
⑤ 미국과 일본은 한 곳을 연속해서 사용하는 날이 같다.

25 다음 글에서 설명하고 있는 것은?

> 농부는 농기계와 화학비료를 써서 밀을 재배하고 수확한다. 이렇게 생산된 밀은 보관업자, 운송업자, 제분회사, 제빵 공장을 거쳐 시장으로 판매된다. 보다 높은 생산성을 위해 화학비료를 연구하고, 공장을 가동하기 위해 공작기계와 전기를 생산한다. 보다 빠른 운송을 위해서 트럭이나 기차, 배가 개발되었고, 보다 효과적인 운송수단과 농기계를 운용하기 위해 증기기관에서 석유에너지로 발전하였다. 이렇듯 우리의 식탁에 올라오는 빵은 여러 기술이 네트워크로 결합하여 시너지를 내고 있다.

① 기술시스템   ② 기술혁신
③ 기술경영   ④ 기술이전
⑤ 기술경쟁

26 다음 중 제품수명주기 이론에 대한 설명으로 옳지 않은 것은?

① 도입기 : 신제품이 시장에 처음으로 등장하여 잠재고객들의 관심을 끌고 구매를 자극해야 하는 단계를 말한다. 잠재고객들이 많은 위험을 지각하므로 수요가 매우 적으며 제품의 인지도가 낮다.

② 성장기 : 제품을 취급하려는 중간기관들의 수가 증가하며, 그들이 재고를 갖춰감에 따라 매출액은 더욱 신장되며 이익도 흑자로 돌아 증가하기 시작한다.

③ 경쟁자들이 시장에 참여하기 시작하여 제품차별화의 기회가 다양하게 모색되고, 가격 인하경쟁이 나타나기도 하며 이익은 꾸준히 증가한다.

④ 성숙기 : 성숙기는 매출액이 체감적으로 증가하거나 안정된 상태를 유지하는 상태이며 많은 시장참여자들과 과잉생산능력에 의하여 경쟁이 심화된다.

⑤ 쇠퇴기 : 매출액은 지속적으로 감소하며 경쟁자들이 시장에서 철수하거나 마케팅활동을 축소하기 시작한다.

27 조직문화는 조직구성원들에게 일체감과 정체성을 부여하고 조직구성원들의 행동지침을 제공하는 등의 기능을 가지고 있다. 다음 중 조직문화의 구성요소에 대한 설명으로 옳지 않은 것은?

① 공유가치는 가치관과 이념, 조직관, 전통가치, 기본목적 등을 포함한다.

② 조직구성원은 인력구성뿐만 아니라 그들의 가치관과 신념, 동기, 태도 등을 포함한다.

③ 관리기술은 조직경영에 적용되는 목표관리, 예산관리, 갈등관리 등을 포함한다.

④ 관리시스템으로는 리더와 부하 간의 상호관계를 볼 수 있다.

⑤ 조직의 전략은 조직운영에 필요한 장기적인 틀을 제공한다.

28 다음 C대리의 답변 중 (가) ~ (마)에 들어갈 내용으로 적절하지 않은 것은?

> A과장 : C대리, 파워포인트 슬라이드 쇼 실행 화면에서 단축키 좀 알려줄 수 있을까? 내 마음대로 슬라이드를 움직일 수가 없어서 답답해서 말이지.
> C대리 : 네 과장님, 제가 알려드리겠습니다.
> A과장 : 그래, 우선 발표가 끝나고 쇼 실행 화면에서 화면을 검게 하고 싶은데 가능한가?
> C대리 : _____ (가) _____
> A과장 : 그렇군. 혹시 흰색으로 설정도 가능한가?
> C대리 : _____ (나) _____
> A과장 : 혹시 원하는 슬라이드로 이동하는 방법도 있나? 예를 들어 7번 슬라이드로 바로 넘어가고 싶네만.
> C대리 : _____ (다) _____
> A과장 : 슬라이드 쇼 실행 화면에서 모든 슬라이드를 보고 싶은 경우도 있네.
> C대리 : _____ (라) _____
> A과장 : 맞다. 형광펜 기능도 있다고 들었는데?
> C대리 : _____ (마) _____

① (가) : ⚹.(마침표)를 누르시면 됩니다.

② (나) : ⚹,(쉼표)를 누르시면 됩니다.

③ (다) : ⚹7(해당번호)를 누르고, Enter↵를 누르시면 됩니다.

④ (라) : ⚹+(플러스)를 누르시면 됩니다.

⑤ (마) : Ctrl(컨트롤)과 I(영문 I)를 같이 누르시면 됩니다.

※ 다음 기사를 읽고 이어지는 질문에 답하시오. [29~30]

피보나치 수열은 운명적으로 가장 아름답다는 황금비를 만들어낸다. 황금비는 피라미드, 파르테논 신전이나 다빈치, 미켈란젤로의 작품에서 시작해 오늘날에는 신용카드와 담뱃갑, 종이의 가로와 세로의 비율까지 광범위하게 쓰인다. 이러한 황금비는 태풍과 은하수의 형태, 초식동물의 뿔, 바다의 파도에도 있다. 배꼽을 기준으로 한 사람의 상체와 하체, 목을 기준으로 머리와 상체의 비율도 황금비이다. 이런 사례를 찾다 보면 우주가 피보나치 수열의 장난으로 만들어졌는지도 모른다는 생각까지 든다.

피보나치 수열은 12세기 말 이탈리아 천재 수학자 레오나르도 피보나치가 제안했다. 한 쌍의 토끼가 계속 새끼를 낳을 경우 몇 마리로 불어나는가를 숫자로 나타낸 것이 이 수열인 것이다. 이 수열은 앞서 나오는 두 개의 숫자의 합이다. 1, 1, 1+1=2, 1+2=3, 2+3=5, 3+5=8, 5+8=13, 8+13=21, 13+21=34, 21+34=55, 34+55=89 … 이처럼 계속 수열을 만들어가는 것이다.

우리 주변의 꽃잎을 세어보면 거의 모든 꽃잎이 3장, 5장, 8장, 13장 … 으로 되어 있다. 백합과 붓꽃은 꽃잎이 3장, 채송화·패랭이·동백·야생장미는 5장, 모란·코스모스는 8장, 금불초와 금잔화는 13장이다. 과꽃과 치커리는 21장, 질경이와 데이지는 34장, 쑥부쟁이는 종류에 따라 55장과 89장이다. 신기하게도 모두 피보나치 숫자인 것이다.

피보나치 수열은 해바라기나 데이지 꽃 머리의 씨앗 배치에도 존재한다. 해바라기 씨앗이 촘촘히 박혀 있는 꽃 머리를 유심히 보면 최소의 공간에 최대의 씨앗을 배치하기 위한 '최적의 수학적 해법'으로 꽃이 피보나치 수열을 선택한다는 것을 알 수 있다. 씨앗은 꽃 머리에서 왼쪽과 오른쪽 두 개의 방향으로 엇갈리게 나선 모양으로 자리 잡는다. 데이지 꽃 머리에는 서로 다른 34개와 55개의 나선이 있고, 해바라기 꽃 머리에는 55개와 89개의 나선이 있다.

피보나치 수열은 식물의 잎차례에도 잘 나타나 있다. 잎차례는 줄기에서 잎이 나와 배열하는 방식으로 t/n로 표시한다. t번 회전하는 동안 잎이 n개 나오는 비율이 참나무·벚꽃·사과는 $\frac{2}{5}$이고, 포플러·장미·배·버드나무는 $\frac{3}{8}$, 갯버들과 아몬드는 $\frac{5}{13}$이다. 모두 피보나치 숫자로 전체 식물의 90% 정도가 피보나치 수열의 잎차례를 따르고 있다. 이처럼 잎차례가 피보나치 수열을 따르는 것은 잎이 바로 위의 잎에 가리지 않고, 햇빛을 최대한 받을 수 있는 최적의 수학적 해법이기 때문이다.

예전에는 식물의 DNA가 피보나치 수열을 만들어낸다고 생각했다. 그러나 요즘에는 식물이 새로 자라면서 환경에 적응해 최적의 성장 방법을 찾아가는 과정에서 자연스럽게 피보나치 수열이 형성된다고 생각하는 학자들이 많아졌다. 최근 들어 생물뿐만 아니라 전하를 입힌 기름방울을 순서대로 떨어뜨려도 해바라기 씨앗처럼 퍼진다는 사실이 ㉠ 밝혀졌다. 이처럼 피보나치 수열과 이 수열이 만들어내는 황금비는 생물은 물론 자연과 우주 어디에나 숨어 있다.

29 다음 중 기사의 내용으로 적절하지 않은 것은?

① 꽃잎과 식물의 잎에서 피보나치 수열을 찾을 수 있으며, 이 수열은 피라미드, 신용카드 등에 나타나는 황금비를 만들어 낸다.

② 해바라기 꽃 머리를 보면 최소의 공간에 최대의 씨앗이 배치될 수 있도록 피보나치 수열을 선택했음을 알 수 있다.

③ 식물의 잎차례에도 피보나치 수열이 잘 나타나며, 모든 식물의 잎차례는 이 수열을 따르고 있다.

④ 식물의 잎차례는 햇빛을 최대한 받을 수 있도록 피보나치 수열을 따르고 있다.

⑤ 학자들은 식물이 환경에 적응하기 위해 최적의 성장 방법을 찾아가는 과정에서 이 수열이 형성된다고 생각한다.

30 다음 중 기사의 제목으로 가장 적절한 것은?

① 일상 생활 속에서 광범위하게 사용되는 황금비
② 피보나치 수열의 정의와 형성 원리
③ 피보나치 수열에 대한 학자들의 기존 입장과 새롭게 밝혀진 원리
④ 식물에서 찾아볼 수 있는 피보나치 수열
⑤ 잎차례가 피보나치 수열을 따르는 이유

31 오전 7시에 새마을호와 KTX가 동시에 서울역에서 출발한다. 새마을호는 18분마다, KTX는 15분마다 출발할 때, 두 열차가 동시에 출발하는 다음 정각 시각은?

① 오전 9시   ② 오전 10시
③ 오후 1시   ④ 오후 2시
⑤ 오후 3시

32 A ~ D는 구두를 사기 위해 신발가게에 갔다. 신발가게에서 세일을 하는 품목은 빨간색, 주황색, 노란색, 초록색, 파란색, 남색, 보라색 구두이고 각각 한 켤레씩 남았다. 다음 〈조건〉을 만족할 때, A는 주황색 구두를 제외하고 어떤 색의 구두를 샀는가?(단, 빨간색 – 초록색, 주황색 – 파란색, 노란색 – 남색은 보색 관계이다)

┌──────────────────〈조건〉──────────────────┐
- A는 주황색을 포함하여 두 켤레를 샀다.
- C는 빨간색 구두를 샀다.
- B, D는 파란색을 좋아하지 않는다.
- C, D는 같은 수의 구두를 샀다.
- B는 C가 산 구두와 보색 관계인 구두를 샀다.
- D는 B가 산 구두와 보색 관계인 구두를 샀다.
- 모두 서로 다른 구두를 한 켤레 이상씩 샀으며, 네 사람은 세일품목을 모두 샀다.
└──┘

① 노란색   ② 초록색
③ 파란색   ④ 남색
⑤ 보라색

33 다음 글의 주장을 비판하기 위한 탐구 활동으로 가장 적절한 것은?

> 기술은 그 내부적인 발전 경로를 이미 가지고 있으며, 따라서 어떤 특정한 기술(혹은 인공물)이 출현하는 것은 '필연적'인 결과라고 생각하는 사람들이 많다. 이러한 통념을 약간 다르게 표현하자면, 기술의 발전 경로는 이전의 인공물보다 '기술적으로 보다 우수한' 인공물들이 차례차례 등장하는, 인공물들의 연쇄로 파악할 수 있다는 것이다. 그리고 기술의 발전 경로가 '단일한' 것으로 보고, 따라서 어떤 특정한 기능을 갖는 인공물을 만들어 내는 데 있어서 '유일하게 가장 좋은' 설계 방식이나 생산 방식이 있을 수 있다고 가정한다. 이와 같은 생각을 종합하면 기술의 발전은 결코 사회적인 힘이 가로 막을 수 없는 것일 뿐 아니라 단일한 경로를 따르는 것이므로, 사람들이 할 수 있는 일은 이미 정해져 있는 기술의 발전 경로를 열심히 추적해 가는 것밖에 남지 않게 된다는 결론이 나온다.
>
> 그러나 다양한 사례 연구에 의하면 어떤 특정 기술이나 인공물을 만들어 낼 때, 그것이 특정한 형태가 되도록 하는 데 중요한 역할을 하는 것은 그 과정에 참여하고 있는 엔지니어, 자본가, 소비자, 은행, 정부 등의 이해관계나 가치체계임이 밝혀졌다. 이렇게 보면 기술은 사회적으로 형성된 것이며, 이미 그 속에 사회적 가치를 반영하고 있는 셈이 된다. 뿐만 아니라 복수의 기술이 서로 경쟁하여 그중 하나가 사회에서 주도권을 잡는 과정을 분석해 본 결과, 이 과정에서 중요한 역할을 하는 것은 기술적 우수성이나 사회적 유용성이 아닌, 관련된 사회집단들의 정치적·경제적 영향력인 것으로 드러났다고 한다. 결국 현재에 이르는 기술 발전의 궤적은 결코 필연적이고 단일한 것이 아니었으며, '다르게' 될 수도 있었음을 암시하고 있는 것이다.

① 논거가 되는 연구 결과를 반박할 수 있는 다른 연구자료를 조사한다.
② 사회 변화에 따라 가치 체계의 변동이 일어나게 되는 원인을 분석한다.
③ 기술 개발에 관계자들의 이해관계나 가치가 작용한 실제 사례를 조사한다.
④ 글쓴이가 문제 삼고 있는 통념에 변화가 생기게 된 계기를 분석한다.
⑤ 글쓴이가 통념을 종합하여 이끌어낸 결론의 타당성을 검토한다.

34 S아파트의 다섯 동 주민들은 〈조건〉과 같이 쓰레기를 배출한다. 다음 중 옳지 않은 것은?

> ─────〈조건〉─────
> • 다섯 동 주민들은 모두 다른 날에 쓰레기를 버린다.
> • 쓰레기 배출은 격일로 이루어진다.
> • 다섯 동 주민들은 A동, B동, C동, D동, E동 순서대로 쓰레기를 배출한다.
> • 규칙은 A동이 첫째 주 월요일에 쓰레기를 배출하는 것으로 시작한다.

① A와 E는 같은 주에 쓰레기를 배출할 수 있다.
② 10주 차에는 다시 A동이 월요일에 쓰레기를 배출한다.
③ A동은 모든 요일에 쓰레기를 배출한다.
④ 2주에 걸쳐 연속으로 쓰레기를 배출할 수 있는 동은 두 동이다.
⑤ B동이 목요일에 쓰레기를 버리는 주는 8주 차이다.

35 다음은 신송전사업처 L차장의 사보 인터뷰 내용이다. 이를 읽고 답변할 수 없는 질문은?

> ### 작지만 강력한 송전선로가 온다. '500kV HVDC 2 Bi-pole 실증선로' 준공
>
> 우리는 생활의 모든 곳, 구석구석에서 전기를 공기처럼 사용한다. 그러나 많은 곳에서 전기를 만드는 시설에는 우호적이지 않다는 이율배반이 있다. 한전은 이 같은 전력설비를 보는 불안한 시선을 극복하기 위하여 오늘도 끊임없이 기술개발에 힘을 쏟고 있다. 강력한 한파가 몰아친 지난 12월 하순에도 한전 신송전사업처 L차장과 전력연구원 K연구원이 고창전력시험센터 실증시험장을 방문하였다. 준공 이후 1개월 차 상황을 점검하기 위한 것이다. '500kV HVDC 2 Bi-pole 선로' 실증시험장. 전북 고창에 자리잡은 시험장에는 4기의 철탑이 서 있고 주변에는 소음을 측정하기 위한 마이크, 바닥에는 전계를 측정하는 계기판 등이 함께 설치되어 있다. 추운 날씨에도 아랑곳 않고 이들은 꼼꼼히 실증설비를 살핀다. 지난 11월 실증 준공식을 가진 '500kV HVDC 2 Bi-pole 선로'는 한전이 오랫동안 미래를 생각하며 기술개발에 힘써온 HVDC 기술 중 하나이다. 이 실증선로는 국내 최초로 도입되는 500kV HVDC 가공송전사업의 기술 자립화를 위한 연구 설비이다. 기존의 교류 송전방식 765kV 철탑보다 철탑 크기가 75% 수준으로 작아지고, 전력선도 2/3 수준으로 줄어 주민 친화적 설비로 평가받는다. 또한 세계적으로도 처음 적용되는 도체귀로방식의 500kV HVDC 2 Bi-pole 선로로, 산악지형이면서 인구밀도가 높은 우리나라 환경에 적합한 콤팩트형 송전방식이다.
> "직류 송전방식의 경우 해외에서는 대부분 대지귀로 방식을 사용합니다. 대지를 귀로 도체로 이용하면 설계도 단순화할 수 있고 건설비용도 줄일 수 있기 때문이지요. 하지만 전극소로 사용할 넓은 땅을 확보하기 힘든 우리나라는 도체귀로 방식을 택하고 있습니다. 도체귀로 방식은 전류가 전선과 도체(중성선)를 통해 흐르는 방식인데, 이 방식의 500kV 직류 2회선 가공송전 기술은 세계적으로도 처음 시도되는 방식입니다." 신송전사업처 L차장이 기술의 우위를 설명하면서 상기된 표정을 짓는다. 전력 관련 설비에 대한 거부감이 점차 늘어나고 있는 우리나라의 현재 상황에서는 반드시 필요한, 세계적으로도 인정받을 수 있는 설비이다.
> "고창에서 2018년 말까지의 실증을 통해 각종 설계와 기자재를 검증하게 됩니다. 국내에서는 처음 시도되는 HVDC 가공송전사업이기 때문에 혹시라도 있을 기술적 위험도를 사전에 예방하고 설비 신뢰도를 높이기 위해서입니다." 실증 시험을 주도적으로 맡고 있는 전력연구원 권구민 연구원이 설명을 이어간다. 2018년부터 시행되는 500kV HVDC 신한울 – 신가평 송전선로 건설사업(EP 프로젝트)에 지금 실증중인 직류송전 가공선로가 본격 적용될 예정이다. 이 사업은 66kV부터 765kV 초고압에 이르기까지 기술혁신을 거듭해 온 한전이 제4차 산업을 이끄는 전력신기술 개발에도 앞서나가고 있음을 보여줄 프로젝트이다.
> 앞으로는 국가 간 전력융통을 통한 효율적인 전력설비 운용과 대규모 신재생발전원의 공유 등 국가 간 전력망 연계가 가시화될 것으로 예상되고 있다. 이러한 대용량 장거리 전력전송에는 기존 교류송전 방식보다는 직류송전 방식이 경제성과 운영면에서 훨씬 뛰어나다는 게 이들의 설명이다. 따라서 국내 사업뿐만 아니라 동북아 슈퍼그리드 등으로 HVDC 활용도가 높아지는 것은 세계적인 추세가 될 것이라고 예상하고 있다. 그런 점에서 이번 실증선로는 국내 기술자립과 기술 선도를 위한 핵심 포스트가 될 것으로 기대되고 있다

① '500kV HVDC 2 Bi-pole 선로'는 어떤 기술로 분류할 수 있나요?
② 기존의 765kV 송전탑과는 다른 점이 무엇인가요?
③ 전력 관련 설비를 기피하는 사회 통념에 더 악영향을 미치지 않을까요?
④ 이 기술이 처음 적용되는 프로젝트는 무엇인가요?
⑤ 우리나라에서 대지귀로 방식을 사용한 사례에는 어떤 것이 있나요?

36 다음은 실증시험장에서 이뤄지는 실증에 대한 구체적인 내용을 정리한 글이다. 글의 내용으로 적절하지 않은 것은?

전기환경장애 데이터 측정, 분석

실증시험의 주요한 부분 중 하나인 전기환경장애 데이터 측정이다. 직류 송전선로 주변에서 발생되는 코로나 소음, 이온류, 전계, TV와 라디오 전파 장애와 같은 사회적 민원을 야기할 수 있는 데이터를 실증선로 지표면에 설치된 각종 센서를 통해 수집한다. 다양한 기후 조건에서 장기간 수집된 전기환경장애 데이터들을 분석해 연구결과를 실제 선로 설계에 반영한다.

HVDC 가공송전 기자재 및 운영기술 검증

500kV HVDC 가공송전선로는 국내에서 최초로 시도되는 만큼, 관련 기자재의 국산화를 위해 대부분 신규로 개발되었다. 고창 실증선로에서는 이렇게 신규 개발된 송전용 기자재의 설치와 운영을 통하여 설계를 검증하고 문제점을 개선해 나간다. 또한 직류 가공 송전선로 운영에서 발생할 수 있는 각종 사고나 예방정비 활동과 관련해 운영기술 및 절차서 수립을 위해 직류 송전선로 활성공법, 직류애자 세정기술, 작업자 보호복 개발과 같은 관련 연구도 함께 수행하고 있다.

공기절연거리 설계 적정성 검증

공기절연거리 설계는 쉽게 말해 직류 500kV 가공송전선로를 건설함에 있어 상시 전류가 흐르는 도체와 주변 물체(철탑 및 기자재 등) 간에 전기적 안정성을 위한 최소 이격 거리를 산정하는 것이다. 이미 국내외 여러 문헌에서 많은 실험과 경험을 통해 공기절연거리 산출식이 발표되었으며, 이번 500kV HVDC 가공송전선로 에서도 이러한 실험식을 적용하여 공기절연거리를 설계하였다. 이곳에서는 계산식을 통하여 설계된 공기절연거리를 실제 실험으로 검증하고 있다.

---

① 사회적 민원을 야기할 수 있는 부분에 대해 철저히 실증하고 있다.
② 가공송전선로는 국내에서 최초로 실증되었지만 수입기자재에 의존하고 있다.
③ 각종 사고나 예방정비 활동과 관련한 연구도 함께 수행하고 있다.
④ 공기절연거리는 전기적 안정성과 관련된 최소 이격 거리를 말한다.
⑤ 장기간 수집된 전기환경장애 데이터를 토대로 하여 실제 선로 설계에 반영한다.

37 A조선소는 6척의 선박 건조를 수주하였다. 오늘을 포함하여 30일 이내에 모든 선박을 건조하여야 하나, 인력 부족으로 기간 내에 완료하지 못할 것으로 판단하였다. 완료하지 못할 선박은 다른 조선소에 하청을 줄 예정이다. A조선소의 하루 최대투입가능 근로자 수가 100명이라고 할 때, A조선소가 벌어들일 수 있는 최대 수익은?

상품(선박)	소요기간	1일 필요 근로자 수	수익
A	5일	20명	15억 원
B	10일	30명	20억 원
C	10일	50명	40억 원
D	15일	40명	35억 원
E	15일	60명	45억 원
F	20일	70명	85억 원

※ 1일 필요 근로자 수 이상의 근로자가 투입되더라도 선박당 건조 소요기간은 변하지 않는다.
※ 각 근로자는 자신이 투입된 선박의 건조가 끝나야만 다른 선박의 건조에 투입될 수 있다.
※ 필요 근로자 수가 100% 충원되지 않는 경우 작업을 진행할 수가 없다.

① 135억 원
② 140억 원
③ 155억 원
④ 160억 원
⑤ 165억 원

38 해외로 출장을 가는 김대리는 다음 〈조건〉과 같이 이동하려고 계획하고 있다. 연착 없이 계획대로 출장지에 도착했다면, 도착했을 때의 현지 시각은?

─────〈조건〉─────
• 서울 시각으로 5일 오후 1시 35분에 출발하는 비행기를 타고, 경유지 한 곳을 거쳐 출장지에 도착한다.
• 경유지는 서울보다 1시간 빠르고, 출장지는 경유지보다 2시간 느리다.
• 경유지까지의 첫 번째 비행은 3시간 45분이 소요된다.
• 경유지에서 3시간 50분을 대기하고 출발한다.
• 출장지까지의 두 번째 비행은 9시간 25분이 소요된다.

① 오전 8시 35분
② 오전 7시 35분
③ 오전 6시 35분
④ 오전 5시 35분
⑤ 오전 4시 35분

※ 다음은 조직의 유형을 나타낸 자료이다. 이어지는 질문에 답하시오. [39~40]

39 다음 중 조직의 유형에 대해 이해한 내용으로 옳지 않은 것은?

① 기업과 같이 이윤을 목적으로 하는 조직은 영리조직이다.
② 조직규모를 기준으로 보면, 가족 소유의 상점은 소규모조직, 대기업은 대규모조직의 사례로 볼 수 있다.
③ 공식조직 내에서 인간관계를 지향하면서 비공식조직이 새롭게 생성되기도 한다.
④ 비공식조직은 조직의 구조, 기능, 규정 등이 조직화되어 있다.
⑤ 비영리조직은 공익을 목적으로 하는 단체이다.

40 다음 중 밑줄 친 비영리조직의 사례로 보기 어려운 것은?

① 정부조직   ② 병원
③ 대학   ④ 시민단체
⑤ 대기업

41 K공사의 A사원은 회의가 길어져 편의점에서 간식을 구매해 모두에게 햄버거와 음료수 하나씩을 주려고 한다. 총 11명이 회의에 참석했을 때, 가장 저렴하게 구매하는 방법은?(단, 모든 사람이 같은 메뉴를 먹을 필요는 없다)

〈햄버거〉

종류	가격	특징
치킨버거	2,300원	2개 구매 시 그중 1개는 30% 할인
불고기버거	2,300원	3개 구매 시 물 1병 증정
치즈버거	2,000원	–

〈음료수〉

종류	가격	특징
보리차	1,100원	2병 구매 시 추가로 1병 무료 증정
물	800원	–
오렌지주스	1,300원	4병 구매 시 추가로 2병 무료 증정
포도주스	1,400원	치즈버거 개수만큼 포도주스 병당 40% 할인

① 치킨버거 10개, 치즈버거 1개, 보리차 9병, 물 2병

② 치킨버거 8개, 불고기버거 3개, 보리차 6병, 오렌지주스 4병, 물 1병

③ 불고기버거 9개, 치즈버거 2개, 보리차 6병, 물 3병, 포도주스 2병

④ 불고기버거 6개, 치즈버거 5개, 보리차 3병, 물 3병, 포도주스 5병

⑤ 치즈버거 11개, 포도주스 11개

▶ 지구온난화 현상(Global Warming)이란?

지난 100년간 지구의 평균온도는 점점 증가하는 추세를 보이면서 지구온난화(Global Warming) 현상이 나타나고 있다.

이것은 이산화탄소(CO_2) 등과 같은 온실가스(Greenhouse Gas)의 증가로 인해 대기의 기온이 상승하는 온실효과(Greenhouse Effect)에 의한 것으로, 지구의 자동온도조절능력(Natural Temperature Control System)이 위기를 맞고 있음을 보여준다.

이러한 기후변화는 기상이변, 해수면 상승 등을 초래하여 사회·경제 분야에 지대한 영향을 끼치고 있다.

▶ 우리가 지구환경 속에서 쾌적하게 살아갈 수 있는 이유는 무엇일까?

이것은 대기 중 이산화탄소 등의 온실가스가 온실의 유리처럼 작용하여 지구표면의 온도를 일정하게 유지하기 때문이다.

지구가 평균온도 15℃를 유지할 수 있는 것도 대기 중에 존재하는 일정량의 온실가스에 의한 것으로, 이러한 온실효과가 없다면 지구의 평균온도는 −18℃까지 내려가 생명체는 살 수 없게 된다.

지구온난화를 일으키는 물질들이 지난 100년에 걸쳐 증가되어 인류는 기후변화라는 전 세계적인 문제에 직면하게 되었다.

즉, 삼림벌채 등에 의하여 자연의 자정능력이 약화되고, 산업발전에 따른 화석연료의 사용량 증가로 인해 인위적으로 발생되는 이산화탄소의 양이 증가되었다. 이로 인해 두터운 온실이 형성되어 온실효과가 심화되었고 지구의 평균온도가 올라가는 지구 온난화 현상이 나타나고 있는 것이다.

▶ 온실효과 메커니즘

① 태양에서 지구로 오는 빛에너지 중에서 약 34%는 구름이나 먼지 등에 의해 반사되고, 지표면에는 44% 정도만 도달한다.

② 지구는 태양으로부터 받은 이 에너지를 파장이 긴 적외선으로 방출하는데, 이산화탄소 등의 온실가스가 적외선 파장의 일부를 흡수한다.

③ 적외선을 흡수한 이산화탄소 내의 탄소 분자는 들뜬 상태가 되고, 안정상태를 유지하기 위해 에너지를 방출하는데, 이 에너지로 인해 지구가 따뜻해진다.

42 다음 중 윗글의 내용으로 적절하지 않은 것은?

① 기후변화는 자연에만 영향을 미치는 것이 아니라 사회·경제 분야에도 지대한 영향을 미친다.

② 지구의 평균온도가 −18℃까지 내려가면 생명체는 살 수 없다.

③ 지구온난화 현상의 원인은 온실가스로, 이는 100년 전에는 없던 물질이다.

④ 삼림벌채 등에 의하여 자연의 자정능력이 약화된 것도 이산화탄소 증가의 원인 중 하나이다.

⑤ 인위적으로 발생하는 온실가스의 양이 증가됨에 따라 두터운 온실이 형성되었다.

43 다음 중 '온실효과 메커니즘'에서 흡수하는 에너지의 종류가 바르게 연결된 것은?

	지구	온실가스
①	적외선	이산화탄소
②	빛에너지	탄소
③	적외선	열에너지
④	빛에너지	적외선
⑤	빛에너지	탄소

44 거리가 30km인 A, B 두 지점 사이에 P지점이 있다. A지점에서 P지점까지 시속 3km의 속력으로, P지점에서 B지점까지 시속 4km의 속력으로 갔더니 총 9시간이 걸렸다. A지점에서 P지점 사이의 거리는 몇 km인가?

① 12km
② 15km
③ 18km
④ 21km
⑤ 24km

45 K회사의 2023년 1월부터 7월까지 제품 판매량이 매달 평균 5,000개씩 증가하였다. 8월 판매량을 분석한 결과 3,500개를 판매한 1일부터 같은 달 18일까지 매일 평균 100개씩 증가하였다. 8월 말일까지 매일 평균 100개씩 증가한다고 가정하였을 때, 8월의 전달 대비 판매량 변화율은 얼마인가?(단, 1월 판매량은 9만 개이다)

① 약 15%
② 약 18%
③ 약 23%
④ 약 29%
⑤ 약 32%

46 K스포츠용품 쇼핑몰 운영을 담당하는 A과장은 최근 축구사랑재단으로부터 대량주문을 접수받았다. 다음 대화를 토대로 거래가 원활히 성사되었다면, 해당 거래에 의한 매출액은 총 얼마인가?

> 담당자 : 안녕하세요? 축구사랑재단 구매담당자입니다. 이번에 축구공 기부행사를 진행할 예정이어서 견적을 받아보았으면 합니다. 초등학교 2곳, 중학교 3곳, 고등학교 1곳에 각 용도에 맞는 축구공으로 300개씩 배송했으면 합니다. 그리고 견적서에 배송료 등 기타 비용이 있다면 함께 추가해서 보내주세요.
>
> A과장 : 네, 저희 쇼핑몰을 이용해주셔서 감사합니다. 5천만 원 이상의 대량구매 건에 대해서 전체 주문금액의 10%를 할인하고 있습니다. 또한 기본 배송료는 5,000원이지만 3천만 원 이상 구매 시 무료 배송을 제공해 드리고 있습니다. 알려주신 정보로 견적서를 보내드리겠습니다. 감사합니다.

〈쇼핑몰 취급 축구공 규격 및 가격〉

구분	3호	4호	5호
무게(g)	300 ~ 320	350 ~ 390	410 ~ 450
둘레(mm)	580	640	680
지름(mm)	180	200	220
용도	8세 이하 어린이용	8 ~ 13세 초등학생용	14세 이상 사용, 시합용
판매가격	25,000원	30,000원	35,000원

① 5,100만 원　　　　　　　　② 5,400만 원
③ 5,670만 원　　　　　　　　④ 6,000만 원
⑤ 6,100만 원

47 직장인 K씨는 아침 회의에 프레젠테이션을 이용하여 발표를 진행하다가 키보드의 〈Home〉 키를 잘못 눌러 슬라이드 쇼 화면 상태에서 슬라이드가 처음으로 되돌아가 버렸다. 마지막에 진행했던 슬라이드부터 프레젠테이션을 실행하기 위해 〈ESC〉 키를 눌러 쇼 화면 상태에서 나간 후, 여러 슬라이드에서 해당 슬라이드를 선택하여 프레젠테이션을 실행하려고 할 때, K씨가 눌러야 할 단축키로 적절한 것은?

① 〈Ctrl〉+〈S〉　　　　　　　② 〈Shift〉+〈F5〉
③ 〈Ctrl〉+〈P〉　　　　　　　④ 〈Shift〉+〈F10〉
⑤ 〈Ctrl〉+〈M〉

48 K공사의 L사원은 동료 P사원에게 다음 기사를 보여주었다. 이에 대한 P사원의 반응으로 적절하지 않은 것은?

2013년 일론 머스크가 고안한 하이퍼루프의 콘셉트는 열차가 진공튜브에서 주행하여 공기저항이 없어지게 되면 마하 1.06(약 1,297km/h)이라는 속도를 낼 수 있다는 것이다. 열차가 고속화될수록 공기저항은 기하급수적으로 증가하기 때문에 공기는 초고속화에 큰 걸림돌이 되고 있다. 하지만 진공튜브는 공기가 없기 때문에 공기저항을 무시할 수 있어 기존의 고속철도보다 훨씬 빠른 속도로 운행할 수 있다. 물론 완벽한 진공은 건설과 유지에 많은 비용이 들어가므로 진공에 가까운 상태인 아진공 상태로 유지한다는 것이다. 하이퍼루프는 괴짜 천재의 단순한 제안으로 시작하였다. 하지만 수많은 연구를 통해 엄청난 가속력의 주행 장치를 선보였고 이제는 실제 튜브를 건설하여 시험차를 공개할 예정이다. 세상은 하이퍼루프를 다시 주목하기 시작하였다.

① 열차 고속화의 가장 큰 걸림돌은 공기저항이군.
② 하이퍼루프는 기존의 인프라를 이용하면 상용화가 빨라지겠군.
③ KTX의 속도가 340km/h이니까 하이퍼루프는 KTX의 최소 3배 이상의 속도를 내겠군.
④ 앞으로 고속철도의 시설분야에 새로운 패러다임이 발생하겠군.
⑤ 초고속 철도의 시대는 기존의 열차가 아닌 신개념 열차의 무대가 될 것 같군.

49 E씨는 진찰을 받기 위해 병원에 갔다. 진찰 대기자는 E씨를 포함하여 A ~ E 총 5명이 있다. 이들의 순서가 다음 〈조건〉을 따를 때, E씨는 몇 번째로 진찰을 받을 수 있는가?

─〈조건〉─
• A는 B의 바로 앞에 이웃하여 있다.
• A는 C보다 뒤에 있다.
• E는 A보다 앞에 있다.
• E와 D 사이에는 2명이 있다.

① 첫 번째
② 두 번째
③ 세 번째
④ 네 번째
⑤ 다섯 번째

50 (가) ~ (다)와 같은 생산 합리화 원칙이 적용된 사례를 〈보기〉에서 골라 바르게 짝지은 것은?

〈생산 합리화 원칙〉

(가) 공정과 제품의 특성에 따라 작업을 분업화한다.

(나) 불필요한 요소를 제거하여 작업 절차를 간소화한다.

(다) 제품의 크기, 형태에 대해 기준을 설정하여 규격화한다.

〈보기〉

ㄱ. 휴대전화와 충전 장치의 연결 방식을 같은 형식으로 만들었다.

ㄴ. 음료수의 생산 과정을 일곱 단계에서 다섯 단계의 과정으로 줄여 작업하였다.

ㄷ. 한 사람이 하던 자동차 바퀴의 나사 조립과 전기 장치 조립을 두 사람이 각각 맡아서 하도록 하였다.

	(가)	(나)	(다)
①	ㄱ	ㄴ	ㄷ
②	ㄴ	ㄱ	ㄷ
③	ㄴ	ㄷ	ㄱ
④	ㄷ	ㄴ	ㄱ
⑤	ㄷ	ㄱ	ㄴ

51 K공사는 7월 중에 신입사원 면접을 계획하고 있다. 면접에는 마케팅팀과 인사팀 차장, 인사팀 부장과 과장, 총무팀 주임이 한 명씩 참여한다. K공사에서는 6 ~ 7월에 계획된 여름휴가를 팀별로 나누어 간다고 할 때, 다음 중 면접이 가능한 날짜는?(단, 주말은 고려하지 않는다)

휴가 규정	팀별 휴가 시작일
• 차장급 이상 : 4박 5일 • 대리, 과장 : 3박 4일 • 사원, 주임 : 2박 3일	• 마케팅팀 : 6월 29일 • 인사팀 : 7월 6일 • 총무팀 : 7월 1일

① 7월 1일

② 7월 3일

③ 7월 5일

④ 7월 7일

⑤ 7월 8일

52 의복 제조업체 사장인 A씨는 2022년 산재보험료를 3월 말까지 납부하였으며 2023년이 되면서 확정보험료를 신고하기 위해 준비 중이다. 이에 대한 자료가 다음과 같을 때, A씨가 실제 납부한 개산보험료와 확정보험료의 차액은?

〈산재보험료 계산방법〉

보험가입자는 매 보험연도마다 1년간의 개산보험료를 계산하여 그 금액을 3월 말까지 공단에 신고·납부하여야 한다. 개산보험료는 '(1년간 지급될 임금총액추정액)×(해당사업보험료율)'로 계산하며 해당사업보험료율은 고용노동부장관이 매년 결정·고시한다.

개산보험료는 분할납부(분기별 최대 4번)할 수 있다. 분할납부할 수 있는 보험료를 납부기한 내에 전액을 납부하면 5%의 금액이 공제된다. 사업주가 개산보험료를 납부한 후 다음해에 확정보험료를 공단에 신고하면 반환, 추가납부 등 정산을 하게 된다.

확정보험료는 '(1년간 지급된 실제 임금 총액)×(해당사업보험료율)'로 계산한다. 산재보험가입대상사업주가 가입신고를 하지 않거나 보험료의 신고·납부를 지연하면 보험료를 소급징수하고 가산금(확정보험료의 10%)과 체납된 금액의 1,000분의 12에 해당하는 금액을 추가로 징수한다.

〈자료〉

- A씨의 사업장에는 직원 4명이 근무하고 있다.
- 개산보험료 계산 시 A씨는 1인당 250만 원의 임금 지급을 가정하였다.
- A씨는 납부기한 내에 모든 보험료를 일시납부하였다.
- A씨 직종의 보험료율은 1.36%이다.
- 실제 직원들의 월급은 다음과 같았다.

갑	을	병	정
200만 원	190만 원	260만 원	250만 원

① 79,450원
② 80,300원
③ 81,600원
④ 83,420원
⑤ 85,560원

※ 실내 공기 관리에 대한 필요성을 느낀 K공사는 사무실에 공기청정기를 구비하기로 결정하였다. 다음 제품설명서를 참고하여 이어지는 질문에 답하시오. [53~55]

〈제품설명서〉

■ 설치 확인하기
- 직사광선이 닿지 않는 실내공간에 두십시오(제품 오작동 및 고장의 원인이 될 수 있습니다).
- TV, 라디오, 전자제품 등과 간격을 두고 설치하십시오(전자파 장애로 오작동의 원인이 됩니다).
- 단단하고 평평한 바닥에 두십시오(약하고 기울어진 바닥에 설치하면 이상 소음 및 진동이 생길 수 있습니다).
- 벽면과 10cm 이상 간격을 두고 설치하십시오(공기청정 기능을 위해 벽면과 간격을 두고 설치하는 것이 좋습니다).
- 습기가 적고 통풍이 잘되는 장소에 두십시오(감전되거나 제품에 녹이 발생할 수 있고, 제품 성능이 저하될 수 있습니다).

■ 필터 교체하기

종류	표시등	청소주기	교체주기
프리필터	–	2회/월	반영구
탈취필터	필터 교체 표시등 켜짐	–	6개월~1년
헤파필터			

- 실내의 청정한 공기 관리를 위해 교체주기에 맞게 필터를 교체해 주세요.
- 필터 교체주기는 사용 환경에 따라 차이가 날 수 있습니다.
- 냄새가 심하게 날 경우, 탈취필터를 확인 및 교체해 주세요.

■ 스마트에어 서비스 등록하기
1) 앱스토어에서 '스마트에어'를 검색하여 앱을 설치합니다(안드로이드 8.0 오레오 이상 / iOS 9.0 이상의 사양에 최적화되어 있으며, 사용자의 스마트폰에 따라 일부 기능은 지원하지 않을 수 있습니다).
2) 스마트에어 서비스 앱을 실행하여 회원가입 완료 후 로그인합니다.
3) 새 기기 추가 선택 후 제품을 선택합니다.
4) 공기청정기 기기의 페어링 모드를 작동시켜 주세요(기기의 Wi-Fi 버튼과 수면모드 버튼을 동시에 눌러 주세요).
5) 기기명이 나타나면 기기를 선택해 주세요.
6) 완료 버튼을 눌러 기기등록을 완료합니다.

- 지원가능 Wi-Fi 무선공유기 사양(802.11b/f/n 2.4GHz)을 확인하세요.
- 자동 Wi-Fi 연결상태 관리 모드를 해제해 주세요.
- 스마트폰의 Wi-Fi 고급설정 모드에서 '신호 약한 Wi-Fi 끊기 항목'과 관련된 기능이 있다면 해제해 주세요.
- 스마트폰의 Wi-Fi 고급설정 모드에서 '신호 세기'와 관련된 기능이 있다면 '전체'를 체크해 주세요.
- Wi-Fi가 듀얼 밴드 공유기인 경우 〈Wi-Fi 5GHz〉가 아닌 일반 〈Wi-Fi〉를 선택해 주세요.

■ 스마트에어 서비스 이용하기
  스마트에어 서비스는 스마트기기를 통해 공기청정기를 페어링하여 언제 어디서나 원하는 대로 공기를 정화할 수 있는 똑똑한 서비스입니다.

53 제품설명서를 참고하여 공기청정기를 적절한 장소에 설치하고자 한다. 다음 중 공기청정기 설치 장소로 옳지 않은 것은?

① 직사광선이 닿지 않는 실내
② 부드러운 매트 위
③ 벽면과 10cm 이상 간격을 확보할 수 있는 곳
④ 습기가 적고 통풍이 잘되는 곳
⑤ 사내방송용 TV와 거리가 먼 곳

54 다음 중 필터 교체와 관련하여 숙지해야 할 사항으로 옳은 것은?

① 프리필터는 1개월에 2회 이상 청소해야 한다.
② 탈취필터는 6개월 주기로 교체해야 한다.
③ 헤파필터는 6개월 주기로 교체해야 한다.
④ 프리필터는 1년 주기로 교체해야 한다.
⑤ 냄새가 심하게 날 경우 탈취필터를 청소해야 한다.

55 외근이나 퇴근 후에도 공기청정기를 사용할 수 있도록 스마트폰을 통해 스마트에어 서비스 등록을 시도하였으나, 기기 등록에 계속 실패하였다. 다음 중 기기등록을 위해 확인해야 할 사항으로 옳지 않은 것은?

① 스마트폰이 지원 가능한 사양인지 OS 버전을 확인한다.
② 공기청정기에서 페어링 모드가 작동하고 있는지 확인한다.
③ 스마트폰의 Wi-Fi 고급설정 모드에서 '개방형 Wi-Fi' 관련 항목을 확인한다.
④ 스마트폰의 자동 Wi-Fi 연결상태 관리모드를 확인한다.
⑤ 무선공유기가 지원 가능한 사양인지 확인한다.

56 최근 신입사원으로 입사한 A사원은 회사 업무용 메신저를 사용할 때나 상사와 대화할 때 언어 사용에 대한 고민이 많아 올바른 언어 사용에 대한 글을 읽었다. 이를 기반으로 올바른 언어 사용을 하는 사람은?

말을 많이 하는 것보다 말을 어떻게 하는가가 더 중요하고 회사 내에서는 알맞은 호칭과 적절한 단어를 사용하는 것만으로도 높은 경쟁력을 확보할 수 있다. 그렇다면 어떤 말을 어떻게 활용해야 품위 있고 왜곡 없는 전달이 가능할까?

먼저 상하관계가 확실한 직장에서 지켜야 할 호칭의 문제를 살펴보자. 윗사람을 향한 존칭은 누구나 늘 긴장을 하고 있는 부분이다. 그렇다면 아랫사람을 부를 때는 어떻게 해야 현명할까. 일반적으로 '~씨'라는 호칭을 붙여 부를 것이다.

누군가는 '~씨'보다는 '~님'을 써야 한다고 주장하기도 하지만 보통의 언어생활에서 '~님'은 어울리지 않는 느낌을 준다. 직함이 없는 경우 '~씨'는 사람을 높여 부르는 말이기에 동료나 아랫사람을 부를 때 자연스럽게 쓰인다. 그러나 엄연히 직함이 있을 때는 문제가 달라진다.

부하직원이 대리나 과장 등 정확한 직함을 달고 있는데도 언제나 '~씨'라고 부른다면 잘못된 언어 습관이다. 아무리 부하직원이라지만 직위에 알맞은 책임이나 권위를 무시하는 행위이기 때문이다.

상사에 관해서는 '밥'과 관련된 인사를 할 때 주의해야 한다. 바로 '식사'와 '진지'의 차이다. 보통 상사에게 밥을 먹었는지 물어볼 때 '식사 하셨나요?'라고 묻는다. 물론 식사는 끼니로 음식을 먹는 행위를 뜻하는 점잖은 한자 표현이지만 의미상 '밥'과 일맥상통하기 때문에 '밥 하셨나요?'라는 뜻이 된다. 밥의 높임말은 '진지'이다. 물론 큰 차이가 나지 않는 선배에게 '진지 드셨어요?'라고 묻는다면 어색하겠지만 부장이나 본부장, 사장에게 말하는 경우라면 밥을 높여 '진지 드셨어요?'라고 하는 것이 공손한 표현이다. 정확한 언어를 사용하면 현란한 어휘와 화술로 말의 외피를 두르는 것보다 훨씬 더 깊이 있는 품격을 드러낼 수 있다.

우리 주변에는 흔히 쓰지만 알고 보면 틀린 말들이 많다. 대표적인 단어는 '피로회복제'이다. 재밌게도 피로회복제로는 절대 피로를 풀 수 없다. 무슨 말일까? '회복'이란 단어는 원래 상태를 되찾는다는 걸 의미한다. 건강 회복, 신뢰 회복, 주권 회복 등 회복이 쓰이는 말을 살펴보면 알아챌 수 있다. 그러므로 '피로회복제'는 몸을 다시 피로한 상태로 되돌린다는 말이 된다. 피로회복제라는 말은 '피로해소제'로 바꾸거나 '원기회복제'로 바꾸는 게 맞다.

피로회복제와 비슷한 경우로 '뇌졸증'이 있다. 결론부터 말하자면 '뇌졸증'은 아무도 걸리지 않는다. 우리가 말하고자 하는 병명은 아마 '뇌졸중'일 테다. 증상이나 병을 나타내는 단어에 대부분 증(症)이 붙어 혼동하는 단어. 뇌졸중의 졸중(卒中)은 졸중풍(卒中風)의 줄임말이므로 뇌졸중은 뇌에 갑자기 풍을 맞았다는 뜻을 가진다. '뇌졸중'이 현대의학에서 뇌출혈, 뇌경색 등 뇌혈관 질환을 통틀어 이르는 말이며 '뇌졸증'은 아예 없는 말이다.

실제로 하는 말뿐만 아니라 최근에는 SNS나 메신저 어플로 많은 대화가 오가기 때문에 맞춤법에도 민감하고 단어를 정확하게 표기하는 것이 중요하다. 특히 일상대화에서 자주 쓰이는 사자성어 중에 잘못 알고 있는 경우가 많다. 포복졸도는 포복절도(抱腹絕倒), 홀홀단신은 혈혈단신(孑孑單身), 전입가경은 점입가경(漸入佳境), 고분분투는 고군분투(孤軍奮鬪), 절대절명은 절체절명(絶體絶命)이 맞다. 사자성어를 통해 상황을 정확하게 설명하려다 되레 체면을 구길 수 있으니 꼼꼼하게 체크한 후 쓰도록 하자.

① A부장 : K씨, 우리 부서에서 개인 인센티브 지급을 대리급 사원 중 가장 성과가 많은 분에 한해 지급한다고 해서 K씨가 지급받게 되었어요. 수고 많았어요.

② B대리 : 본부장님, 식사 맛있게 하셨습니까? 이번 달 지출품의서 결재 부탁드립니다.

③ C사원 : G주임님, 어제 축구 경기 보셨어요? 절대절명의 순간에 결승골이 터져서 정말 짜릿했어요.

④ D대리 : 겨울엔 뇌졸중을 조심해야겠어요. 지인이 경미한 뇌졸중으로 병원에 입원했다고 하네요.

⑤ E과장 : 어제 회식하느라 다들 고생했어요. 피로회복제 하나씩 먹고 오늘 하루도 다들 힘내봅시다.

57 K공사 인사팀에는 팀장 1명, 과장 2명과 A대리가 있다. 팀장이나 과장이 없을 때 A대리는 자리를 비울 수 없다. 팀장과 과장 2명은 4월 안에 휴가를 다녀와야 하고, A대리는 5일 동안 진행되는 연수에 참여해야 한다. 연수는 주말 없이 진행되며, 연속으로 수강해야 한다. 다음 〈조건〉에 따를 때, A대리의 연수 마지막 날짜는?

─────────〈조건〉─────────
- 4월 1일은 월요일이며 K공사는 주5일제이다.
- 마지막 주 금요일에는 중요한 세미나가 있어 그 주에는 모든 팀원이 자리를 비울 수 없다.
- 팀장은 첫째 주 화요일부터 3일 동안 휴가를 신청했다.
- 과장 B는 둘째 주 수요일부터 5일 동안 휴가를 신청했다.
- 과장 C는 셋째 주에 2일간의 휴가를 마치고 금요일부터 출근할 것이다.

① 8일   ② 9일
③ 23일   ④ 24일
⑤ 30일

58 A부장은 직원들의 업무 효율성이 많이 떨어졌다는 생각이 들어 각자의 의견을 들어 보고자 회의를 열었다. 회의에서 나온 다음 의견 중 옳지 않은 것은?

① B대리 : 요즘 업무 외적인 통화에 시간을 낭비하는 경우가 많은 것 같습니다. 확실한 목표업무량을 세우고 목표량 달성 후 퇴근을 하는 시스템을 운영하면 개인 활동으로 낭비되는 시간이 줄어 생산성이 높아지지 않을까요?

② C주임 : 여유로운 일정이 주원인이라고 생각합니다. 1인당 최대 작업량을 잡아 업무를 진행하면 업무 효율성이 극대화될 것입니다.

③ D대리 : 계획을 짜면 업무를 체계적으로 진행할 수 있다는 의미에서 C주임의 말에 동의하지만, 갑자기 발생할 수 있는 일에 대해 대비해야 한다고 생각합니다. 어느 정도 여유 있게 계획을 짜는 게 좋지 않을까요?

④ E사원 : 목표량 설정 이외에도 업무 진행과정에서 체크리스트를 사용해 기록하고 전체적인 상황을 파악할 수 있게 하면 효율이 높아질 것입니다.

⑤ F사원 : 업무시간 내에 끝내지 못한 일이 있다면 무리해서 하는 것보다 다음날 예정사항에 적어놓고 차후에 적절히 시간을 분배해 마무리하면 작업 능률이 더 오를 것입니다.

59 A~E는 다음 〈조건〉에 따라 야근을 해야 한다. 이 중 수요일에 야근하는 사람은?

---〈조건〉---

- 사장님이 출근할 때는 모든 사람이 야근을 한다.
- A가 야근할 때 C도 반드시 해야 한다.
- 사장님은 월요일과 목요일에 출근을 한다.
- B는 금요일에 야근을 한다.
- E는 화요일에 야근을 한다.
- 수요일에는 한 명만 야근을 한다.
- 월요일부터 금요일까지 한 사람당 3번 야근한다.

① A   ② B
③ C   ④ D
⑤ E

60 A팀장은 급하게 해외 출장을 떠나면서 B대리에게 다음과 같은 메모를 남겨두었다. B대리가 가장 먼저 처리해야 할 일은 무엇인가?

B대리, 지금 급하게 해외 출장을 가야 해서 오늘 처리해야 하는 것들 메모 남겨요.
오후 2시에 거래처와 미팅 있는 거 알고 있죠? 오전 내로 거래처에 전화해서 다음 주 중으로 다시 미팅날짜 잡아줘요. 그리고 오늘 신입사원들과 점심 식사하기로 한 거 난 참석하지 못하니까 다른 직원들이 참석해서 신입사원들 고충도 좀 들어주고 해요. 식당은 지난번 갔었던 한정식집이 좋겠네요. 점심때 많이 붐비니까 오전 10시까지 예약전화하는 것도 잊지 말아요. 식비는 법인카드로 처리하도록 하고. 오후 5시에 진행할 회의 PPT는 거의 다 준비되었다고 알고 있는데 바로 나한테 메일로 보내줘요. 확인하고 피드백할게요. 아, 그 전에 내가 중요한 자료를 안 가지고 왔어요. 그것부터 메일로 보내줘요. 고마워요.

① 거래처에 미팅일자 변경 전화를 한다.
② 점심 예약전화를 한다.
③ 회의 자료를 준비한다.
④ 메일로 회의 PPT를 보낸다.
⑤ 메일로 A팀장이 요청한 자료를 보낸다.

제2회
한국전력기술

NCS 직업기초능력

〈문항 및 시험시간〉

평가영역	문항 수	시험시간	모바일 OMR 답안분석
의사소통＋수리＋문제해결 ＋자원관리＋정보＋기술＋조직이해	60문항	70분	

제2회 모의고사

01 다음 중 옵트인 방식을 도입하자는 주장에 대한 근거로 사용하기에 적절하지 않은 것은?

> 스팸 메일 규제와 관련한 논의는 스팸 메일 발송자의 표현의 자유와 수신자의 인격권 중 어느 것을 우위에 둘 것인가를 중심으로 전개되어 왔다. 스팸 메일의 규제 방식은 옵트인(Opt-in) 방식과 옵트아웃(Opt-out) 방식으로 구분된다. 전자는 광고성 메일을 금지하지는 않되 수신자의 동의를 받아야만 발송할 수 있게 하는 방식으로, 영국 등 EU 국가들에서 시행하고 있다. 그러나 이 방식은 수신 동의 과정에서 발송자와 수신자 양자에게 모두 비용이 발생하며, 시행 이후에도 스팸 메일이 줄지 않았다는 조사 결과도 나오고 있어 규제 효과가 크지 않을 수 있다.
>
> 반면 옵트아웃 방식은 일단 스팸 메일을 발송할 수 있게 하되 수신자가 이를 거부하면 이후에는 메일을 재발송할 수 없도록 하는 방식으로, 미국에서 시행되고 있다. 그런데 이러한 방식은 스팸 메일과 일반적 광고 메일의 선별이 어렵고, 수신자가 수신 거부를 하는 데 따르는 불편과 비용을 초래하며 불법적으로 재발송되는 메일을 통제하기 힘들다. 또한 육체적·정신적으로 취약한 청소년들이 스팸 메일에 무차별적으로 노출되어 피해를 입을 수 있다.

① 옵트아웃 방식을 사용한다면 수신자가 수신 거부를 하는 것이 더 불편해질 것이다.
② 옵트인 방식은 수신에 동의하는 데 따르는 수신자의 경제적 손실을 막을 수 있다.
③ 옵트아웃 방식을 사용한다면 재발송 방지가 효과적으로 이루어지지 않을 것이다.
④ 옵트인 방식은 수신자 인격권 보호에 효과적이다.
⑤ 날로 수법이 교묘해져가는 스팸 메일을 규제하기 위해서는 수신자 사전 동의를 받아야 하는 옵트인 방식을 채택하는 것이 효과적이다.

02 다음 글의 중심 주제로 가장 적절한 것은?

맹자는 다음과 같은 이야기를 전한다. 송나라의 한 농부가 밭에 나갔다 돌아오면서 처자에게 말한다. "오늘 일을 너무 많이 했다. 밭의 싹들이 빨리 자라도록 하나하나 잡아당겨줬더니 피곤하구나." 아내와 아이가 밭에 나가보았더니 싹들이 모두 말라 죽어 있었다. 이렇게 자라는 것을 억지로 돕는 일, 즉 조장(助長)하지 말라고 맹자는 말한다. 싹이 빨리 자라기를 바란다고 싹을 억지로 잡아 올려서는 안 된다. 목적을 이루기 위해 가장 빠른 효과를 얻고 싶겠지만 이는 도리어 효과를 놓치는 길이다. 억지로 효과를 내려고 했기 때문이다. 싹이 자라기를 바라 싹을 잡아당기는 것은 이미 시작된 과정을 거스르는 일이다. 효과가 자연스럽게 나타날 가능성을 방해하고 막는 일이기 때문이다. 당연히 싹의 성장 가능성은 땅속의 씨앗에 들어있는 것이다. 개입하고 힘을 쏟고자 하는 대신에 이 잠재력을 발휘할 수 있도록 하는 것이 중요하다.
피해야 할 두 개의 암초가 있다. 첫째는 싹을 잡아당겨서 직접적으로 성장을 이루려는 것이다. 이는 목적성이 있는 적극적 행동주의로서 성장의 자연스러운 과정을 존중하지 않는 것이다. 달리 말하면 효과가 숙성되도록 놔두지 않는 것이다. 둘째는 밭의 가장자리에 서서 자라는 것을 지켜보는 것이다. 싹을 잡아당겨서도 안 되고 그렇다고 단지 싹이 자라는 것을 지켜만 봐서도 안 된다. 그렇다면 무엇을 해야 하는가? 싹 밑의 잡초를 뽑고 김을 매주는 일을 해야 하는 것이다. 경작이 용이한 땅을 조성하고 공기를 통하게 함으로써 성장을 보조해야 한다. 기다리지 못함도 삼가고 아무것도 안 함도 삼가야 한다. 작동 중에 있는 자연스런 성향이 발휘되도록 기다리면서도 전력을 다할 수 있도록 돕는 노력도 멈추지 말아야 한다.

① 인류사회는 자연의 한계를 극복하려는 인위적 노력에 의해 발전해 왔다.
② 싹이 스스로 성장하도록 그대로 두는 것이 수확량을 극대화하는 방법이다.
③ 어떤 일을 진행할 때 가장 중요한 것은 명확한 목적을 설정하는 것이다.
④ 자연의 순조로운 운행을 방해하는 인간의 개입은 예기치 못한 화를 초래할 것이다.
⑤ 잠재력을 발휘하도록 하려면 의도적 개입과 방관적 태도 모두를 경계해야 한다.

03 다음은 E기업의 지역별 매장 수 증감에 대한 자료이다. 2019년에 매장이 가장 많은 지역의 매장 개수는?

〈지역별 매장 수 증감〉

(단위 : 개)

지역	2019년 대비 2020년 증감 수	2020년 대비 2021년 증감 수	2021년 대비 2022년 증감 수	2022년 매장 수
서울	+2	+2	−2	17
경기	+2	+1	−2	14
인천	−1	+2	−5	10
부산	−2	−4	+3	10

① 13개   ② 14개
③ 15개   ④ 16개
⑤ 17개

04 진영이는 이번 출장에 KTX표를 미리 구매하여 40% 할인된 가격에 구매하였으나, 출장 일정이 바뀌는 바람에 하루 전날 표를 취소하였다. 환불 규정에 따라 16,800원을 돌려받았을 때, 할인되지 않은 KTX표의 가격은?

〈KTX 환불 규정〉		
출발 2일 전	출발 1일 전 ~ 열차 출발 전	열차 출발 후
100%	70%	50%

① 40,000원 ② 48,000원

③ 56,000원 ④ 67,200원

⑤ 70,000원

05 한국전력기술에서 근무하는 K사원은 건강관리를 위해 다음 달에 헬스장에 등록하려 한다. 다음 달은 1일이 토요일로 30일까지 있으며, K사원은 평일에 매일 헬스장에 가려고 한다. 제시된 자료를 보고 가장 저렴하게 등록할 수 있는 곳은?(단, 락커룸은 항상 이용하며, 다음 달은 토요일, 일요일을 제외하고 공휴일은 없다)

구분	요금표
A헬스장	• 1일권 5,000원 • 락커룸 이용료 월 2만 원
B헬스장	• 월회비 11만 원(락커룸 이용 포함) • 부가세 10% 별도
C헬스장	• 1일권 6,000원 • 락커룸 이용 월 1만 5천 원 • 10일권 10% 할인 중
D헬스장	• 주간권 3만 원(5회) • 주간권 당월 추가구매 시 3천 원씩 누적할인 • 락커룸 월 1만 2천 원
E헬스장	• 월회비 10만 원 • 락커룸 이용료 1일 1천 원

① A헬스장 ② B헬스장

③ C헬스장 ④ D헬스장

⑤ E헬스장

06 중소기업의 생산 관리팀에서 근무하고 있는 귀하는 총 생산 비용의 감소율을 30%로 설정하려고 한다. 1단위 생산 시 단계별 부품 단가가 다음 자료와 같을 때 ⓐ+ⓑ의 값으로 옳은 것은?

단계	부품 1단위 생산시 투입비용(원)	
	개선 전	개선 후
1단계	4,000	3,000
2단계	6,000	ⓐ
3단계	11,500	ⓑ
4단계	8,500	7,000
5단계	10,000	8,000

① 4,000원
② 6,000원
③ 8,000원
④ 10,000원
⑤ 12,000원

07 약사인 L씨는 개인약국을 개업하기 위해 부동산을 통하여 시세를 알아보았다. 리모델링이 필요할 경우 100평당 5백만 원의 추가 비용이 들며, 개업 후 한 달 동안 입점해있는 병원 1곳당 초기 입점 비용의 3%의 이윤이 기대된다. A~E 다섯 상가의 입점조건이 다음과 같을 때, 어느 곳에 입점하는 것이 가장 이득이겠는가?(단, 최종 비용은 초기 입점 비용과 한 달간의 이윤을 고려하여 결정하며 최종 비용이 가장 적은 곳에 입점한다)

구분	매매가	중개 수수료율	평수	리모델링 필요 여부	병원 입점 여부
A	9억 2천만 원	0.6%	200평	×	2곳
B	8억 8천만 원	0.7%	200평	○	3곳
C	9억 원	0.5%	180평	×	1곳
D	9억 5천만 원	0.6%	210평	×	1곳
E	8억 7천만 원	0.7%	150평	○	2곳

※ 초기 입점 비용 : (매매가)+(중개수수료)+(리모델링 비용)

① A
② B
③ C
④ D
⑤ E

4차 산업혁명 열풍은 제조업을 넘어, 농축산업, 식품, 유통, 의료 서비스 등 업종에 관계없이 모든 곳으로 퍼져나가고 있으며 에너지 분야도 4차 산업혁명을 통해 기술의 진보와 새로운 비즈니스 영역을 개척할 수 있을 것으로 기대하고 있다.

사실 에너지는 모든 밸류체인에서 4차 산업혁명에 가장 근접해 있다. 자원개발에서는 초음파 등을 이용한 탐지기술과 지리정보 빅데이터를 이용한 분석, 설비 건설에서는 다양한 설계 및 시뮬레이션 툴이 동원된다. 자원 채광 설비와 발전소, 석유화학 플랜트에 들어가는 수만 개의 장비들은 센서를 부착하고 산업용 네트워크를 통해 중앙제어실과 실시간으로 소통한다.

원자력 발전소를 사례로 들어보면 원자력 발전소에는 수백 km에 달하는 배관과 수만 개의 밸브, 계량기, 펌프, 전기 기기들이 있다. 그리고 그 어느 시설보다 안전이 중요한 만큼 기기 및 인명 안전 관련 센서들도 셀 수 없다. 이를 사람이 모두 관리하고 제어하는 것은 사실상 불가능하다. 원전 종사자들이 매일 현장 순찰을 돌고 이상이 있을 시 정지 등 조치를 취하지만, 대다수의 경우 설비에 이상신호가 발생하면 기기들은 스스로 판단해 작동을 멈춘다.

원전 사례에서 볼 수 있듯이 에너지 설비 운영 부문은 이미 다양한 4차 산업혁명 기술이 사용되고 있다. 그런데도 에너지 4차 산업혁명이 계속 언급되고 있는 것은 그 분야를 설비관리를 넘어 새로운 서비스 창출로까지 확대하기 위함이다.

2017년 6월 나주 에너지밸리에서는 드론을 활용해 전신주 전선을 점검하는 모습이 시연됐다. 이 드론은 정부 사업인 '2016년 시장 창출형 로봇보급사업'으로 만들어진 것으로 드론과 광학기술을 접목해 산이나 하천 등 사람이 접근하기 힘든 곳의 전선 상태를 확인하기 위해 만들어졌다. 드론은 GPS 경로를 따라 전선 위를 자율비행하면서 고장 부위를 찾는다.

전선 점검 이외에도 드론은 에너지 분야에서 매우 광범위하게 사용되는 아이템이다. 발전소의 굴뚝과 같은 고소설비와 위험지역, 사각지대 등 사람이 쉽게 접근할 수 없는 곳을 직접 확인하고, 고성능·열화상 카메라를 달아 고장 및 화재 위험을 미리 파악하는 등 다양한 활용사례가 개발되고 있다.

가상현실은 엔지니어 교육 분야에서 각광받는 기술이다. 에너지 분야는 중장비와 전기설비 및 화학약품 등을 가까이 하다 보니 항상 사상사고의 위험을 안고 있다. 때문에 현장 작업자 교육에서는 첫째도 둘째도 안전을 강조한다. 최근에는 현장 작업 시뮬레이션을 3D 가상현실 기술로 수행하려는 시도가 진행되고 있다. 발전소, 변전소 등 현장의 모습을 그대로 3D 모델링한 가상현실 체험으로 복잡한 도면을 해석하거나 숙지할 필요가 없어 훨씬 직관적으로 업무를 할 수 있다. 작업자들은 작업에 앞서, 실제 현장에서 수행해야 할 일들을 미리 점검해 볼 수 있다.

에너지 4차 산업혁명은 큰 변화를 몰고 올 것으로 예상되고 있지만, 그 시작은 매우 사소한 일상생활의 아이디어에서 나올 수 있다. 지금 우리가 전기와 가스를 쓰면서 느끼는 불편함을 개선하려는 시도가 곧 4차 산업혁명의 시작이다.

08 에너지신사업처에 근무하는 A대리는 사보에 실릴 4차 산업혁명에 대한 원고로 윗글을 작성하였다. 검수 과정을 거치는 중 사보담당자가 내용에 대해 피드백한 내용으로 적절하지 않은 것은?

① 4차 산업혁명이 어떤 것인지 간단한 정의를 앞부분에 추가해 주세요.

② 에너지와 엔지니어 분야를 제외한 서비스 업종에 관한 사례만 언급하고 있으니 관련된 사례를 주제에 맞게 추가해 주세요.

③ 소제목을 이용해 문단을 구분해 줘도 좋을 것 같아요.

④ 4차 산업혁명에 대한 긍정적인 입장만 있으니 반대로 이로 인해 야기되는 문제점도 언급해 주는 게 어떨까요?

⑤ 에너지 4차 산업혁명이 어떤 변화를 가져올지 좀 더 구체적인 설명을 덧붙여 주세요.

09 해당 기사는 사보 1면을 장식하고 공사 블로그에도 게재되었다. 기사를 읽은 후 독자의 생각으로 적절하지 않은 것은?

① 지금은 에너지 설비 운영 부문에 4차 산업혁명 기술이 도입되는 첫 단계군요.
② 드론을 이용해 사람이 접근하기 힘든 곳을 점검하는 등 많은 활용을 할 수 있겠어요.
③ 엔지니어 교육 분야에 4차 산업혁명을 적용하면 안전사고를 줄일 수 있겠어요.
④ 4차 산업혁명이 현장에 적용되면 직관적으로 업무 진행이 가능하겠어요.
⑤ 4차 산업혁명의 시작은 일상의 불편함을 해결하기 위한 시도군요.

10 다음은 자동차 변속기의 부문별 경쟁력 점수를 국가별로 비교한 자료이다. 이에 대해 옳지 않은 설명을 하는 직원을 〈보기〉에서 모두 고르면?

〈자동차 변속기 경쟁력 점수의 국가별 비교〉

부문＼국가	A	B	C	D	E
변속감	98	93	102	80	79
내구성	103	109	98	95	93
소음	107	96	106	97	93
경량화	106	94	105	85	95
연비	105	96	103	102	100

※ 각국의 전체 경쟁력 점수는 각 부문 경쟁력 점수의 총합으로 구함

─〈보기〉─
김사원 : 전체 경쟁력 점수는 E국보다 D국이 더 높습니다.
박과장 : 경쟁력 점수가 가장 높은 부문과 가장 낮은 부문의 차이가 가장 큰 국가는 D이고, 가장 작은 국가는 C입니다.
최대리 : C국을 제외한다면 각 부문에서 경쟁력 점수가 가장 높은 국가와 가장 낮은 국가의 차이가 가장 큰 부문은 내구성이고, 가장 작은 부문은 변속감입니다.
오사원 : 내구성 부문에서 경쟁력 점수가 가장 높은 국가와 경량화 부문에서 경쟁력 점수가 가장 낮은 국가는 동일합니다.
정과장 : 전체 경쟁력 점수는 모든 국가 중에서 A국이 가장 높습니다.

① 김사원, 박과장, 최대리
② 김사원, 최대리, 오사원
③ 김사원, 최대리, 정과장
④ 박과장, 오사원, 정과장
⑤ 박과장, 최대리, 오사원

11 다음 글을 읽고 추론할 수 있는 기술혁신의 특성으로 옳은 것은?

> 인간의 개별적인 지능과 창의성, 상호학습을 통해 발생하는 새로운 지식과 경험은 빠른 속도로 축적되고 학습되지만, 이러한 지식은 문서화되기 어렵기 때문에 다른 사람들에게 쉽게 전파될 수 없다. 따라서 연구개발에 참가한 연구원과 엔지니어들이 그 기업을 떠나는 경우 기술과 지식의 손실이 크게 발생하여 기술 개발을 지속할 수 없는 경우가 종종 발생한다.

① 기술혁신은 그 과정 자체가 매우 불확실하다.
② 기술혁신은 장기간의 시간을 필요로 한다.
③ 기술혁신은 지식 집약적인 활동이다.
④ 기술혁신 과정의 불확실성과 모호함은 기업 내에서 많은 갈등을 유발할 수 있다.
⑤ 기술혁신은 조직의 경계를 넘나든다.

12 다음 글에 나타난 산업재해의 원인으로 옳지 않은 것은?

> 전선 제조 사업장에서 고장난 변압기 교체를 위해 K전력 작업자가 변전실에서 작업 준비하던 중 특고압 배전반 내 충전부 COS 1차 홀더에 접촉 감전되어 치료 도중 사망하였다. 증언에 따르면 변전실 TR-5 패널의 내부는 협소하고, 피재해자의 키에 비하여 경첩의 높이가 높아 문턱 위에 서서 불안전한 작업자세로 작업을 실시하였다고 한다. 또한, 피재해자는 전기 관련 자격이 없었으며, 복장은 일반 안전화, 면장갑, 패딩점퍼를 착용한 상태였다.

① 불안전한 행동   ② 불안전한 상태
③ 작업 관리상 원인   ④ 기술적 원인
⑤ 작업 준비 불충분

※ 다음은 주요 국가별·연도별 청년층 실업률 추이를 나타낸 자료이다. 이어지는 질문에 답하시오. [13~14]

〈주요 국가별·연도별 청년층(15 ~ 24세) 실업률 추이〉

(단위 : %)

구분	2017년	2018년	2019년	2020년	2021년	2022년
독일	13.6	11.7	10.4	11.0	9.7	8.5
미국	10.5	10.5	12.8	17.6	18.4	17.3
영국	13.9	14.4	14.1	18.9	19.3	20.0
일본	8.0	7.7	7.2	9.1	9.2	8.0
OECD 평균	12.5	12.0	12.7	16.4	16.7	16.2
대한민국	10.0	8.8	9.3	9.8	9.8	9.6

13 다음 자료를 보고 판단한 내용으로 옳지 않은 것은?

① 2018년 일본의 청년층 실업률의 전년 대비 감소율은 3% 이상이다.
② 대한민국 청년층 실업률은 매년 OECD 평균보다 낮다.
③ 영국은 청년층 실업률이 주요국가 중에서 매년 가장 높다.
④ 2020년 독일의 청년층 실업률의 전년 대비 증가율은 대한민국보다 낮다.
⑤ 2021년 청년층 실업률의 2019년 대비 증가량이 OECD 평균보다 높은 나라는 영국, 미국이다.

14 다음 중 2017년과 비교하여 2022년에 청년층 실업률이 가장 크게 증가한 나라는?

① 독일
② 미국
③ 영국
④ 일본
⑤ 대한민국

15 지하철이 A역에는 3분마다, B역에는 2분마다, C역에는 4분마다 온다. 지하철이 오전 4시 30분에 처음으로 A, B, C역에 동시에 도착했다면, 5번째로 세 지하철역에 지하철이 동시에 도착하는 시각은 언제인가?

① 4시 45분
② 5시
③ 5시 15분
④ 5시 18분
⑤ 5시 20분

16 다음 글을 읽고 질문의 답을 찾을 수 없는 것은?

> 해안에서 밀물에 의해 해수가 해안선에 제일 높게 들어온 곳과 썰물에 의해 제일 낮게 빠진 곳의 사이에 해당하는 부분을 조간대라고 한다. 지구상에서 생물이 살기에 열악한 환경 중 한 곳이 바로 이 조간대이다. 이곳의 생물들은 물에 잠겨 있을 때와 공기 중에 노출될 때라는 상반된 환경에 삶을 맞춰야 한다. 또한 갯바위에 부서지는 파도의 파괴력도 견뎌내야 한다. 또한 빗물이라도 고이면 민물이라는 환경에도 적응해야 하며, 강한 햇볕으로 바닷물이 증발하고 난 다음에는 염분으로 범벅된 몸을 추슬러야 한다. 이러한 극단적이고 변화무쌍한 환경에 적응할 수 있는 생물만이 조간대에서 살 수 있다.
> 조간대는 높이에 따라 상부, 중부, 하부로 나뉜다. 바다로부터 가장 높은 곳인 상부는 파도가 강해야만 물이 겨우 닿는 곳이다. 그래서 조간대 상부에 사는 생명체는 뜨거운 태양열을 견뎌내야 한다. 중부는 만조 때에는 물에 잠기지만 간조 때에는 공기 중에 노출되는 곳이다. 그런데 물이 빠져 공기 중에 노출되었다 해도 파도에 의해 어느 정도의 수분은 공급된다. 가장 아래에 위치한 하부는 간조시를 제외하고는 항상 물에 잠겨 있다. 땅 위 환경의 영향을 적게 받는다는 점에선 다소 안정적이긴 해도 파도의 파괴력을 이겨내기 위해 강한 부착력을 지녀야 한다는 점에서 생존이 쉽지 않은 곳이다.
> 조간대에 사는 생물들은 불안정하고 척박한 바다 환경에 적응하기 위해 높이에 따라 수직적으로 종이 분포한다. 조간대를 찾았을 때 총알고둥류와 따개비들을 발견했다면 그곳이 조간대에서 물이 가장 높이 올라오는 지점인 것이다. 이들은 상당 시간 물 밖에 노출되어도 수분 손실을 막기 위해 패각과 덮개 판을 꼭 닫은 채 물이 밀려올 때까지 버텨낼 수 있다.

① 조간대에서 총알고둥류가 사는 곳은 어느 지점인가?
② 조간대의 중부에 사는 생물에는 어떠한 것이 있는가?
③ 조간대에서 높이에 따라 생물의 종이 수직으로 분포하는 이유는 무엇인가?
④ 조간대에 사는 생물들이 견뎌야 하는 환경적 조건에는 어떠한 것이 있는가?
⑤ 조간대의 상부에 사는 생물들의 환경 적응 방식의 예로는 어떠한 것이 있는가?

17 다음 중 분산처리 시스템의 특징으로 옳지 않은 것은?

① 작업을 병렬적으로 수행함으로써 사용자에게 빠른 반응 시간과 빠른 처리시간을 제공한다.

② 사용자들이 비싼 자원을 쉽게 공유하여 사용할 수 있고, 작업의 부하를 균등하게 유지할 수 있다.

③ 작업 부하를 분산시킴으로써 반응 시간을 항상 일관성 있게 유지할 수 있다.

④ 분산 시스템에 구성 요소를 추가하거나 삭제는 할 수 없다.

⑤ 다수의 구성요소가 존재하므로 일부가 고장 나더라도 나머지 일부는 계속 작동 가능하기 때문에 사용 가능도가 향상된다.

18 K공사는 출근 시스템 단말기에 직원들이 카드로 출근 체크를 하면 엑셀 워크시트에 실제 출근시간 데이터가 자동으로 전송되어 B열에 입력된다. 총무부에서 근무하는 귀하가 데이터에 따라 직원들의 근태상황을 체크하려고 할 때, [C8] 셀에 입력할 함수는?(단, 9시까지는 '출근'으로 인정한다)

	A	B	C	D
1			날짜	2023.09.30
2		〈직원별 출근 현황〉		
3	이름	체크시간	근태상황	비고
4	이청용	7:55		
5	이하이	8:15		
6	구자철	8:38		
7	박지민	8:59		
8	손흥민	9:00		
9	박지성	9:01		
10	홍정호	9:07		

① =IF(B8>=TIME(9,1,0),"지각","출근")

② =IF(B8>=TIME(9,1,0),"출근","지각")

③ =IF(HOUR(B8)>=9,"지각","출근")

④ =IF(HOUR(B8)>=9,"출근","지각")

⑤ =IF(B8>=TIME(9,0,0),"지각","출근")

19 다음 글을 읽고 이해한 내용으로 적절하지 않은 것은?

여러 가지 센서 정보를 이용해 사람의 심리상태를 파악할 수 있는 기술을 '감정인식(Emotion Reading)'이라고 한다. 음성인식 기술에 이 기술을 더할 경우 인간과 기계, 기계와 기계 간의 자연스러운 대화가 가능해진다. 사람의 감정 상태를 기계가 진단하고 기초적인 진료 자료를 내놓을 수도 있다. 경찰 등 수사기관에서도 활용이 가능하다. 실제로 최근 상상을 넘어서는 수준의 놀라운 감정인식 기술이 등장하고 있다. 러시아 모스크바에 본사를 두고 있는 벤처기업 '엔테크랩(NTechLab)'은 뛰어난 안면인식 센서를 활용해 사람의 감정 상태를 상세히 읽어낼 수 있는 기술을 개발했다. 그리고 이 기술을 모스크바시 경찰 당국에 공급할 계획이다. 현재 모스크바시 경찰은 엔테크랩과 이 기술을 수사현장에 어떻게 도입할지 효과적인 방법을 모색하고 있다. 도입이 완료될 경우 감정인식 기술을 수사 현장에 활용하는 세계 최초 사례가 된다. 이 기술을 활용하면 수백만 명이 모여 있는 사람들 가운데서 특정 인상착의가 있는 사람을 찾아낼 수 있다. 또한 찾아낸 사람의 성별과 나이 등을 모니터한 뒤 그 사람이 화가 났는지, 스트레스를 받았는지 혹은 불안해하는지 등을 판별할 수 있다.

엔테크랩의 공동창업자인 알렉산드르 카바코프(Alexander Kabakov)는 "번화가에서 수초 만에 테러리스트나 범죄자, 살인자 등을 찾아낼 수 있는 기술"이라며 "경찰 등 수사기관에서 이 기술을 도입할 경우 새로운 차원의 수사가 가능하다."라고 말했다. 그러나 그는 이 기술이 러시아 경찰 어느 부서에 어떻게 활용될 것인지에 대해 밝히지 않았다. 카바코프는 "현재 CCTV 카메라에 접속하는 방안 등을 협의하고 있지만 아직까지 결정된 내용은 없다."라고 말했다.

이 기술이 처음 세상에 알려진 것은 2015년 미국 워싱턴 대학에서 열린 얼굴 인식 경연대회에서다. 이 대회에서 엔테크랩의 안면인식 기술은 100만 장의 사진 속에 들어있는 특정인의 사진을 73.3%까지 식별해냈다. 이는 대회에 함께 참여한 구글의 안면인식 알고리즘을 훨씬 앞서는 기록이었다.

여기서 용기를 얻은 카바코프는 아르템 쿠크하렌코(Artem Kukharenko)와 함께 SNS상에서 연결된 사람이라면 누구든 추적할 수 있도록 만든 앱 '파인드페이스(FindFace)'를 만들었다.

① 엔테크랩의 감정인식 기술은 모스크바시 경찰이 범죄 용의자를 찾는 데 큰 기여를 하고 있다.
② 음성인식 기술과 감정인식 기술이 결합되면 기계가 사람의 감정을 진단할 수도 있다.
③ 감정인식 기술을 이용하면 군중 속에서 특정인을 쉽게 찾을 수 있다.
④ 엔테크랩의 안면인식 기술은 구글의 것보다 뛰어나다.
⑤ 카바코프는 쿠크하렌코와 함께 SNS상에서 연결된 사람을 추적할 수 있는 앱을 개발하였다.

20 같은 해에 입사한 동기 A ~ E는 모두 K공사 소속으로 일하고 있다. 이들이 근무하는 부서와 해당 부서의 성과급은 다음과 같다. 이를 고려할 때, 항상 옳은 것은?

〈부서별 성과급〉

비서실	영업부	인사부	총무부	홍보부
60만 원	20만 원	40만 원	60만 원	60만 원

〈부서배치 조건〉

(1) A는 성과급이 평균보다 적은 부서에서 일한다.
(2) B와 D의 성과급을 더하면 나머지 세 명의 성과급 합과 같다.
(3) C의 성과급은 총무부보다는 적지만 A보다는 많다.
(4) C와 D 중 한 사람은 비서실에서 일한다.
(5) E는 홍보부에서 일한다.

〈휴가 조건〉

(1) 영업부 직원은 비서실 직원보다 휴가를 더 늦게 가야 한다.
(2) 인사부 직원은 첫 번째 또는 제일 마지막으로 휴가를 가야 한다.
(3) B의 휴가 순서는 이들 중 세 번째이다.
(4) E는 휴가를 반납하고 성과급을 두 배로 받는다.

① A의 3개월 치 성과급은 C의 2개월 치 성과급보다 많다.
② C가 맨 먼저 휴가를 갈 경우, B가 맨 마지막으로 휴가를 가게 된다.
③ D가 C보다 성과급이 많다.
④ 휴가철이 끝난 직후, 급여 명세서에 D와 E의 성과급 차이는 세 배이다.
⑤ B는 A보다 휴가를 먼저 출발한다.

21 음료수를 생산하는 A회사의 SWOT 분석을 실시하려고 한다. SWOT 분석의 정의에 따라 분석 결과를 가장 바르게 분류한 것은?

ⓐ 생수시장 및 기능성 음료 시장의 급속한 성장
ⓑ 확고한 유통망(유통채널상의 지배력이 크다)
ⓒ 새로운 시장모색의 부족
ⓓ 경기 회복으로 인한 수요의 회복 추세
ⓔ 무역자유화(유통시장 개방, 다국적 기업의 국내진출)
ⓕ 종합식품업체의 음료시장 잠식
ⓖ 짧은 제품주기(마케팅비용의 증가)
ⓗ 지구 온난화 현상(음료 소비 증가)
ⓘ 과다한 고정 / 재고비율로 인한 유동성 하락
ⓙ 계절에 따른 불규칙한 수요
ⓚ 통일 후 잠재적 시장진입
ⓛ 매출액 대비 경상이익률의 계속적인 증가
ⓜ 국내 브랜드로서의 확고한 이미지
ⓝ 합병으로 인해 기업 유연성의 하락
ⓞ 주력 소수 제품에 대한 매출의존도 심각(탄산, 주스 음료가 많은 비중 차지)
ⓟ 경쟁업체에 비해 취약한 마케팅능력과 홍보력
ⓠ 대형할인점의 등장으로 인한 가격인하 압력 증가

---

① 강점(S) : ⓑ, ⓓ, ⓗ
　약점(W) : ⓒ, ⓔ, ⓘ, ⓝ, ⓟ
　기회(O) : ⓐ, ⓚ, ⓛ, ⓜ
　위협(T) : ⓕ, ⓖ, ⓙ, ⓞ, ⓠ

② 강점(S) : ⓑ, ⓛ, ⓜ
　약점(W) : ⓒ, ⓘ, ⓝ, ⓞ, ⓟ
　기회(O) : ⓐ, ⓓ, ⓗ, ⓚ
　위협(T) : ⓔ, ⓕ, ⓖ, ⓙ, ⓠ

③ 강점(S) : ⓐ, ⓚ, ⓛ, ⓜ
　약점(W) : ⓒ, ⓔ, ⓘ, ⓝ
　기회(O) : ⓑ, ⓓ, ⓗ
　위협(T) : ⓕ, ⓖ, ⓙ, ⓞ, ⓟ, ⓠ

④ 강점(S) : ⓑ, ⓛ, ⓜ
　약점(W) : ⓔ, ⓕ, ⓖ, ⓙ, ⓝ
　기회(O) : ⓐ, ⓓ, ⓗ, ⓚ
　위협(T) : ⓒ, ⓘ, ⓞ, ⓟ, ⓠ

⑤ 강점(S) : ⓑ, ⓓ, ⓗ
　약점(W) : ⓒ, ⓘ, ⓝ, ⓞ, ⓟ
　기회(O) : ⓐ, ⓚ, ⓛ, ⓜ
　위협(T) : ⓔ, ⓕ, ⓖ, ⓙ, ⓠ

22 다음은 계절별 전기요금표이다. 7월에 전기 460kWh를 사용하여 전기세가 많이 나오자 10월에는 전기사용량을 줄이기로 하였다. 10월에 사용한 전력이 341kWh이라면, 10월의 전기세로 청구될 금액은 얼마인가?

〈전기요금표〉

• 하계(7.1 ~ 8.31)

구간		기본요금(원/호)	전력량 요금(원/kWh)
1단계	300kWh 이하 사용	910	93.3
2단계	301 ~ 450kWh	1,600	187.9
3단계	450kWh 초과	7,300	280.6

• 기타 계절(1.1 ~ 6.30, 9.1 ~ 12.31)

구간		기본요금(원/호)	전력량 요금(원/kWh)
1단계	200kWh 이하 사용	910	93.3
2단계	201 ~ 400kWh	1,600	187.9
3단계	400kWh 초과	7,300	280.6

• 부가가치세(원 미만 반올림) : 전기요금의 10%
• 전력산업기반기금(10원 미만 절사) : 전기요금의 3.7%
• 전기요금(원 미만 절사) : (기본요금)+(전력량 요금)
  ※ 전력량 요금은 요금 누진제가 적용된다. 요금 누진제는 사용량이 증가함에 따라 순차적으로 높은 단가가 적용되며, 기타 계절의 요금은 200kWh 단위로 3단계로 운영되고 있다. 예를 들어, 월 300kWh를 사용한 세대는 처음 200kWh에 대해서는 kWh당 93.3원이 적용되고, 나머지 100kWh에 대해서는 187.9원이 적용돼 총 37,450원의 전력량 요금이 부과된다.
• 청구금액(10원 미만 절사) : (전기요금)+(부가가치세)+(전력산업기반기금)

① 51,020원
② 53,140원
③ 57,850원
④ 64,690원
⑤ 72,560원

23 다음은 6명 학생들의 지난 달 독서 현황을 나타낸 자료이다. 이에 대한 〈보기〉 중 옳은 것을 모두 고르면?

〈학생별 독서 현황〉

구분＼학생	지호	영길	다솜	대현	정은	관호
성별	남	남	여	남	여	남
독서량(권)	0	2	6	4	8	10

〈보기〉
ㄱ. 학생들의 평균 독서량은 5권이다.
ㄴ. 남학생이면서 독서량이 5권 이상인 학생 수는 전체 남학생 수의 50% 이상이다.
ㄷ. 독서량이 2권 이상인 학생 중 남학생 비율은 전체 학생 중 여학생 비율의 2배 이상이다.
ㄹ. 여학생이거나 독서량이 7권 이상인 학생 수는 전체 학생 수의 50% 이상이다.

① ㄱ, ㄴ   ② ㄱ, ㄷ
③ ㄱ, ㄹ   ④ ㄴ, ㄷ
⑤ ㄴ, ㄹ

24 다음은 연도별 투약일당 약품비에 관한 자료이다. 2021년 총투약일수가 120일, 2022년 총투약일수가 150일인 경우, 2022년 상급종합병원의 총약품비와 2021년 종합병원의 총약품비의 합은?

〈투약일당 약품비〉

(단위 : 원)

구분	상급종합병원	종합병원	병원	의원
2018년	2,704	2,211	1,828	1,405
2019년	2,551	2,084	1,704	1,336
2020년	2,482	2,048	1,720	1,352
2021년	2,547	2,025	1,693	1,345
2022년	2,686	2,074	1,704	1,362

※ 투약 1일당 평균적으로 소요되는 약품비를 나타내는 지표
※ (투약일당 약품비)＝(총약품비)÷(총투약일수)

① 630,900원   ② 635,900원
③ 640,900원   ④ 645,900원
⑤ 658,000원

25 K공사 직원 50명을 대상으로 한 해외여행에 대한 설문조사 결과가 〈조건〉과 같을 때, 다음 중 항상 참인 것은?

―――〈조건〉―――
- 미국을 여행한 사람이 가장 많다.
- 일본을 여행한 사람은 미국 또는 캐나다 여행을 했다.
- 중국과 캐나다를 모두 여행한 사람은 없다.
- 일본을 여행한 사람의 수가 캐나다를 여행한 사람의 수보다 많다.

① 일본을 여행한 사람보다 중국을 여행한 사람이 더 많다.
② 일본을 여행했지만 미국을 여행하지 않은 사람은 중국을 여행하지 않았다.
③ 미국을 여행한 사람의 수는 일본 또는 중국을 여행한 사람보다 많다.
④ 중국을 여행한 사람은 일본을 여행하지 않았다.
⑤ 미국과 캐나다를 모두 여행한 사람은 없다.

26 다음은 선박종류별 기름 유출사고 발생 현황을 나타낸 자료이다. 이에 대한 해석으로 옳은 것은?

〈선박종류별 기름 유출사고 발생 현황〉

(단위 : 건, kL)

구분		유조선	화물선	어선	기타	전체
2018년	사고 건수	37	53	151	96	337
	유출량	956	584	53	127	1,720
2019년	사고 건수	28	68	247	120	463
	유출량	21	49	166	151	387
2020년	사고 건수	27	61	272	123	483
	유출량	3	187	181	212	583
2021년	사고 건수	32	33	218	102	385
	유출량	38	23	105	244	410
2022년	사고 건수	39	39	149	116	343
	유출량	1,223	66	30	143	1,462

① 2018년부터 2022년 사이의 전체 기름 유출사고 건수와 전체 유출량은 비례한다.
② 연도별 전체 사고 건수에 대한 유조선 사고 건수 비율은 매년 감소하고 있다.
③ 각 연도에서 사고 건수에 대한 유출량 비율이 가장 낮은 선박종류는 어선이다.
④ 유출량을 가장 많이 줄이는 방법은 화물선 사고 건수를 줄이는 것이다.
⑤ 전체 유출량이 가장 적은 해에서 기타 항목을 제외하고 사고 건수에 대한 유출량 비율이 가장 낮은 선박종류는 어선이다.

27 다음은 어느 기업의 팀별 성과급 지급 기준과 영업팀의 평가표이다. 영업팀에게 지급되는 성과급의 1년 총액은?(단, 성과평가 등급이 A등급이면 직전 분기 차감액의 50%를 가산하여 지급한다)

〈성과급 지급 기준〉

성과평가 점수	성과평가 등급	분기별 성과급 지급액
9.0 이상	A	100만 원
8.0 ~ 8.9	B	90만 원(10만 원 차감)
7.0 ~ 7.9	C	80만 원(20만 원 차감)
6.9 이하	D	40만 원(60만 원 차감)

〈영업팀 평가표〉

구분	1/4분기	2/4분기	3/4분기	4/4분기
유용성	8	8	10	8
안정성	8	6	8	8
서비스 만족도	6	8	10	8

※ (성과평가 점수)=(유용성)×0.4+(안정성)×0.4+(서비스 만족도)×0.2

① 350만 원 ② 360만 원
③ 370만 원 ④ 380만 원
⑤ 400만 원

28 K공사에 지원한 A ~ G 7명 중에서 2명이 선발되었다. 누가 선발되었는가에 대하여 5명이 다음과 같이 각각 진술하였다. 이 중 3명의 진술만 옳을 때, 다음 중 반드시 선발된 사람은?

- A, B, G는 모두 탈락하였다.
- E, F, G는 모두 탈락하였다.
- C와 G 중에서 1명만 선발되었다.
- A, B, C, D 중에서 1명만 선발되었다.
- B, C, D 중에서 1명만 선발되었고, D, E, F 중에서 1명만 선발되었다.

① A ② B
③ D ④ E
⑤ G

29 정부에서는 지나친 음주와 흡연으로 인한 사회문제의 발생을 막기 위해 술과 담배에 현재 가격에 추가로 세금을 부과하려고 한다. 이때 부과할 수 있는 세금에는 종가세와 정액세가 있다. 종가세는 가격의 일정 비율을 세금으로 부과하는 제도이고, 정액세는 가격과 상관없이 판매될 때마다 일정한 액수의 세금을 부과하는 제도이다. 술과 담배를 즐기는 A씨의 소비량과 술, 담배 예상 세금 부과량이 아래와 같을 때, 조세 수입 극대화를 위해서 각각 어떤 세금을 부과해야 하며, 이때 예상 조세수입은 얼마인가?(단, 세금이 부과되면 현재 가격에 대한 세금 인상분은 소비자가 모두 부담한다)

〈술, 담배 가격 및 A씨의 소비량〉

구분	가격	현재 소비량	세금 부과 후 예상 소비량
술	2,000원	50병	20병
담배	4,500원	100갑	100갑

〈술, 담배 예상 세금 부과량〉

구분	예상 종가세 세율	예상 개당 정액세 세액
술	20%	300원
담배		800원

	술	담배	조세 총수입
①	정액세	종가세	99,000원
②	정액세	종가세	96,000원
③	정액세	정액세	86,000원
④	종가세	정액세	88,000원
⑤	종가세	종가세	98,000원

30 다음 중 국제매너로 옳지 않은 것은?

① 미국에서 택시 탑승 시에는 가급적 운전자 옆자리에 앉지 않는다.
② 라틴아메리카 사람들은 약속시간보다 조금 늦게 도착하는 것이 예의라고 생각한다.
③ 인도에서도 악수가 보편화되어 남녀 상관없이 악수를 청할 수 있다.
④ 아프리카에서 상대방의 눈을 바라보며 대화하는 것은 예의에 어긋난다.
⑤ 미국 사람들은 시간 약속을 매우 중요하게 생각한다.

31 K기업에서는 부패방지 교육을 위해 오늘 일과 중 1시간을 반영하여 부서별로 토론식 교육을 할 것을 지시하였다. 귀하의 직급은 사원으로, 적당한 교육시간을 판단하여 보고하여야 한다. 부서원의 스케줄이 다음과 같을 때, 교육을 편성하기에 가장 적절한 시간은 언제인가?

시간	직급별 스케줄				
	부장	차장	과장	대리	사원
09:00 ~ 10:00	부서장 회의				
10:00 ~ 11:00					비품 신청
11:00 ~ 12:00			고객 응대		
12:00 ~ 13:00	점심식사				
13:00 ~ 14:00	부서 업무 회의				
14:00 ~ 15:00				타 지점 방문	
15:00 ~ 16:00			일일 업무 결산		
16:00 ~ 17:00		업무보고			
17:00 ~ 18:00	업무보고				

① 09:00 ~ 10:00   ② 10:00 ~ 11:00
③ 13:00 ~ 14:00   ④ 14:00 ~ 15:00
⑤ 15:00 ~ 16:00

32 L씨는 콘텍트 렌즈를 구매하려 한다. 각 렌즈에 대한 정보가 다음과 같을 때, 1년 동안 가장 적은 비용으로 사용할 수 있는 렌즈는 무엇인가?(단, 1년 동안 똑같은 제품만을 사용하며, 1년은 52주이다)

렌즈	가격	착용기한	서비스
A	30,000원	1달	–
B	45,000원	2달	1+1
C	20,000원	1달	1+2(3, 7, 11월만 서비스 제공)
D	5,000원	1주	–
E	65,000원	2달	1+2

① A   ② B
③ C   ④ D
⑤ E

33 다음은 여러 국가의 자동차 보유 대수에 대한 자료이다. 이에 대한 해석으로 옳은 것은?

〈자동차 보유 대수〉

(단위 : 천 대)

국가	승용차	트럭 · 버스	합계
미국	104,898	25,045	129,943
독일	17,356	1,125	18,481
프랑스	15,100	2,334	17,434
영국	13,948	1,916	15,864
이탈리아	14,259	1,414	15,673
캐나다	7,823	2,206	10,029
호주	4,506	1,071	5,577
네덜란드	3,230	355	3,585

① 자동차 보유 대수에서 승용차가 차지하는 비율이 가장 높은 나라는 프랑스이다.
② 자동차 보유 대수에서 트럭 · 버스가 차지하는 비율이 가장 높은 나라는 미국이다.
③ 자동차 보유 대수에서 승용차가 차지하는 비율이 가장 낮은 나라는 호주지만, 그래도 90%를 넘는다.
④ 캐나다와 프랑스는 승용차와 트럭 · 버스의 비율이 3 : 1로 거의 비슷하다.
⑤ 유럽 국가는 미국, 캐나다, 호주와 비교했을 때, 자동차 보유 대수에서 승용차가 차지하는 비율이 높다.

34 새롭게 추진하고 있는 전력설비 건설과정에서 갈등관리를 담당하게 된 A대리는 갈등관리 우수 사례를 통해 노하우를 배우고자 한다. A대리가 다음 글을 읽고 정리한 갈등관리 노하우로 적절하지 않은 것은?

> 전남 장성군 구룡1리. 이곳은 장성군과 광주광역시 광산구 지역에 전력을 공급하기 위한 345kV 장성광산 변전소가 입지하게 된 곳이다. 이 건설사업에서 특별히 주목할 점은 우리 회사 최초로 주민공모제를 통해 입지선정이 이루어졌다는 것이다. 전력설비 건설에 있어 가장 어려운 것은 역시 건설을 반대하는 민원에 대한 대응이다. 하지만 이번 사업은 공모제를 통해 주민 스스로의 결정으로 이루어진 사업이기 때문에 민원의 많은 부분을 예방할 수 있다. 이는 기존의 입지선정 방식에서 벗어나 주민들에게 선택의 기회를 준다는 획기적인 패러다임의 전환에 성공한 모델로서 그 의미가 크다. 물론 주민공모제를 성공적으로 추진하기까지 수많은 난관이 있었다.
>
> 5월에 본사로부터 공모형 입지선정 시범 적용 착수 지시가 내려왔을 때 팀원들은 그저 막막했다. 한 번도 가지 않은 길을 가야 하기에 과연 이 방식이 성공할 수 있을까라는 의문을 지울 수 없었다. 아니나 다를까. 사업 초기부터 이들은 높은 벽에 부딪혔다. 투명한 공모절차를 위해 지역의 공신력 있는 학계, 의회, 지자체와 시민 사회단체 등에서 입지공모위원회를 구성해야 했다. 하지만 시민 사회단체 등에서는 참여를 거부했다. 갈등관리부는 시민 사회단체를 100회 이상 끈질기게 방문하여 주민 수용성 제고 대의명분과 상생발전 방향을 제시하였고, 천신만고 끝에 시민사회단체를 포함한 입지공모위원회를 구성하여 객관성과 중립성 및 공정성을 확보할 수 있었다. 이렇게 구성된 공모위원회에는 의결 사항에 대한 사전설명과 충분한 자료 제공, 자율적 운영과 의사결정 지원체계 구축, 공모위원회 구성과 자신들의 지역에 불리한 환경을 조성하지 않을 것이라는 무한 신뢰를 구축했다. 입지공모위원회에서 회의한 결과는 동사무소를 방문해 설명하거나 지자체 홈페이지에 회의록을 게시해 투명하게 정보공개를 했다.
>
> 또 3차원 경관 시뮬레이션과 같은 과학적 분석기법 적용을 통해 10개 공모대상 후보지를 선정했으며, 공모대상 후보지별 송전선로 예상 경과대역을 사전에 공개하는 등 지역주민에게 투명하고 적극적인 정보공개를 했다. 이어서 10개 공모대상 후보지를 대상으로 변전소 입지 희망지역 공개모집을 추진했다. 그리고 지역주민과 소통을 통해 신뢰를 구축하는 데 공을 들였다. 장성광산지역 빛으로 나눔 쉼터를 운영하며 지역사회에 자연스럽게 접근하는 방식으로 신뢰를 구축했다. 또한, 공모대상 후보지 10개 마을과 주변의 45개 마을을 수시로 방문하며 100회 이상의 주민 간담회를 개최하고 전력설비 견학, 홍보자료 배부, 언론 기고 등 사업 필요성에 대한 이해기반을 바탕으로 공감대를 형성하는 데 주력했다.
>
> 일부 마을에서 변전소 건설반대 현수막을 내걸고 공모참여 반대서명 결의서를 해당 지자체에 제출하는 등 극렬한 반대의 움직임을 보였다. 60일의 공모기간이 지나고 3개 후보지의 유치 신청으로 공고마감이 되었지만 삼계면 투쟁위원회에서 유치신청 원천 무효를 주장하고 나섰다. 이에 삼계면 후보지 응모자격을 검토해보니 결격사유가 발생해 신청서를 반려하였고, 최종 2개 후보지를 통해 공모 평가를 진행한 결과 9월 최적 후보지를 확정할 수 있었다.

① 정확한 명분과 상생발전 방향 제시
② 후보지 응모자격의 확대
③ 과학적 분석기법을 통한 후보지 선정과 경과대역 사전 공개
④ 지역주민과의 꾸준한 소통으로 인한 공감대 형성
⑤ 의결 사항에 대한 사전설명과 충분한 자료 제공

35 B대리는 부서별 야외 동아리 활동에 필요한 마스크를 구입하려고 한다. 다음 중 적절하지 않은 것은?

보건용 마스크 고르는 법

의약외품으로 허가된 '보건용 마스크' 포장에는 입자차단 성능을 나타내는 'KF80', 'KF94', 'KF99'가 표시되어 있는데, 'KF' 문자 뒤에 붙은 숫자가 클수록 미세입자 차단 효과가 더 크다. 다만 숨쉬기가 어렵거나 불편할 수 있으므로 황사·미세먼지 발생 수준, 사람별 호흡량 등을 고려해 적당한 제품을 선택하는 것이 바람직하다.

약국, 마트, 편의점 등에서 보건용 마스크를 구입하는 경우에는 제품의 포장에서 '의약외품'이라는 문자와 KF80, KF94, KF99 표시를 반드시 확인해야 한다.

아울러 보건용 마스크는 세탁하면 모양이 변형되어 기능을 유지할 수 없으므로 세탁하지 않고 사용해야 하며, 사용한 제품은 먼지나 세균에 오염되어 있을 수 있으므로 재사용하지 말아야 한다.

또한 수건이나 휴지 등을 덧댄 후 마스크를 사용하면 밀착력이 감소해 미세입자 차단 효과가 떨어질 수 있으므로 주의해야 하고, 착용 후에는 마스크 겉면을 가능하면 만지지 말아야 한다.

---

① KF 뒤에 붙은 숫자가 클수록 미세입자 차단 효과가 더 크다.
② 수건이나 휴지 등을 덧댄 후 마스크를 사용하는 것은 이중 차단 효과를 준다.
③ 보건용 마스크는 세탁하면 모양이 변형되어 기능을 유지할 수 없다.
④ 사용한 제품은 먼지나 세균에 오염되어 있을 수 있으므로 재사용하지 말아야 한다.
⑤ 착용 후에는 마스크 겉면을 가능한 만지지 않도록 한다.

36 다음 글에서 추론할 수 있는 것은?

신화는 서사(Narrative)와 상호 규정적이다. 그런 의미에서 신화는 역사·학문·종교·예술과 모두 관련되지만, 그중의 어떤 하나만은 아니다. 예를 들면, '신화는 역사다.'라는 말이 하나의 전체일 수는 없다. 나머지인 학문·종교·예술 중 어느 하나라도 배제된다면 더 이상 신화가 아니기 때문이다. 신화는 이들의 복합적 총체이지만, 신화는 신화일 뿐 역사나 학문, 종교나 예술 자체일 수 없다.

---

① 신화는 현대 학문의 영역에서 배제되는 경향이 있다.
② 인류역사는 신화의 시대에서 형이상학의 시대로, 그리고 실증주의 시대로 이행하였다.
③ 신화는 종교 문학에 속하는 문학의 한 장르이다.
④ 신화는 예술과 상호 관련을 맺는 예술적 상관물이다.
⑤ 신화는 학문·종교·예술의 하위요소이다.

37 K공사의 해외사업부는 5월 중에 2박 3일로 워크숍을 떠나려고 한다. 사우들의 단합을 위해 일정은 주로 야외 활동으로 잡았다. 제시된 5월 미세먼지 예보와 〈조건〉을 고려했을 때, 다음 중 워크숍 일정으로 가장 적합한 날짜는?

〈미세먼지 PM10 등급〉

구간	좋음	보통	약간 나쁨	나쁨	매우 나쁨
예측농도(μg/m^3 · 일)	0 ~ 30	31 ~ 80	81 ~ 120	121 ~ 200	201 ~

〈5월 미세먼지 예보〉

(단위 : μg/m^3)

일	월	화	수	목	금	토
	1 204	2 125	3 123	4 25	5 132	6 70
7 10	8 115	9 30	10 200	11 116	12 121	13 62
14 56	15 150	16 140	17 135	18 122	19 98	20 205
21 77	22 17	23 174	24 155	25 110	26 80	27 181
28 125	29 70	30 85	31 125			

〈조건〉

• 첫째 날과 둘째 날은 예측농도가 '좋음 ~ 약간 나쁨' 사이어야 한다.
• 워크숍 일정은 평일로 하되 불가피할 시 토요일을 워크숍 마지막 날로 정할 수 있다.
• 매달 2, 4주 수요일은 기획회의가 있다.
• 셋째 주 금요일 저녁에는 우수성과팀 시상식이 있다.
• 5월 29 ~ 31일은 중국 현지에서 열리는 컨퍼런스에 참여한다.

① 1 ~ 3일
② 8 ~ 10일
③ 17 ~ 19일
④ 25 ~ 27일
⑤ 29 ~ 31일

38 다음 SWOT 분석 결과를 바탕으로 섬유 산업이 발전할 수 있는 방안으로 적절한 것을 〈보기〉에서 모두 고르면?

• 빠른 제품 개발 시스템	• 기능 인력 부족 심화 • 인건비 상승
S 강점	**W 약점**
O 기회	**T 위협**
• 한류의 영향으로 한국 제품 선호 • 국내 기업의 첨단 소재 개발 성공	• 외국산 저가 제품 공세 강화 • 선진국의 기술 보호주의

─────〈보기〉─────

ㄱ. 한류 배우를 모델로 브랜드 홍보 전략을 추진한다.
ㄴ. 단순 노동 집약적인 소품종 대량 생산 체제를 갖춘다.
ㄷ. 소비자 기호를 빠르게 분석하여 제품 생산에 반영한다.
ㄹ. 선진국의 원천 기술을 이용한 기능성 섬유를 생산한다.

① ㄱ, ㄴ   ② ㄱ, ㄷ
③ ㄱ, ㄹ   ④ ㄴ, ㄷ
⑤ ㄴ, ㄹ

지난 12월 미국 콜로라도대 준 예 교수팀이 스트론튬(Sr) 원자시계를 개발했다고 발표했다. 스트론튬 원자시계는 현재 쓰이고 있는 세슘(Cs) 원자시계의 정밀도를 더욱 높일 것으로 기대되는 차세대 원자시계다. 아직은 세슘 원자시계 정도의 정밀도에 불과하지만 기술적인 보완이 되면 세슘 원자시계보다 훨씬 정밀하게 시간을 측정할 수 있을 것이다.

(가) 모든 시계의 표준이 되는 시계, 가장 정확하고 가장 정밀한 시계가 바로 원자시계다. 원자시계는 수십억 분의 1초를 측정할 수 있고, 수십만 년에 1초를 틀릴까 말까 할 정도다. 일상생활이라면 1초의 구분이면 충분할 것이고, 운동경기에서도 고작 100분의 1초로 승부를 가른다. 그럼 사람들은 왜 세슘 원자시계가 제공하는 수십억 분의 1초의 구분도 부족해 더욱 정확한 원자시계를 만드려는 것일까?

(나) 방송도 마찬가지다. TV화면은 겉보기엔 화면이 한 번에 뿌려지는 것 같지만 사실은 방송국으로부터 화면 한 점 한 점의 정보를 받아서 화면을 구성한다. TV에 달린 시계와 방송국에 달린 시계가 일치하지 않으면 화면을 재구성할 때 오류가 생긴다. 양쪽이 정밀한 시계를 가지면 같은 시간 동안 더 많은 정보를 보낼 수 있다. 더욱 크고 선명한 화면을 방송할 수 있게 되는 것이다.

(다) 초기에 원자시계는 지구의 자전으로 측정했던 부정확한 시간을 정확히 교정하기 위해 만들어졌다. 실제 지난 2005년과 2006년 사이인 12월 31일 12시 59분 59초 뒤에 1초를 추가하는 일이 있었는데 원자시계와 천체시계의 오차를 보완하기 위해서였다. 지구의 자전은 계속 느려지고 있어 시간을 바로잡지 않으면 수천 년 뒤 해가 떠있는데 시계는 밤을 가리키는 황당한 사건이 발생할 수도 있다.

(라) 뿐만 아니라 시간을 정밀하게 측정할 수 있으면 GPS(위성항법장치) 인공위성을 통해 위치도 정밀하게 알 수 있다. GPS 위성에는 정밀한 원자시계가 들어 있어 신호를 읽고 보내는 시각을 계산하는데, 이 시간 차이를 정밀하게 알수록 위치도 정밀하게 계산하는 것이 가능해진다. 네 개의 GPS 위성으로부터 받은 신호를 조합하면 물체의 위치가 mm 단위로 정확하게 나온다. 이런 기술은 순항 미사일 같은 정밀 유도무기에 특히 중요하다.

(마) 하지만 원자시계는 이런 표준시를 정의하는 역할에만 그치지 않는다. 시계가 정밀해질수록 한정된 시간을 보다 값지게 사용할 수 있기 때문이다. 시간을 정확하고 정밀하게 잴 수 있다는 것은 시간을 잘게 쪼개 쓸 수 있다는 의미다. 하나의 신호를 주고받는 데 걸리는 시간을 줄일 수 있으므로, 유·무선 통신을 할 때 많은 정보를 전달할 수 있게 된다. 시간이 정밀해지면 회선 하나를 많은 사람이 공유해서 쓸 수 있다.

39 다음 중 제시된 문단에 이어질 내용을 논리적 순서대로 바르게 나열한 것은?

① (가) – (마) – (다) – (라) – (나)

② (가) – (다) – (마) – (나) – (라)

③ (가) – (다) – (마) – (라) – (나)

④ (다) – (가) – (마) – (라) – (나)

⑤ (다) – (라) – (나) – (마) – (가)

40 다음 중 더욱 정확한 원자시계를 만드려는 이유로 적절하지 않은 것은?

① 지구의 자전이 계속 느려지고 있기 때문
② 한정된 시간을 보다 값지게 사용할 수 있기 때문
③ 한 번에 여러 개의 신호를 송출할 수 있기 때문
④ 더욱 크고 선명한 화면을 방송할 수 있기 때문
⑤ 보다 정확한 위치 계산을 할 수 있기 때문

41 다음 중 비언어적 커뮤니케이션을 위한 행동으로 적절하지 않은 것은?

① 스페인에서는 악수할 때 손을 강하게 잡을수록 반갑다는 의미를 가지고 있다. 따라서 스페인 사람과 첫 협상 시에는 강하게 악수하여 반가움을 표현하는 것이 적절하다.
② 이탈리아에서는 연회 시 소금이나 후추 등이 다른 사람 손에 거치면 좋지 않다는 풍습이 있다. 따라서 이탈리아에서 연회 참가 시 소금과 후추가 필요할 때는 웨이터를 부르도록 한다.
③ 일본에서 칼은 관계의 단절을 의미한다. 따라서 일본인에게 선물할 때 칼은 피하는 것이 좋다.
④ 중국에서는 상대방이 선물을 권할 때 선뜻 받기보다 세 번 정도 거절하는 것이 예의라고 생각한다. 따라서 중국인에게 선물할 때 세 번 거절당하더라도 한 번 더 받기를 권하는 것이 좋다.
⑤ 키르키즈스탄에서는 왼손을 더러운 것으로 느끼는 풍습이 있다. 따라서 키르키즈스탄인에게 명함을 건넬 경우에는 반드시 오른손으로 주도록 한다.

42 교육부, 행정안전부, 보건복지부, 농림축산식품부, 외교부, 국방부에 대한 국정감사 순서를 〈조건〉과 같이 정할 때, 다음 중 항상 옳은 것은?

---〈조건〉---
- 행정안전부에 대한 감사는 농림축산식품부와 외교부에 대한 감사 사이에 한다.
- 국방부에 대한 감사는 보건복지부와 농림축산식품부에 대한 감사보다 늦게 시작되지만, 외교부에 대한 감사보다 먼저 시작되어야 한다.
- 교육부에 대한 감사는 아무리 늦어도 보건복지부 또는 농림축산식품부 중 적어도 어느 한 부서에 대한 감사보다는 먼저 시작되어야 한다.
- 보건복지부는 농림축산식품부보다 먼저 감사를 시작한다.

① 교육부는 첫 번째 또는 두 번째에 감사를 시작한다.
② 보건복지부는 두 번째로 감사를 시작한다.
③ 농림축산식품부보다 늦게 감사를 받는 부서의 수가 일찍 받는 부서의 수보다 적다.
④ 국방부는 행정안전부보다 감사를 일찍 시작한다.
⑤ 외교부보다 늦게 감사를 받는 부서가 있다.

43 다음 〈보기〉 중 경영의 4요소로 옳은 것을 모두 고르면?

---〈보기〉---
ㄱ. 조직의 목적을 달성하기 위해 경영자가 수립하는 것으로, 더욱 구체적인 방법과 과정이 담겨 있다.
ㄴ. 조직에서 일하는 구성원으로 경영은 이들의 직무수행에 기초하여 이루어지기 때문에 이것의 배치 및 활용이 중요하다.
ㄷ. 생산자가 상품 또는 서비스를 소비자에게 유통하는 데 관련된 모든 체계적 경영 활동이다.
ㄹ. 특정의 경제적 실체에 관하여 이해관계를 이루는 사람들에게 합리적인 경제적 의사결정을 하는 데 유용한 재무적 정보를 제공하기 위한 일련의 과정 또는 체계이다.
ㅁ. 경영하는 데 사용할 수 있는 돈으로, 이것이 충분히 확보되는 정도에 따라 경영의 방향과 범위가 정해지게 된다.
ㅂ. 조직이 변화하는 환경에 적응하기 위하여 경영활동을 체계화하는 것으로, 목표달성을 위한 수단이다.

① ㄱ, ㄴ, ㄷ, ㄹ
② ㄱ, ㄴ, ㄷ, ㅁ
③ ㄱ, ㄴ, ㅁ, ㅂ
④ ㄷ, ㄹ, ㅁ, ㅂ
⑤ ㄴ, ㄷ, ㅁ, ㅂ

44 다음은 T자동차 회사의 TV 광고모델 후보 5명에 대한 자료이다. 〈조건〉을 적용하여 광고모델을 선정할 때, 총광고효과가 가장 큰 모델은?(단, 광고는 TV를 통해서만 1년 이내에 모두 방송된다)

〈광고모델별 1년 계약금 및 광고 1회당 광고효과〉

(단위 : 만 원)

광고모델	1년 계약금	1회당 광고효과	
		수익 증대 효과	브랜드 가치 증대 효과
지후	1,000	100	100
문희	600	60	100
석이	700	60	110
서현	800	50	140
슬이	1,200	110	110

〈조건〉

• (총광고효과)=(1회당 광고효과)×(1년 광고횟수)
• (1회당 광고효과)=(1회당 수익 증대 효과)+(1회당 브랜드 가치 증대 효과)
• (1년 광고횟수)=(1년 광고비)÷(1회당 광고비)[단, 1회당 광고비는 20만 원이다]
• (1년 광고비)=(3,000만 원)−(1년 계약금)

① 지후 ② 문희
③ 석이 ④ 서현
⑤ 슬이

사회 현상을 볼 때는 돋보기로 세밀하게 그리고 때로는 멀리 떨어져서 전체 속에 어떻게 위치하고 있는가를 동시에 봐야 한다. 숲과 나무는 서로 다르지만 따로 떼어 생각할 수 없기 때문이다.

현대 사회 현상의 최대 쟁점인 과학 기술에 대해 평가할 때도 마찬가지이다. 로봇 탄생의 숲을 보면, 그 로봇 개발에 투자한 사람과 로봇을 개발한 사람들의 의도가 드러난다. 그리고 나무인 로봇을 세밀히 보면, 그 로봇이 생산에 이용되는지 아니면 감옥의 죄수들을 감시하기 위한 것인지 그 용도를 알 수가 있다. 이 광범위한 기술의 성격을 객관적이고 물질적이어서 가치관이 없다고 쉽게 생각하면 로봇에 당하기 십상이다.

자동화는 자본주의의 실업을 늘려 실업자에 대해 생계의 위협을 가하는 측면뿐 아니라, 기존 근로자에 대한 감시를 더욱 효율적으로 해내는 역할도 수행한다. 자동화를 적용하는 기업 측에서는 자동화가 인간의 삶을 증대시키는 이미지로 일반 사람들에게 인식되기를 바란다. 그래야 자동화 도입에 대한 노동자의 반발을 무마하고 기업가의 구상을 관철시킬 수 있기 때문이다. 그러나 자동화나 기계화 도입으로 인해 실업을 두려워하고, 업무 내용이 바뀌는 것을 탐탁해 하지 않았던 유럽의 노동자들은 자동화 도입에 대해 극렬히 반대했던 경험들을 갖고 있다.

지금도 자동화·기계화는 좋은 것이라는 고정관념을 가진 사람이 많고, 현실에서 이러한 고정관념이 가져오는 파급 효과는 의외로 크다. 예를 들어 은행에 현금을 자동으로 세는 기계가 등장하면 은행원들이 현금을 세는 작업량은 줄어든다. 손님들도 기계가 현금을 재빨리 세는 것을 보고 감탄하면서 행원이 세는 것보다 더 많은 신뢰를 보낸다. 그러나 현금 세는 기계의 도입에는 이익 추구라는 의도가 숨어 있다. 현금 세는 기계는 행원의 수고를 덜어 준다. 그러나 현금 세는 기계를 들여옴으로써 실업자가 생기고 만다. 사람이 잘만 이용하면 잘 써먹을 수 있을 것만 같은 기계가 엄청나게 혹독한 성품을 지닌 프랑켄슈타인으로 돌변하는 것이다.

자동화와 정보화를 추진하는 핵심 조직이 기업이란 것에서도 알 수 있듯이 기업은 이윤 추구에 도움이 되지 않는 행위는 무가치하다고 판단한다. 그러므로 자동화는 그 계획 단계에서부터 기업의 의도가 스며들어 탄생한다. 또한 그 의도대로 자동화나 정보화가 진행되면, 다른 한편으로 의도하지 않은 결과를 초래한다. 자동화와 같은 과학 기술이 풍요를 생산하는 수단이라고 생각하는 것은 하나의 ㉠ 고정관념에 불과하다.

채플린이 제작한 영화 〈모던 타임즈〉에 나타난 것처럼 초기 산업화 시대에는 기계에 종속된 인간의 모습이 가시적으로 드러날 수밖에 없었다. 그래서 이러한 종속에 저항하고자 하는 인간의 노력도 적극적인 모습을 보였다.

그러나 현대의 자동화기기는 그 선두가 정보 통신기기로 바뀌면서 문제가 질적으로 달라진다. 무인 생산까지 진전된 자동화나 정보통신화는 인간에게 단순 노동을 반복시키는 그런 모습을 보이지 않는다. 그 까닭에 정보 통신은 별 무리 없이 어느 나라에서나 급격하게 개발·보급되고 보편화되어 있다. 그런데 문제는 이 자동화기기가 생산에만 이용되는 것이 아니라, 노동자를 감시하거나 관리하는 데도 이용될 수 있다는 것이다. 궁극적으로 정보 통신의 발달로 인해 이전보다 사람들은 더 많은 감시와 통제를 받게 되었다.

45 다음 윗글의 밑줄 친 ㉠의 사례로 적절하지 않은 것은?

① 부자는 누구나 행복할 것이라고 믿는 경우이다.
② 값비싼 물건이 항상 우수하다고 믿는 경우이다.
③ 구구단이 실생활에 도움을 준다고 믿는 경우이다.
④ 절약이 언제나 경제 발전에 도움을 준다고 믿는 경우이다.
⑤ 아파트가 전통가옥에 비해서 삶의 질을 높여준다고 믿는 경우이다.

46 다음 중 윗글에 대한 비판적 반응으로 가장 적절한 것은?

① 기업의 이윤 추구가 사회 복지 증진과 직결될 수 있음을 간과하고 있어.

② 기계화·정보화가 인간의 삶의 질 개선에 기여하고 있음을 경시하고 있어.

③ 기계화를 비판하는 주장만 되풀이할 뿐, 구체적인 근거를 제시하지 않고 있어.

④ 화제의 부분적 측면에 관계된 이론을 소개하여 편향적 시각을 갖게 하고 있어.

⑤ 현대의 기술 문명이 가져다 줄 수 있는 긍정적인 측면을 과장하여 강조하고 있어.

47 귀하의 회사에서 신제품을 개발하여 중국시장에 진출하고자 한다. 귀하의 상사가 3C 분석 결과를 건네며, 사업 계획에 반영하고 향후 해결해야 할 회사의 전략 과제가 무엇인지 정리하여 보고하라는 지시를 내렸다. 다음 중 회사에서 해결해야 할 전략 과제로 적절하지 않은 것은?

Customer	Competitor	Company
• 전반적인 중국시장은 매년 10% 성장 • 중국시장 내 제품의 규모는 급성장 중임 • 20 ~ 30대 젊은 층이 중심 • 온라인 구매가 약 80% 이상 • 인간공학 지향	• 중국기업들의 압도적인 시장점유 • 중국기업들 간의 치열한 가격 경쟁 • A/S 및 사후관리 취약 • 생산 및 유통망 노하우 보유	• 국내시장 점유율 1위 • A/S 등 고객서비스 부문 우수 • 해외 판매망 취약 • 온라인 구매시스템 미흡(보안, 편의 등) • 높은 생산원가 구조 • 높은 기술개발력

① 중국시장의 판매유통망 구축

② 온라인 구매시스템 강화

③ 고객서비스 부문 강화

④ 원가 절감을 통한 가격 경쟁력 강화

⑤ 인간공학을 기반으로 한 제품 개발 강화

※ 사내 의무실 체온계의 고장으로 새로운 체온계를 구입하였다. 이어지는 질문에 답하시오. **[48~49]**

■ **사용방법**
1) 체온을 측정하기 전 새 렌즈필터를 부착하여 주세요.
2) 〈ON〉 버튼을 눌러 액정화면이 켜지면 귓속에 체온계를 삽입합니다.
3) 〈START〉 버튼을 눌러 체온을 측정합니다.
4) 측정이 잘 이루어졌으면 '삐' 소리와 함께 측정 결과가 액정화면에 표시됩니다.
5) 60초 이상 사용하지 않으면 자동으로 전원이 꺼집니다.

■ **체온 측정을 위한 주의사항**
- 오른쪽 귀에서 측정한 체온은 왼쪽 귀에서 측정한 체온과 다를 수 있습니다. 그러므로 항상 같은 귀에서 체온을 측정하십시오.
- 체온을 측정할 때는 정확한 측정을 위해 과다한 귀지가 없도록 하십시오.
- 한쪽 귀를 바닥에 대고 누워 있었을 때, 매우 춥거나 더운 곳에 노출되어 있는 경우, 목욕을 한 직후 등은 외부적 요인에 의해 귀 체온측정에 영향을 미칠 수 있으므로 이런 경우에는 30분 정도 기다리신 후 측정하십시오.

■ **문제해결**

상태	해결방법	에러 메시지
렌즈필터가 부착되어 있지 않음	렌즈필터를 끼우세요.	— —
체온계가 렌즈의 정확한 위치를 감지할 수 없어 정확한 측정이 어려움	〈ON〉 버튼을 3초간 길게 눌러 화면을 지운 다음 정확한 위치에 체온계를 넣어 측정합니다.	POE
측정체온이 정상범위(34 ~ 42.2℃)를 벗어난 경우 - HI : 매우 높음 - LO : 매우 낮음	온도가 10℃와 40℃ 사이인 장소에서 체온계를 30분간 보관한 다음 다시 측정하세요.	HI ℃ LO ℃
건전지 수명이 다하여 체온 측정이 불가능한 상태	새로운 건전지(1.5V AA타입 2개)로 교체하십시오.	— — —

48 근무 중 몸이 좋지 않아 의무실을 내원한 A사원의 체온을 측정하려고 한다. 다음 중 체온 측정 과정으로 옳은 것은?

① 렌즈필터가 깨끗하여 새것으로 교체하지 않고 체온을 측정하였다.

② 오른쪽 귀의 체온이 38℃로 측정되어 다시 왼쪽 귀의 체온을 측정하였다.

③ 정확한 측정을 위해 귓속의 귀지를 제거한 다음 체온을 측정하였다.

④ 정확한 측정을 위해 영점조정을 맞춘 뒤 체온을 측정하였다.

⑤ 구비되어 있는 렌즈필터가 없어 렌즈를 알코올 솜으로 닦은 후 측정하였다.

49 체온계 사용 중 'POE'의 에러 메시지가 떴다. 이에 대한 해결방법으로 옳은 것은?

① 〈ON〉 버튼을 3초간 길게 눌러 화면을 지운 뒤, 정확한 위치에서 다시 측정한다.

② 렌즈필터가 부착되어 있지 않으므로 깨끗한 새 렌즈필터를 끼운다.

③ 1분간 그대로 뒤서 전원을 끈 다음 〈ON〉 버튼을 눌러 다시 액정화면을 켠다.

④ 건전지 삽입구를 열어 1.5V AA타입 2개의 새 건전지로 교체한다.

⑤ 온도가 10℃와 40℃ 사이인 장소에서 체온계를 30분간 보관한 다음 다시 측정한다.

50 다음 중 피벗테이블에 대한 설명으로 옳지 않은 것은?

① 피벗테이블 결과가 표시되는 장소는 동일한 시트 내에만 지정된다.

② 피벗테이블로 작성된 목록에서 행 필드를 열 필드로 편집할 수 있다.

③ 피벗테이블 작성 후에도 사용자가 새로운 수식을 추가하여 표시할 수 있다.

④ 피벗테이블은 많은 양의 데이터를 손쉽게 요약하기 위해 사용되는 기능이다.

⑤ 피벗테이블에서 필터 기능을 사용할 수 있다.

최근 우리 회사는 IT 신기술들을 접목한 다양한 전력 시스템들을 새롭게 개발해 서비스를 제공하고 있으나, 불편한 점이 있어 고객의 이용실적이 미미한 편이었다. 특히 서비스가 여러 곳에 산재되어 있어 개별적으로 검색하고 접속해야 하는 불편함이 있었다.

이러한 불편을 해소하기 위하여 신사업기획처는 '한전 사이버지점' 내 통합 서비스 포털로 접속경로를 일원화하여 고객이 한전에서 제공하는 서비스에 손쉽게 접근할 수 있도록 하였다. 이와 함께, 기능이 유사한 시스템들을 통폐합하여 서비스가 중복되는 것을 제거했다. IT기술 발전과 함께 비슷한 시기에 여러 시스템들이 개발되다 보니, 동일한 서비스임에도 다수의 시스템에서 제공되는 경우가 상당수 존재했기 때문이다.

먼저, 전기요금의 조회와 납부, 전기사용신청 기능을 제공하는 App인 '스마트 한전'과 요금조회·납부 전용 App인 '한전전기요금'은 동일한 요금 조회·납부 서비스를 중복 제공하고 있었다. 이를 해소하기 위해 '한전전기요금(App)'을 폐지하고, 관련 서비스는 '스마트 한전(App)'을 통해서 제공하도록 통합하였다. 두 번째로, AMI 부설 고객을 대상으로 실시간 사용량·요금정보를 제공하는 '파워플래너'와 주택용 고객에게 전일 기준 전기절약현황(사용량)을 제공하는 '전기가계부'를 통합하여 '파워플래너'에서 관련 서비스를 제공하도록 하였다. 마지막으로 대용량 고객에게 에너지 소비진단, 요금 시뮬레이션 등 전력사용 컨설팅을 제공하는 '에너지 소비진단 컨설팅 시스템'의 기능을 '대용량 고객 포털'에 흡수시켜 통합적으로 서비스를 제공하도록 하였다. 또 시스템 간 통합인증(SSO)을 구현하였다. 기존에는 시스템별로 각각 아이디와 패스워드를 입력하고 로그인해야 했는데, 이로 인해 고객이 다수의 시스템을 이용할 경우 여러 번 로그인해야 하는 불편함이 있었다. 이를 개선하여 하나의 아이디로 1회 인증해 다수의 시스템들을 이용할 수 있도록 하였다.

이처럼 고객의 입장에서 기능적 편리함을 더한 '통합 서비스 포털'은 콘텐츠 면에서도 다양한 서비스로 퀄리티를 높였다. 실시간 전력 사용량과 요금을 조회할 수 있는 '파워플래너', 대용량고객(계약전력 1만 kW 이상) 전용으로 전력사용 진단 및 요금 컨설팅, 설비점검을 지원하는 '대용량 고객 포털', 전국 시도 단위로 전력수급 현황과 지역별 소비현황 통계를 보여주는 '국가전력맵' 그리고 인근 전기차 충전소 조회 및 길 찾기 정보 등을 제공하는 'EVC(전기차충전서비스)' 등 전기를 사용하는 고객에게 유용한 콘텐츠들을 알차게 담았다.

통합 서비스 포털은 오픈 이후에도 신규로 개발되는 다양한 고객 서비스 시스템들을 효율적으로 반영해 고객 편의를 향상시킬 계획이다. 정전 민감 고객을 대상으로 구내 정전 자동알림 및 전력 초과사용, 부하설비 감시 등의 기능을 제공하는 'HELP(전기사랑플랫폼)'가 올해 하반기 내 개발을 완료하여 통합 서비스 포털에 탑재·서비스될 예정이며, 지역별 실시간 전력사용 현황과 시간대별·일별·월별 전력사용패턴 정보 등을 제공하는 '에너지맵(가칭)'도 통합 서비스 포털을 통해 서비스될 예정이다. 뿐만 아니라, 향후 고객 편의를 위해 새롭게 고안되고 개발되는 다양한 서비스 시스템을 지속적으로 반영하여 고객의 서비스 만족도를 향상시킬 계획이다.

51 A대리는 통합 서비스 포털에 '자주 묻는 질문'을 작성하려고 한다. 다음 중 정리한 Q&A로 옳지 않은 것은?

① Q : 전기요금의 조회와 납부를 하려면 어느 앱을 사용해야 하나요?

　A : 전기요금의 조회 및 납부와 전기사용신청은 스마트 한전을 이용하시면 됩니다.

② Q : AMI 부설 고객은 실시간 사용량을 어디서 확인할 수 있나요?

　A : AMI 부설 고객을 대상으로 실시간 사용량과 요금정보를 파워플래너에서 제공하고 있습니다.

③ Q : 스마트 한전과 파워플래너에 가입하고자 하는데, 각각 아이디를 만들어야 하나요?

　A : 현재 시스템 간 통합인증을 구현해 하나의 아이디로 1회 인증하시면 모든 서비스를 이용할 수 있습니다.

④ Q : 전력 초과사용에 대한 정보를 알고 싶으면 어디로 가면 되나요?

　A : 전력 초과사용과 부하설비 감시 등의 기능을 제공하는 HELP(전기사랑플랫폼)가 현재 시행 중입니다.

⑤ Q : 기차를 구매했습니다. 인근 전기차 충전소 서비스에 대해 알아보고 싶은데 관련 서비스가 있나요?

　A : 전기차 충전소 조회 및 길 찾기 정보 등을 제공하는 EVC(전기차충전서비스)가 있습니다.

52 A대리는 통합 서비스 포털에서 제공하는 콘텐츠를 보기 쉽게 조직도로 구성하였다. 다음 중 옳지 않은 것은?

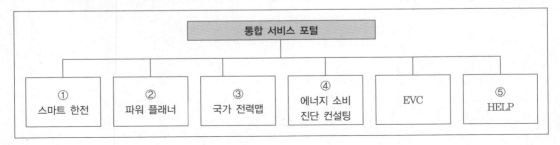

53 다음은 K공사 신제품 개발1팀의 하루 업무 스케줄에 관한 자료이다. 신입사원 A씨는 스케줄을 바탕으로 금일 회의 시간을 정하려고 한다. 1시간 동안 진행될 팀 회의의 가장 적절한 시간대는 언제인가?

〈K공사 신제품 개발1팀 스케줄〉

시간	직급별 스케줄				
	부장	차장	과장	대리	사원
09:00 ~ 10:00	업무회의				
10:00 ~ 11:00					비품요청
11:00 ~ 12:00			시장조사	시장조사	시장조사
12:00 ~ 13:00			점심식사		
13:00 ~ 14:00	개발전략수립		시장조사	시장조사	시장조사
14:00 ~ 15:00		샘플검수	제품구상	제품구상	제품구상
15:00 ~ 16:00			제품개발	제품개발	제품개발
16:00 ~ 17:00					
17:00 ~ 18:00			결과보고	결과보고	

① 09:00 ~ 10:00

② 10:00 ~ 11:00

③ 14:00 ~ 15:00

④ 16:00 ~ 17:00

⑤ 17:00 ~ 18:00

54 K공사는 노후화된 직원휴게실을 새롭게 단장하려고 한다. 우선 가장 지저분한 4면의 벽을 새롭게 도배하기 위해 비용을 추산하고자 한다. 직원휴게실 규모와 도배지 가격정보가 다음과 같을 때, 최소 도배 비용은?

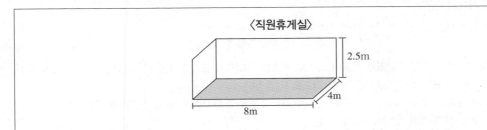

〈직원휴게실〉

재질	규격	가격
물결무늬 실크벽지	폭 100cm×길이 150cm/Roll	40,000원
	폭 100cm×길이 100cm/Roll	30,000원
	폭 50cm×길이 100cm/Roll	20,000원

※ 무늬를 고려하여 도배지는 위에서 아래로 붙이며, 남는 부분은 잘라서 활용한다.
※ 직원휴게실 도배 비용 산정 시 창문과 문은 없는 것으로 간주한다.

① 1,480,000원
② 1,520,000원
③ 1,600,000원
④ 1,720,000원
⑤ 1,800,000원

55 K공사는 체육대회를 맞이하여 본사 대표를 뽑기 위해 투표를 하였다. 제시된 자료는 후보로 선정된 A ~ E에 대한 부서별 선호를 투표로 나타낸 것으로 대표 선출 방식에 따라 대표를 선정한다고 할 때, 본사 대표로 선정될 사람은?

〈대표 선출 방식〉

- 1차 투표로 다득표자 3명을 선출하고, 2차 투표를 하여 다득표자 2명을 선출한다. 이 2명의 후보를 대상으로 최종 투표하여 다득표자를 본부 대표로 선출한다.
- 각 부서에서 상의하여 후보 순위를 정한 다음, 1순위 후보자에게 부서 인원만큼 표를 준다.
- 1·2·3차 투표를 할 때까지 부서별 선호 순위를 사용한다.
- 만일 1순위로 선호하는 사람이 후보에 없는 경우, 차순위로 선호하는 사람 중 후보에 해당되는 사람에게 투표한다.
- 후보자 중에 1 ~ 4순위의 선호자가 1명도 포함되지 않은 경우, 그 부서는 기권한다.

〈부서별 인원현황〉

기획개발과	경영지원과	아동청소년과	보육지원과	대외협력과
7	9	4	5	6

〈부서별 선호〉

부서명	1순위	2순위	3순위	4순위
기획개발과	A	C	E	D
경영지원과	B	E	C	A
아동청소년과	C	B	D	A
보육지원과	E	B	D	A
대외협력과	C	D	B	E

① A
② B
③ C
④ D
⑤ E

56 S과장은 지역홍보 영화제를 준비하고 있다. 이러한 사업에 필요한 모든 개별업무를 다음과 같이 네트워크로 표현하였다. 다음 중 옳지 않은 것은?

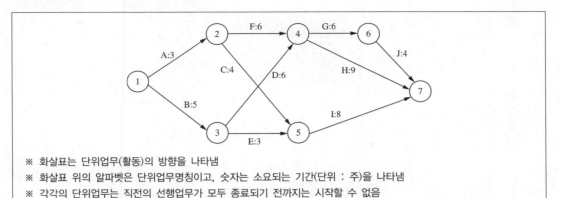

※ 화살표는 단위업무(활동)의 방향을 나타냄
※ 화살표 위의 알파벳은 단위업무명칭이고, 숫자는 소요되는 기간(단위 : 주)을 나타냄
※ 각각의 단위업무는 직전의 선행업무가 모두 종료되기 전까지는 시작할 수 없음

① 단위작업 A와 C를 최대한 단축하더라도 전체 프로젝트 기간에는 영향을 주지 못한다.
② 만일 사업을 일찍 끝내야 한다면 활동 B, D, G, J 중에서 단축비용이 가장 적게 드는 것을 선택해서 줄여야 한다.
③ 단위작업 D를 일주일 줄이면 전체 프로젝트 기간이 일주일 줄어든다.
④ 단위작업 H를 단축시켜도 전체 프로젝트 기간에는 영향을 주지 못한다.
⑤ 이 프로젝트를 완료하는 데 아무리 적어도 16주가 소요된다.

57 다음 중 제시된 차트에 대한 설명으로 옳지 않은 것은?

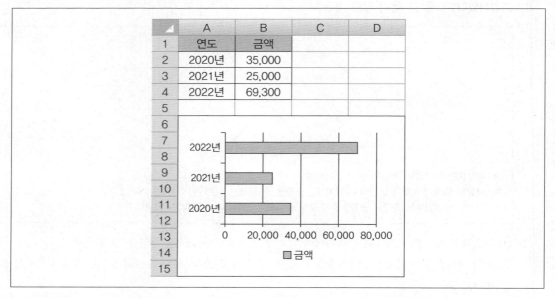

① 표의 데이터를 수정하면 차트도 자동으로 수정된다.

② 차트에서 주 눈금선을 선택하여 삭제하면 주 눈금선이 사라진다.

③ 표의 [A5:B5] 셀에 새로운 데이터를 추가하면 차트에도 자동으로 추가된다.

④ 표의 [A3:B3] 셀과 [A4:B4] 셀 사이에 새로운 데이터를 삽입하면 차트에도 자동으로 삽입된다.

⑤ 차트에서 데이터 레이블을 추가하면 금액 값이 표시된다.

58 다음 중 컴퓨터 바이러스에 대한 설명으로 적절하지 않은 것은?

① 사용자가 인지하지 못한 사이 자가 복제를 통해 다른 정상적인 프로그램을 감염시켜 해당 프로그램이나 다른 데이터 파일 등을 파괴한다.

② 보통 소프트웨어 형태로 감염되나 메일이나 첨부파일은 감염의 확률이 매우 적다.

③ 인터넷의 공개 자료실에 있는 파일을 다운로드하여 설치할 때 감염될 수 있다.

④ 온라인 채팅이나 인스턴트 메신저 프로그램을 통해서 전파되기도 한다.

⑤ 소프트웨어뿐만 아니라 하드웨어의 성능에도 영향을 미칠 수 있다.

59 김팀장은 매주 화요일 팀원이 모두 참여하는 팀 회의를 통해 중요한 사항에 대해 함께 결정한다. 처음에는 회의로 인해 개인 업무를 처리할 시간이 줄어들 것이라는 팀원들의 걱정도 있었지만, 우려와 달리 많은 장점을 발견하게 되었다. 다음 중 김팀장이 발견한 조직 내 집단의사결정의 장점으로 옳지 않은 것은?

① 각자 다른 시각으로 문제를 바라봄에 따라 다양한 견해를 가지고 접근할 수 있다.

② 결정된 사항에 대하여 구성원들이 보다 수월하게 수용할 수 있다.

③ 구성원 간 의사소통의 기회가 향상된다.

④ 더 많은 지식과 정보로 효과적인 결정을 하도록 돕는다.

⑤ 의견이 서로 불일치하더라도 빠르게 의사결정을 완료할 수 있다.

60 다음 중 조직구조의 결정요인에 대한 설명으로 적절하지 않은 것은?

① 조직 활동의 결과에 대한 만족은 조직의 문화적 특성에 따라 상이하다.

② 대규모 조직은 소규모 조직에 비해 업무의 전문화 정도가 높다.

③ 일반적으로 소량생산기술을 가진 조직은 유기적 조직구조를, 대량생산기술을 가진 조직은 기계적 조직구조를 가진다.

④ 급변하는 환경하에서는 유기적 조직보다 원칙이 확립된 기계적 조직이 더 적합하다.

⑤ 조직구조의 주요 결정요인 4가지는 전략, 규모, 기술, 환경이다.

www.sdedu.co.kr

제3회
한국전력기술

NCS 직업기초능력

〈문항 및 시험시간〉

평가영역	문항 수	시험시간	모바일 OMR 답안분석
의사소통＋수리＋문제해결 ＋자원관리＋정보＋기술＋조직이해	60문항	70분	

제3회 모의고사

01 다음 글의 ㉠과 ㉡이 모방하는 군집 현상의 특성을 바르게 짝지은 것은?

> 다양한 생물체의 행동 원리를 관찰하여 모델링한 알고리즘을 생체모방 알고리즘이라 한다. 날아다니는 새 떼, 야생 동물 떼, 물고기 떼 그리고 박테리아 떼 등과 같은 생물 집단에서 쉽게 관찰할 수 있는 군집 현상에 관한 연구가 최근 활발히 진행되고 있다. 군집 현상은 무질서한 개체들이 외부 작용 없이 스스로 질서화된 상태로 변해가는 현상을 총칭하며, 분리성, 정렬성, 확장성, 결합성의 네 가지 특성을 나타낸다.
> 첫째, 분리성은 각 개체가 서로 일정한 간격을 유지하여 독립적 공간을 확보하는 특성을 의미하고 둘째, 정렬성은 각 개체가 다수의 개체들이 선택하는 경로를 이용하여 자신의 이동 방향을 결정하는 특성을 의미하며 셋째, 확장성은 개체수가 증가해도 군집의 형태를 유지하는 특성을 의미한다. 마지막으로 결합성은 각 개체가 주변 개체들과 동일한 행동을 하는 특성을 의미한다.
> ㉠ 알고리즘 A는 시력이 없는 개미 집단이 개미집으로부터 멀리 떨어져 있는 먹이를 가장 빠른 경로를 통해 운반하는 행위로부터 영감을 얻어 개발된 알고리즘이다. 개미가 먹이를 발견하면 길에 남아 있는 페로몬을 따라 개미집으로 먹이를 운반하게 된다. 이러한 방식으로 개미 떼가 여러 경로를 통해 먹이를 운반하다 보면 개미집과 먹이와의 거리가 가장 짧은 경로에 많은 페로몬이 쌓이게 된다. 개미는 페로몬이 많은 쪽의 경로를 선택하여 이동하는 특징이 있어 일정 시간이 지나면 개미 떼는 가장 짧은 경로를 통해서 먹이를 운반하게 된다. 이 알고리즘은 통신망 설계, 이동체 경로 탐색, 임무 할당 등의 다양한 최적화 문제에 적용되어 왔다.
> ㉡ 알고리즘 B는 반딧불이들이 반짝거릴 때 초기에는 각자의 고유한 진동수에 따라 반짝거리다가 점차 시간이 지날수록 상대방의 반짝거림에 맞춰 결국엔 한 마리의 거대한 반딧불이처럼 반짝거리는 것을 지속하는 현상에서 영감을 얻어 개발된 알고리즘이다. 개체들이 초기 상태에서는 각자 고유의 진동수에 따라 진동하지만, 점차 상호 작용을 통해 그 고유의 진동수에 변화가 생기고 결국에는 진동수가 같아지는 특성을 반영한 것이다. 이 알고리즘은 집단 동기화 현상을 효과적으로 모델링하는 데 적용되어 왔다.

	㉠	㉡
①	정렬성	결합성
②	확장성	정렬성
③	분리성	결합성
④	결합성	분리성
⑤	정렬성	확장성

02 다음은 소나무 재선충병 발생지역에 대한 자료이다. 이를 이용하여 계산할 때, 고사한 소나무 수가 가장 많이 발생한 지역은?

〈소나무 재선충병 발생지역별 소나무 수〉

(단위 : 천 그루)

발생지역	소나무 수
거제	1,590
경주	2,981
제주	1,201
청도	279
포항	2,312

〈소나무 재선충병 발생지역별 감염률 및 고사율〉

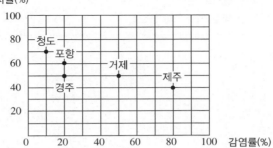

• [감염률(%)] $=\dfrac{(\text{발생지역의 감염된 소나무 수})}{(\text{발생지역의 소나무 수})} \times 100$

• [고사율(%)] $=\dfrac{(\text{발생지역의 고사한 소나무 수})}{(\text{발생지역의 감염된 소나무 수})} \times 100$

① 거제   ② 경주
③ 제주   ④ 청도
⑤ 포항

03 갑과 을은 0점, 4점, 9점 구간이 구분된 과녁을 놓고 양궁 게임을 하고 있다. 둘은 화살을 각각 20개씩 과녁에 쏘았고, 각자 0점을 맞힌 개수만 점수표에 기록하였다. 〈조건〉에 근거하여 점수를 추론할 때, 갑과 을의 최종점수로 가능한 것은?

〈점수표〉

(단위 : 개)

구분	갑	을
0점	6	8
4점		
9점		

〈조건〉
- 최종점수는 각 화살이 맞힌 점수의 합으로 한다.
- 둘이 쏜 화살 중 과녁 밖으로 날아간 것은 하나도 없다.
- 갑과 을이 4점을 맞힌 화살의 개수는 동일하다.

	갑	을			갑	을
①	51점	62점		②	74점	62점
③	74점	68점		④	86점	72점
⑤	86점	68점				

04 약국에 희경, 은정, 소미, 정선 4명의 손님이 방문하였다. 약사는 이들로부터 처방전을 받아 A ~ D 네 봉지의 약을 조제하였다. 제시된 〈조건〉이 모두 참일 때, 다음 중 항상 옳은 것은?

〈조건〉
- 방문한 손님들의 병명은 몸살, 배탈, 치통, 피부병이며, 각자 다른 병에 걸렸다.
- 은정이의 약은 B에 해당하고, 은정이는 몸살이나 배탈 환자가 아니다.
- A는 배탈 환자에 사용되는 약이 아니다.
- D는 연고를 포함하고 있는데, 이 연고는 피부병에만 사용된다.
- 희경이는 임산부이고, A와 D에는 임산부가 먹어서는 안 되는 약품이 사용되었다.
- 소미는 몸살 환자가 아니다.

① 은정이는 피부병에 걸렸다.
② 정선이는 몸살이 났고, 이에 해당하는 약은 C이다.
③ 소미는 치통 환자이다.
④ 희경이는 배탈이 났다.
⑤ 소미의 약은 A이다.

05 다음 중 매뉴얼 작성을 위한 TIP으로 옳지 않은 것은?

① 내용이 정확해야 한다.

② 전문적인 용어를 사용해야 한다.

③ 사용자에 대한 심리적 배려가 있어야 한다.

④ 사용하기 쉬워야 한다.

⑤ 사용자가 찾고자 하는 정보를 쉽게 찾을 수 있어야 한다.

06 다음은 K회사의 직무전결표의 일부분이다. 이에 따라 문서를 처리하였을 경우 옳지 않은 것은?

직무 내용	대표이사	위임 전결권자		
		전무	이사	부서장
정기 월례 보고				○
각 부서장급 인수인계		○		
3천만 원 초과 예산 집행	○			
3천만 원 이하 예산 집행		○		
각종 위원회 위원 위촉	○			
해외 출장			○	

① 인사부장의 인수인계에 관하여 전무에게 결재받은 후 시행하였다.

② 인사징계위원회 위원을 위촉하기 위하여 대표이사 부재중에 전무가 전결하였다.

③ 영업팀장의 해외 출장을 위하여 이사에게 사인을 받았다.

④ 3천만 원에 해당하는 물품 구매를 위하여 전무 전결로 처리하였다.

⑤ 정기 월례 보고서를 작성한 후 부서장의 결재를 받았다.

07 다음 중 실패의 원인으로 옳지 않은 것은?

① 무지   ② 주의

③ 오만   ④ 미지

⑤ 기획 불량

08 다음 〈조건〉을 통해 추론할 때, 서로 언어가 통하지 않는 사람끼리 짝지어진 것은?

─〈조건〉─
- A는 한국어와 영어만을 할 수 있다.
- B는 영어와 독일어만을 할 수 있다.
- C는 한국어와 프랑스어만을 할 수 있다.
- D는 중국어와 프랑스어만을 할 수 있다.

① A, B   ② A, C
③ B, D   ④ C, D
⑤ 없음

09 다음은 2022년 우리나라의 LPCD(Liter Per Capital Day)에 관한 자료이다. 1인 1일 사용량에서 영업용 사용량이 차지하는 비중과 1인 1일 가정용 사용량 중 하위 두 항목이 차지하는 비중을 순서대로 나열한 것은?(단, 소수점 셋째 자리에서 반올림한다)

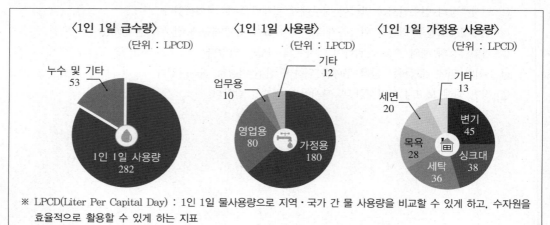

〈1인 1일 급수량〉 (단위 : LPCD)
누수 및 기타 53 / 1인 1일 사용량 282

〈1인 1일 사용량〉 (단위 : LPCD)
업무용 10 / 기타 12 / 영업용 80 / 가정용 180

〈1인 1일 가정용 사용량〉 (단위 : LPCD)
세면 20 / 기타 13 / 목욕 28 / 변기 45 / 세탁 36 / 싱크대 38

※ LPCD(Liter Per Capital Day) : 1인 1일 물사용량으로 지역·국가 간 물 사용량을 비교할 수 있게 하고, 수자원을 효율적으로 활용할 수 있게 하는 지표

① 27.57%, 16.25%   ② 27.57%, 19.24%
③ 28.37%, 18.33%   ④ 28.37%, 19.24%
⑤ 30.56%, 20.78%

10 다음은 2022년 성별·장애등급별 등록 장애인 현황을 나타낸 자료이다. 이에 대한 설명으로 옳은 것은?

〈2022년 성별 등록 장애인 수〉

(단위 : 명, %)

구분＼성별	여성	남성	전체
등록 장애인 수	1,048,979	1,468,333	2,517,312
전년 대비 증가율	0.5	5.5	( )

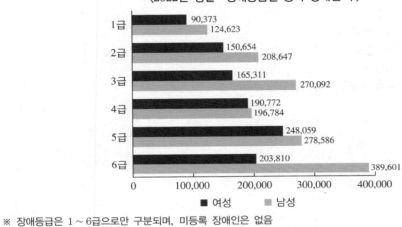

〈2022년 성별·장애등급별 등록 장애인 수〉

※ 장애등급은 1 ~ 6급으로만 구분되며, 미등록 장애인은 없음

① 2022년 전체 등록 장애인 수의 전년 대비 증가율은 4% 이상이다.
② 전년 대비 2022년 등록 장애인 수가 가장 많이 증가한 장애등급은 6급이다.
③ 장애등급 5급과 6급의 등록 장애인 수의 합은 전체 등록 장애인 수의 50% 이상이다.
④ 등록 장애인 수가 가장 많은 장애등급의 남성 장애인 수는 등록 장애인 수가 가장 적은 장애등급의 남성 장애인 수의 3배 이상이다.
⑤ 성별 등록 장애인 수 차이가 가장 작은 장애등급과 가장 큰 장애등급의 여성 장애인 수의 합은 여성 전체 등록 장애인 수의 40% 이상이다.

11 신입사원이 소모품을 구매한 영수증에 커피를 쏟아 영수증의 일부가 훼손되었다고 한다. 영수증을 받은 귀하는 구매한 물품과 결제금액이 일치하는지를 확인하려고 한다. 훼손된 영수증의 나머지 정보를 활용할 때, C품목의 수량은 몇 개인가?

가맹점명, 가맹점주소가 실제와 다른 경우 신고 안내
여신금융협회 : 02-2011-0777 - 포상금 10만 원 지급

영 수 증

상호 : (주)○○○할인매장
대표자 : ○○○
전화번호 : 02-0000-0000
사업자번호 : 148-81-00000
서울 종로구 새문안로 000

23-04-15 14:30:42

품명	수량	단가	금액
A	2	2,500원	5,000원
B	6	1,000원	____원
C	____	1,500원	____원
D	2	4,000원	____원
E	8	500원	____원

소계	____원
부가세(10%)	3,500원
합계	____원

이용해주셔서 감사합니다.

① 5개　　　　　　　　　　② 6개
③ 7개　　　　　　　　　　④ 8개
⑤ 9개

12 L아파트에 거주 중인 A씨와 B씨는 행복카를 이용하여 각각의 일정을 소화하였다. 행복카의 이용요금표와 일정이 다음과 같을 때, A씨와 B씨의 요금은?

〈행복카 이용요금표〉

구분	기준요금 (10분)	누진 할인요금				주행요금
		대여요금(주중)		대여요금(주말)		
		1시간	1일	1시간	1일	
모닝	880원	3,540원	35,420원	4,920원	49,240원	160원/km
레이		3,900원	39,020원	5,100원	50,970원	170원/km
아반떼	1,310원	5,520원	55,150원	6,660원	65,950원	
K3						

※ 주중 / 주말 기준
 – 주중 : 일 20:00 ~ 금 12:00
 – 주말 : 금 12:00 ~ 일 20:00(공휴일 및 당사 지정 성수기 포함)
※ 최소 예약은 30분이며 10분 단위로 연장할 수 있습니다(1시간 이하는 10분 단위로 환산하여 과금합니다).
※ 예약시간이 4시간을 초과하는 경우에는 누진 할인요금이 적용됩니다(24시간 한도).
※ 연장요금은 기준요금으로 부과합니다.
※ 이용시간 미연장에 따른 반납지연 페널티 금액은 초과한 시간에 대한 기준요금의 2배가 됩니다.

〈일정〉

• A씨
 – 차종 : 아반떼
 – 예약시간 : 3시간(토, 11:00 ~ 14:00)
 – 주행거리 : 92km
 – A씨는 지난주 토요일, 친구 결혼식에 참석하기 위해 인천에 다녀왔다. 인천으로 가는 길은 순탄하였으나 돌아오는 길에는 고속도로에서 큰 사고가 있었던 모양인지 예상했던 시간보다 1시간 30분이 더 걸렸다. A씨는 이용시간을 연장해야 한다는 사실을 몰라 하지 못했다.
• B씨
 – 차종 : 레이
 – 예약시간 : 1일 8시간(목, 익일 ~ 08:00)
 – 주행거리 : 243km
 – B씨는 납품지연에 따른 상황을 파악하기 위해 강원도 원주에 있는 거래처에 들러 이틀에 걸쳐 일을 마무리한 후 예정된 일정에 맞추어 다시 서울로 돌아왔다.

	A씨	B씨			A씨	B씨
①	61,920원	120,140원		②	62,800원	122,570원
③	62,800원	130,070원		④	63,750원	130,070원
⑤	63,750원	130,200원				

※ 다음은 고용노동부에 게시된 보도자료 내용 중 일부이다. 이어지는 질문에 답하시오. [13~14]

(가)

지역상공회의소 등과 같은 사업주단체나 각종 협회 및 조합 등 산업계가 주도해 지역에 필요한 인력을 공동으로 양성하는 체계가 구축된다. 이와 관련, 고용노동부는 30일(금), '지역·산업 맞춤형 인력양성체계 구축방안'을 마련하여 발표했다. 이 방안에 따르면 우선, 지역의 산업계, 노동조합, 자치단체, 지방고용노동관서, 지방중기청, 대학 등이 참여하는 '지역 인적자원개발 위원회'를 구성해 '공동수요조사 → 공동훈련 → 채용'에 이르는 인력공동관리체계를 구축한다. 구성된 위원회는 기업의 인력수요를 조사하고 지역 특성에 맞게 훈련 직종과 규모가 확정되면, 폴리텍대학, 대한상의 인력개발원, 전문대학 등에서 공동으로 훈련을 시행한다. 이후 지역 고용센터 등을 통해 훈련생과 참여기업을 이어줌으로써 채용까지 이르게 할 계획이다.

고용노동부는 이번 방안을 통해 기업은 원하는 인력을 채용하고, 계속된 교육훈련을 통해 근로자의 생산성을 높일 수 있고, 근로자도 취업 가능성이 높은 훈련을 통해 취업을 보장받고, 생산성 향상을 통한 임금 인상을 기대할 수 있으며 지역의 교육훈련기관은 지역 내 기업과 지속적인 연계를 통해 신규 인력 양성과 취업 후 직무능력향상 훈련을 실시하면서도 지역과 산업수요를 반영하여 교육훈련과정을 운영함으로써 평생직업능력개발 기능이 강화될 것으로 기대하고 있다.

이번 방안은 지난해부터 인천기술교육센터에서 추진해온 '지역공동훈련' 시범사업의 성과를 전국으로 확대·발전시키는 것이다. 따라서 지역에서 '지역 인적자원개발 위원회'를 구성하여 신청하면 심사를 거쳐 운영비와 인력수요 조사 비용 등을 지원하게 된다. 또한, 위원회가 인력수요 조사 결과를 반영하여 훈련기관, 훈련규모, 훈련 직종 등이 포함된 지역 인력양성계획을 마련하여 신청하면 지원대상을 선정한다. 이를 위해 고용부와 H공단은 9월부터 지역설명회를 열고 인적자원개발위원회 구성과 인력양성계획 수립을 위한 컨설팅을 시행한다. 11월 이후에는 본격적으로 사업 신청을 받아 지원여부를 확정하고 훈련이 이루어지게 할 계획이다.

이번 방안이 원활하게 수행되면 직업교육훈련이 지역과 산업의 수요를 반영하지 못한다는 비판에서 벗어나 지역과 산업계가 주도하는 체계로 자리매김 하게 될 것이다. 이를 통해 기업 입장에서는 훈련을 거친 인력을 채용할 수 있고, 근로자의 계속된 직무능력향상 훈련을 통해 생산성을 높일 수 있으며, 필요한 경우에는 지역의 특성화고나 대학의 교육과정에 대한 개편을 요청할 수도 있을 것이다. 실업자나 근로자 입장에서는 채용 가능성이 높은 우수한 훈련을 통해 취업 가능성을 높일 수 있고, 채용이 된 이후에도 생산성 향상을 통해 임금 상승을 기대할 수 있다. 전문대학 등 교육훈련기관도 안정된 교육훈련수요를 확보할 수 있고, 기업이 원하는 시설, 장비, 커리큘럼 등을 갖추어 평생직업능력개발을 선도하는 기관으로서 역할을 키워갈 수 있을 것이다.

직업능력정책관은 "지역기업에서 필요로 하는 인력을 내실 있는 훈련과정을 통해 맞춤형으로 키워낸다면 근로자의 취업을 돕고, 중소기업의 기술 미스매치 해소에 큰 힘을 실어줄 수 있을 것이라고 확신한다."고 강조했다. 아울러 "지역 인적자원개발 위원회가 활성화되면 지역에서 실시되는 중앙부처와 자치단체의 인력 양성 사업이 효율적으로 조정되어 중복과 비효율이 줄어들 수 있을 것이다."라고 밝혔다.

---

13 다음 중 보도자료의 제목 (가)로 가장 적절한 것은?

① 훈련과정을 단축하고, 취업스킬을 키우는 인력공동관리체계!
② 지역과 산업이 주도하는 인력양성체계로 맞춤형 인재를 기른다.
③ 보편적인 업무능력을 기르기 위한 직무능력향상체계를 구축한다.
④ 취업 준비생이 주도하는 지역·산업 맞춤형 인력 양성 체계 구축방안
⑤ 중소기업 기술 미스매치의 원인을 토론하다.

14 다음 중 보도자료의 내용으로 적절하지 않은 것은?

① 실업자나 근로자의 입장에서는 취업 가능성을 높일 수 있다.
② 기업은 원하는 인력을 채용할 수 있으며, 근로자의 생산성을 높일 수 있다.
③ 고용부와 H공단은 지역 설명회를 열어 컨설팅을 시행할 예정이다.
④ 인적자원개발위원회의 구성은 중앙부처와 자치단체의 협력으로 구성된다.
⑤ 교육훈련기관은 안정된 교육훈련수요를 확보할 수 있을 것이다.

15 다음 〈조건〉은 형사가 용의자 A ~ E를 심문한 후 정리한 내용이다. 이 결과로부터 검사는 누가 유죄라고 판단할 수 있는가?

─〈조건〉─

• 유죄는 반드시 두 명이다.
• B와 C는 함께 유죄이거나 무죄일 것이다.
• A가 무죄라면 B와 E도 무죄이다.
• D가 유죄라면 E도 유죄이다.
• D가 무죄라면 C도 무죄이다.

① A, E   ② A, D
③ B, C   ④ C, D
⑤ C, E

16 다이어트를 하기로 마음먹은 A ~ D는 매일 '보건소 – 교회 – 우체국 – 경찰서 – 약수터' 코스를 함께 운동하며 이동하기로 했다. 이들은 각 코스를 이동하는 데 '뒤로 걷기, 파워워킹, 러닝, 자전거 타기'의 방법을 모두 사용하며, 동일 구간을 이동하는 동안에는 각각 서로 다른 하나의 이동 방법을 선택한다. 주어진 〈조건〉이 항상 참일 때 C가 경찰서에서 약수터로 이동 시 사용 가능한 방법끼리 묶은 것은?

〈조건〉
- A와 C가 사용한 이동방법의 순서는 서로 반대이다.
- B는 보건소에서 교회까지 파워워킹으로 이동했다.
- 우체국에서 경찰서까지 러닝으로 이동한 사람은 A이다.
- C가 경찰서에서 약수터로 이동한 방법과 D가 우체국에서 경찰서까지 이동한 방법은 같다.
- C는 러닝을 한 후 바로 파워워킹을 했다.
---

① 뒤로 걷기, 자전거 타기　　　　　　② 파워워킹, 러닝
③ 러닝, 자전거 타기　　　　　　　　④ 뒤로 걷기, 파워워킹
⑤ 뒤로 걷기, 러닝

17 다음 의견에 대한 반대 측의 논거로 가장 적절한 것은?

인터넷 신조어를 국어사전에 당연히 올려야 한다고 생각합니다. 사전의 역할은 모르는 말이 나올 때, 그 뜻이 무엇인지 쉽게 찾을 수 있도록 하는 것입니다. '안습', '멘붕' 같은 말은 널리 쓰이고 있음에도 불구하고 국어사전에 없기 때문에 어른들이나 우리말을 배우는 외국인들이 큰 불편을 겪고 있습니다.
---

① '멘붕'이나 '안습' 같은 신조어는 이미 널리 쓰이고 있다. 급격한 변화를 특징으로 하는 정보화 시대에 많은 사람들이 사용하는 말이라면 표준어로 인정해야 한다.
② 영국의 권위 있는 사전인 '옥스퍼드 영어 대사전'은 최근 인터넷 용어로 쓰이던 'OMG(어머나)', 'LOL(크게 웃다)' 등과 같은 말을 정식 단어로 인정하였다.
③ 언어의 창조성 측면에서 우리말이 현재보다 더욱 풍부해질 수 있으므로 가능하면 더 많은 말을 사전에 등재하는 것이 바람직하다.
④ '멘붕'이나 '안습' 같은 말들은 갑자기 생긴 말로 오랜 시간 언중 사이에서 사용되지 않고 한때 유행하다가 사라질 가능성이 있는 말이다.
⑤ 인터넷 신조어의 등장은 시대에 따라 변한 언어의 한 종류로 자연스러운 언어 현상 중 하나이다.

18 다음 글에서 필자가 주장하는 핵심 내용은?

> 현대 사회는 대중 매체의 영향을 많이 받는 사회이며, 그중에서도 텔레비전의 영향은 거의 절대적입니다. 언어 또한 텔레비전의 영향을 많이 받습니다. 그런데 텔레비전의 언어는 우리의 언어 습관을 부정적인 방향으로 흐르게 하고 있습니다.
>
> 텔레비전은 시청자들의 깊이 있는 사고보다는 감각적 자극에 호소하는 전달 방식을 사용하고 있습니다. 또 현대 자본주의 사회에서의 텔레비전 방송은 상업주의에 편승하여 대중을 붙잡기 위한 방편으로 쾌락과 흥미 위주의 언어를 무분별하게 사용합니다. 결국 텔레비전은 대중의 이성적 사고 과정을 마비시켜 오염된 언어 습관을 무비판적으로 수용하게 합니다. 그렇기 때문에 언어 사용을 통해 발전시킬 수 있는 상상적 사고를 기대하기 어렵게 하며, 창조적인 언어 습관보다는 단편적인 언어 습관을 갖게 만듭니다.
>
> 따라서 좋은 말 습관의 형성을 위해서는 또 다른 문화 매체가 필요합니다. 이러한 문제의 대안으로 문학 작품의 독서를 제시하려고 합니다. 문학은 작가적 현실을 언어를 매개로 형상화한 예술입니다. 작가적 현실이 작품으로 형상화되기 위해서는 작가의 복잡한 사고 과정을 거치게 되듯이, 작품을 바르게 이해·해석·평가하기 위해서는 독자의 상상적 사고를 거치게 됩니다. 또한 문학은 아름다움을 지향하는 언어 예술로서 정제된 언어를 사용하므로 문학 작품의 감상을 통해 습득된 언어 습관은 아름답고 건전하리라 믿습니다.

① 쾌락과 흥미 위주의 언어 습관을 지양하고 사고 능력을 기를 수 있는 언어 습관을 길러야 한다.
② 사고 능력을 기르고 건전한 언어 습관을 길들이기 위해서 문학 작품의 독서가 필요하다.
③ 바른 언어 습관의 형성과 건전하고 창의적인 사고를 위해 텔레비전을 멀리 해야 한다.
④ 언어는 자신의 사상을 표현하는 매체일 뿐만 아니라 그것을 사용하는 사람의 인격을 가늠하는 척도이므로 바른 언어 습관이 중요하다.
⑤ 대중 매체가 개인의 언어 습관과 사고 과정에 미치는 영향이 절대적이므로 대중 매체에서 문학작품을 다뤄야 한다.

19 절도범죄에 가담한 A ~ G 7명이 연행되었는데, 이들 중에 주동자가 2명 있다. 누가 주동자인지에 대해서 증인 5명이 〈보기〉와 같이 진술하였다. 증인들의 진술을 고려해 볼 때, 다음 중 주동자는 누구인가?

───〈보기〉───

증인 1 : A, B, G는 모두 아니다.
증인 2 : E, F, G는 모두 아니다.
증인 3 : C와 G 중에서 최소 1명은 주동자이다.
증인 4 : A, B, C, D 중에서 최소 1명은 주동자이다.
증인 5 : B, C, D 중에서 최소 1명이 주동자이고, D, E, F 중에서 최소 1명이 주동자이다.

① A ② B
③ C ④ F
⑤ G

20 야시장에서 푸드 트럭을 운영하기로 계획 중인 귀하는 다음 표를 참고하여 메인 메뉴 한 가지를 선정하려고 한다. 어떤 메뉴를 선택하는 것이 가장 합리적인가?

메뉴	예상 월간 판매량(개)	생산 단가(원)	판매 가격(원)
A	500	3,500	4,000
B	300	5,500	6,000
C	400	4,000	5,000
D	200	6,000	7,000
E	150	3,000	5,000

① A   ② B
③ C   ④ D
⑤ E

21 다음은 개발부에서 근무하는 K사원의 4월 근태기록이다. 다음 규정을 참고하여 K사원이 받을 시간외근무수당은 얼마인가?(단, 정규근로시간은 09:00 ~ 18:00이다)

〈시간외근무규정〉
• 시간외근무(조기출근 포함)는 1일 4시간, 월 57시간을 초과할 수 없다.
• 시간외근무수당은 1일 1시간 이상 시간외근무를 한 경우에 발생하며, 1시간을 공제한 후 매분 단위까지 합산하여 계산한다(단, 월 단위 계산 시 1시간 미만은 절사함).
• 시간외근무수당 지급단가 : 사원(7,000원), 대리(8,000원), 과장(10,000원)

〈K사원의 4월 근태기록(출근시간 / 퇴근시간)〉
• 4월 1일부터 4월 15일까지의 시간외근무시간은 12시간 50분(1일 1시간 공제 적용)이다.

18일(월)	19일(화)	20일(수)	21일(목)	22일(금)
09:00 / 19:10	09:00 / 18:00	08:00 / 18:20	08:30 / 19:10	09:00 / 18:00
25일(월)	26일(화)	27일(수)	28일(목)	29일(금)
08:00 / 19:30	08:30 / 20:40	08:30 / 19:40	09:00 / 18:00	09:00 / 18:00

※ 주말 특근은 고려하지 않음

① 112,000원   ② 119,000원
③ 126,000원   ④ 133,000원
⑤ 140,000원

22 호동, 수근, 지원이는 점심식사 후 항상 커피를 마시며, 종류는 아메리카노, 카페라테, 카푸치노, 에스프레소 4종류가 있다. 주어진 〈조건〉이 항상 참일 때, 다음 중 항상 옳은 것은?

〈조건〉
- 호동이는 카페라테와 카푸치노를 마시지 않는다.
- 수근이는 에스프레소를 마신다.
- 호동이와 수근이가 마시는 커피는 서로 다르다.
- 지원이는 에스프레소를 마시지 않는다.

① 지원이는 아메리카노를 마신다.
② 호동이는 아메리카노를 마신다.
③ 지원이와 수근이는 마시는 커피가 같다.
④ 호동이가 마시는 커피는 주어진 조건만으로는 알 수 없다.
⑤ 지원이는 카푸치노를 마신다.

23 다음은 $1km^2$당 도시공원 · 녹지 · 유원지 현황을 나타낸 표이다. 이를 통해 알 수 있는 내용으로 옳지 않은 것은?

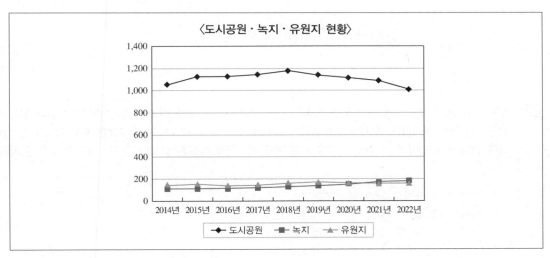

① 도시공원의 면적은 2019년부터 감소하고 있다.
② 녹지의 면적은 꾸준히 증가하고 있다.
③ 도시공원의 면적은 녹지와 유원지의 면적보다 월등히 넓다.
④ 녹지의 면적은 2019년부터 유원지 면적을 추월했다.
⑤ 도시공원의 면적은 2018년에 가장 넓다.

24 차례대로 위치한 10개의 건물에 초밥가게, 옷가게, 신발가게, 편의점, 약국, 카페가 〈조건〉과 같이 있다. 카페가 3번째 건물에 있을 때, 다음 중 항상 옳은 것은?(단, 한 건물에 한 가지 업종만 들어갈 수 있다)

---〈조건〉---

- 초밥가게는 카페보다 앞에 있다.
- 초밥가게와 신발가게 사이에 건물이 6개 있다.
- 옷가게와 편의점은 인접할 수 없으며, 옷가게와 신발가게는 인접해 있다.
- 신발가게 뒤에 아무것도 없는 건물이 2개 있다.
- 2번째와 4번째 건물은 아무것도 없는 건물이다.
- 편의점과 약국은 인접해 있다.

① 카페와 옷가게는 인접해 있다.
② 초밥가게와 약국 사이에 2개의 건물이 있다.
③ 편의점은 6번째 건물에 있다.
④ 신발가게는 8번째 건물에 있다.
⑤ 옷가게는 5번째 건물에 있다.

25 A ~ E 5명에게 지난 달 핸드폰 통화 요금이 가장 많이 나온 사람을 1위에서 5위까지 그 순위를 추측하라고 하였더니 각자 예상하는 두 사람의 순위를 〈보기〉와 같이 대답하였다. 각자 예상한 순위 중 하나는 참이고, 다른 하나는 거짓이다. 이들의 대답으로 판단할 때, 실제 핸드폰 통화 요금이 가장 많이 나온 사람은?

---〈보기〉---

A : D가 두 번째이고, 내가 세 번째이다.
B : 내가 가장 많이 나왔고, C가 두 번째로 많이 나왔다.
C : 내가 세 번째이고, B가 제일 적게 나왔다.
D : 내가 두 번째이고, E가 네 번째이다.
E : A가 가장 많이 나왔고, 내가 네 번째이다.

① A   ② B
③ C   ④ D
⑤ E

26 K공사의 입사 동기인 6급 사원 A와 B는 남원시로 2박 3일 출장을 갔다. 교통편은 왕복으로 고속버스를 이용하여 총 105,200원을 지출했으며 A와 B는 출장 첫째 날은 6만 원, 둘째 날은 4만 원인 숙박시설을 공동으로 이용했다. A와 B가 받을 국내 출장여비의 총액은?

〈K공사 국내여비 정액표〉

구분＼대상		가군	나군	다군
운임	항공운임	실비(1등석 / 비지니스)	실비(2등석 / 이코노미)	
	철도운임	실비(특실)		실비(일반실)
	선박운임	실비(1등급)	실비(2등급)	
	자동차운임	실비		
일비(1일당)		2만 원		
식비(1일당)		2만5천 원	2만 원	
숙박비(1박당)		실비	실비 (상한액 : 서울특별시 7만 원, 광역시 6만 원, 그 밖의 지역 5만 원)	

※ 비고
1. 가군은 임원과 건강보험정책연구원 원장(이하 이 규칙에서 '원장'이라 한다), 직제규정 시행규칙 별표 5의2의 1그룹에 속하는 직원을, 나군은 1급 직원, 선임연구위원 및 선임전문연구위원을, 다군은 2급 이하 직원과 그 밖의 연구직 직원을 말한다.
2. 자동차운임은 이용하는 대중교통의 실제 요금으로 한다. 이 경우 자가용 승용차를 이용한 경우에는 대중교통 요금에 해당하는 금액을 지급한다.
3. 운임의 할인(관계 법령 따른 국가유공자장애인 할인, 지역별 우대할인, 공단과 체결한 계약에 따른 할인 등을 말한다)이 가능한 경우에는 할인된 요금에 해당하는 금액으로 지급한다.
4. 다음 각 목의 어느 하나에 해당하는 임직원에 대해서는 위 표에도 불구하고 1박당 각 목에서 정하는 금액을 숙박료로 지급한다.
   가. 친지 집 등에 숙박하여 숙박료를 지출하지 않은 경우 : 20,000원
   나. 2명 이상이 공동 숙박하고 총 숙박비가 {(1인 기준금액)×[(출장인원수)-1]} 이하로 지출된 경우 : 다음 계산식에 따른 금액. 이 경우 기준금액은 서울특별시는 7만 원, 광역시는 6만 원, 그 밖의 지역은 5만 원으로 하며, 소수점 이하는 올린다.

$$(\text{개인당 지급 기준}) = \left[(\text{총 출장 인원}) - \frac{(\text{총 숙박비})}{(\text{1인 기준금액})} \right] \times 20{,}000원$$

5. 교육목적의 출장인 경우에 일비는 다음 각 목의 구분에 따라 지급한다.
   가. 숙박하는 경우 : 등록일·입교일과 수료일만 지급
   나. 숙박하지 아니하는 경우 : 교육 전 기간(등록일·입교일 및 수료일을 포함한다)에 대하여 지급

① 213,200원
② 333,200원
③ 378,200원
④ 443,200원
⑤ 476,200원

27 다음 ⊙ ~ ⑩ 중 수정한 내용으로 가장 적절한 것은?

소아시아 지역에 위치한 비잔틴 제국의 수도 콘스탄티노플이 이슬람교를 신봉하는 오스만인들에 의해 함락되었다는 소식이 인접해 있는 유럽 지역에까지 함락되었다는 소식이 인접해 있는 유럽 지역에까지 전해졌다. 그 지역 교회의 한 수도원 서기는 이에 대해 "⊙ 지금까지 이보다 더 끔찍했던 사건은 없었으며, 앞으로도 결코 없을 것이다."라고 기록했다.

1453년 5월 29일 화요일, 해가 뜨자마자 오스만 제국의 군대는 난공불락으로 유명한 케르코포르타 성의 작은 문을 뚫고 진군하기 시작했다. 해가 질 무렵, 약탈당한 도시에 남아있는 모든 것은 그들의 차지가 되었다. 비잔틴 제국의 86번째 황제였던 콘스탄티노스 11세는 서쪽 성벽 아래에 있는 좁은 골목에서 전사하였다. 이것으로 ⓛ 1,100년 이상 존재했던 소아시아 지역의 기독교도 황제가 사라졌다. 잿빛 말을 타고 화요일 오후 늦게 콘스탄티노플에 입성한 술탄 메흐메드 2세는 우선 성소피아 대성당으로 갔다. 그는 이 성당을 파괴하는 대신 이슬람 사원으로 개조하라는 명령을 내렸고, 우선 그 성당을 철저하게 자신의 보호 하에 두었다. 또한 학식이 풍부한 그리스 정교회 수사에게 격식을 갖추어 공석중인 총대주교직을 수여하고자 했다. 그는 이슬람 세계를 위해 ⓒ 기독교의 제단뿐만 아니라 그 이상의 것들도 활용했다. 역대 비잔틴 황제들이 제정한 법을 그가 주도하고 있던 법제화의 모델로 이용하였던 것이다. 이러한 행위들은 ⓔ 단절을 추구하는 정복왕 메흐메드 2세의 의도에서 비롯된 것이라고 할 수 있다. 그는 자신이야말로 지중해를 '우리의 바다'라고 불렀던 로마 제국의 진정한 계승자임을 선언하고 싶었던 것이다. 일례로 그는 한때 유럽과 아시아를 포함한 지중해 전역을 지배했던 제국의 정통 상속자임을 선언하면서, 의미심장하게도 자신의 직함에 '롬 카이세리', 즉 로마의 황제라는 칭호를 추가했다. 또한 그는 패권 국가였던 로마의 옛 명성을 다시 찾기 위한 노력의 일환으로 로마 사람의 땅이라는 뜻을 지닌 루멜리아에 새로 수도를 정했다. 이렇게 함으로써 그는 ⑩ 오스만 제국이 유럽으로 확대될 것이라는 자신의 확신을 보여주었다.

---

① ⊙을 '지금까지 이보다 더 영광스러운 사건은 없었으며'로 고친다.
② ⓛ을 '1,100년 이상 존재했던 소아시아 지역의 이슬람 황제가 사라졌다.'로 고친다.
③ ⓒ을 '기독교의 제단뿐만 아니라 그 이상의 것들도 파괴했다.'로 고친다.
④ ⓔ을 '연속성을 추구하는 정복왕 메흐메드 2세의 의도에서 비롯된 것'으로 고친다.
⑤ ⑩을 '오스만 제국이 아시아로 확대될 것이라는 자신의 확신을 보여주었다.'로 고친다.

28 다음 글에 대한 결론으로 가장 적절한 것은?

경제 활동 주체들은 이윤이 극대화될 수 있는 지점을 찾아 입지하려는 경향을 지닌다. 이를 설명하는 이론이 '산업입지론'인데, 고전적인 산업입지 이론으로는 '최소비용입지론'과 '최대수요입지론'이 있다.

최소비용입지론은 산업의 입지에 관계없이 수요는 고정되어 있고 수입은 일정하다고 가정한다. 다른 비용들이 동일하다면 운송비가 최소화되는 지점이 최적 입지가 되며, 최소 운송비 지점을 바탕으로 다른 비용 요소들을 고려한다. 운송비는 원료 등 생산투입요소를 공장까지 운송하는 데 소요되는 '원료 운송비'와 생산한 제품을 시장까지 운송하는 데 소요되는 '제품 운송비'로 구성된다. 최소비용입지론에서는 원료지수(MI)를 도입하여 사용된 원료의 무게와 생산된 제품의 무게를 따진다. 그 결과 원료 산지와 시장 중 어느 쪽으로 가까이 입지할 때 운송비가 유리해지는가를 기준으로 산업의 입지를 판단한다.

[원료지수(MI)]＝(사용된 원료의 무게)÷(생산된 제품의 무게)

MI＞1일 때에는 시장까지 운송해야 하는 제품의 무게에 비해 사용되는 원료의 무게가 더 큰 경우로, 공정 과정에서 원료의 무게가 줄어든다. 이런 상황에서는 가능하면 원료산지에 가깝게 입지할수록 운송비의 부담을 줄일 수 있어 원료 지향적 입지가 이루어진다. 반대로 MI＜1인 경우는 산지에서 운송해 온 재료 외에 생산 공정 과정에서 재료가 더해져 제품의 무게가 늘어나는 경우인데, 이때는 제품 운송비의 부담이 더 크므로 시장에 가까이 입지할수록 운송비 부담이 줄게 되어 시장 지향적인 입지 선택을 하게 된다. MI＝1인 경우는 원료 산지와 시장 사이 어느 지점에 입지하든 운송비에 차이는 없게 된다.

최대수요입지론은 산업입지와 상관없이 비용은 고정되어 있다고 가정한다. 이 이론에서는 경쟁 업체와 가격 변동을 고려하여 수요가 극대화되는 입지를 선정한다. 최초로 입지를 선정하는 업체는 시장의 어디든 입지할 수 있으나 소비자의 이동 거리를 최소화하기 위하여 시장의 중심에 입지한다. 그 다음 입지를 선정해야 하는 경쟁 업체는 가격 변화에 따라 수요가 변하는 정도가 크지 않은 경우, 시장의 중심에서 멀어질수록 시장을 뺏기게 되므로 경쟁 업체가 있더라도 가능한 중심에 가깝게 입지하려고 한다. 하지만 가격 변화에 따라 수요가 크게 변하는 경우, 두 경쟁자는 서로 적절히 떨어져 입지하여 보다 낮은 가격으로 제품을 공급하려고 한다.

① 소비자의 수요는 가격보다 업체의 서비스에 의해 결정된다.
② 업체끼리 서로 경쟁하기보다는 상생하는 것이 더 중요하다.
③ 경제활동 주체가 언제나 합리적인 선택을 할 수 없다.
④ 시장의 경쟁자가 많지 않은 상황에서는 효과적인 입지 선정이 힘들다.
⑤ 여러 요소를 감안하더라도 최적의 입지 선택을 위해서는 거리에 따른 경제적 효과를 고려해야 된다.

29 다음은 한 국제기구가 발표한 2022년 3월 ~ 2023년 3월의 식량 가격지수와 품목별 가격지수이다. 이에 대한 설명으로 옳지 않은 것은?

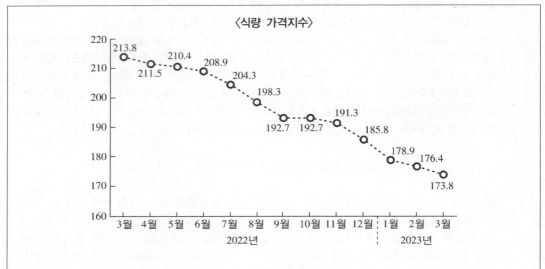

〈식량 가격지수〉

〈품목별 가격지수〉

구분	2022년										2023년		
	3월	4월	5월	6월	7월	8월	9월	10월	11월	12월	1월	2월	3월
육류	185.5	190.4	194.6	202.8	205.9	212.0	211.0	210.2	206.4	196.4	183.5	178.8	177.0
낙농품	268.5	251.5	238.9	236.5	226.1	200.8	187.8	184.3	178.1	174.0	173.8	181.8	184.9
곡물	208.9	209.2	207.0	196.1	185.2	182.5	178.2	178.3	183.2	183.9	177.4	171.7	169.8
유지류	204.8	199.0	195.3	188.8	181.1	166.6	162.0	163.7	164.9	160.7	156.0	156.6	151.7
설탕	254.0	249.9	259.3	258.0	259.1	244.3	228.1	237.6	229.7	217.5	217.7	207.1	187.9

※ 기준연도인 2010년의 가격지수는 100이다.

① 2023년 3월의 식량 가격지수는 2022년 3월보다 15% 이상 하락했다.
② 2022년 4월부터 2022년 9월까지 식량 가격지수는 매월 하락했다.
③ 2022년 3월보다 2023년 3월 가격지수가 가장 큰 폭으로 하락한 품목은 낙농품이다.
④ 육류 가격지수는 2022년 8월까지 매월 상승하다가 그 이후에는 매월 하락했다.
⑤ 2010년 가격지수 대비 2023년 3월 가격지수의 상승률이 가장 낮은 품목은 육류이다.

30 한 야구팀이 재정난을 겪게 되면서 핵심선수인 민한, 대호, 성흔, 주찬이를 각각 다른 팀으로 트레이드하려고 한다. 〈조건〉에 근거하여 C팀이 투수만 스카우트하게 될 경우 다음 중 반드시 옳은 것은?

───〈조건〉───

(가) 이들을 원하는 팀은 A ~ D 4팀이 있다.
(나) 각 팀은 포수, 내야수, 외야수, 투수 중 중복 없이 하나만 얻을 수 있다.
(다) 각 팀은 1명만 스카우트 할 수 있다.
(라) 민한이는 투수만 가능하다.
(마) 대호는 B팀만 가려고 한다.
(바) A팀은 외야수를 원한다.
(사) 성흔이는 포수와 외야수만 가능하다.
(아) 주찬이는 D팀을 가려고 하지 않는다.
(자) 외야수 포지션은 성흔이와 주찬이 중에 선택한다.

① 주찬이는 포수로 스카우트될 것이다.
② A팀에서 스카우트할 선수는 성흔이다.
③ D팀은 선택할 포지션이 없어서 스카우트를 포기한다.
④ D팀이 성흔이를 포수로 데려갈 것이다.
⑤ B팀은 대호를 외야수로 스카우트할 것이다.

31 다음 글을 논리적 순서대로 바르게 나열한 것은?

(가) 하지만 지금은 고령화 시대를 맞아 만성질환이 다수다. 꾸준히 관리 받아야 건강을 유지할 수 있다. 치료보다 치유가 대세다. 이 때문에 미래 의료는 간호사 시대라고 말한다. 그럼에도 간호사에 대한 활용은 시대 흐름과 동떨어져 있다.

(나) 인간의 질병 구조가 변하면 의료 서비스의 비중도 바뀐다. 과거에는 급성질환이 많았다. 맹장염(충수염)이나 구멍 난 위궤양 등 수술로 해결해야 할 상황이 잦았다. 따라서 질병 관리 대부분을 의사의 전문성에 의존해야 했다.

(다) 현재 2년 석사과정을 거친 전문 간호사가 대거 양성되고 있다. 하지만 이들의 활동은 건강보험 의료수가에 반영되지 않고, 그러니 병원이 전문 간호사를 적극적으로 채용하려 하지 않는다. 의사의 손길이 미치지 못하는 곳은 전문성을 띤 간호사가 그 역할을 대신해야 함에도 말이다.

(라) 고령 장수 사회로 갈수록 간호사의 역할은 커진다. 병원뿐 아니라 다양한 공간에서 환자를 돌보고 건강관리가 이뤄지는 의료 서비스가 중요해졌다. 간호사 인력 구성과 수요는 빠르게 바뀌어 가는데 의료 환경과 제도는 한참 뒤처져 있어 안타깝다.

① (나) – (가) – (다) – (라)
② (나) – (라) – (가) – (다)
③ (다) – (라) – (가) – (나)
④ (가) – (다) – (라) – (나)
⑤ (가) – (나) – (다) – (라)

32 다음 시트에서 [B1] ~ [B5] 셀에 〈보기〉의 (가) ~ (마) 함수를 순서대로 입력하였을 때, 표시되는 결괏값이 다른 것은?

◢	A	B
1	333	
2	합격	
3	불합격	
4	12	
5	7	

〈보기〉

(가) =ISNUMBER(A1)   (나) =ISNONTEXT(A2)
(다) =ISTEXT(A3)   (라) =ISEVEN(A4)
(마) =ISODD(A5)

① (가)   ② (나)
③ (다)   ④ (라)
⑤ (마)

33 다음 중 바이오스(BIOS; Basic Input Output System)에 대한 설명으로 옳은 것은?

① 한번 기록한 데이터를 빠른 속도로 읽을 수 있지만, 다시 기록할 수 없는 메모리이다.

② 컴퓨터의 전원을 켰을 때 맨 처음 컴퓨터의 제어를 맡아 가장 기본적인 기능을 처리해 주는 프로그램이다.

③ 기억된 정보를 읽어내기도 하고, 다른 정보를 기억시킬 수도 있는 메모리이다.

④ 주변 장치와 컴퓨터 처리 장치 간에 데이터를 전송할 때 처리 지연을 단축하기 위해 보조 기억 장치를 완충 기억 장치로 사용하는 것이다.

⑤ 운영 체제와 응용 프로그램 중간에 위치하는 소프트웨어이다.

34 다음은 민간 분야 사이버 침해사고 발생현황에 대한 자료이다. 이에 대한 판단으로 옳지 않은 것을 〈보기〉에서 모두 고르면?

<민간 분야 사이버 침해사고 발생현황>

(단위 : 건)

구분	2019년	2020년	2021년	2022년
홈페이지 변조	6,490	10,148	5,216	3,727
스팸릴레이	1,163	988	731	365
기타 해킹	3,175	2,743	4,126	2,961
단순침입시도	2,908	3,031	3,019	2,783
피싱 경유지	2,204	4,320	3,043	1,854
전체	15,940	21,230	16,135	11,690

─〈보기〉─

ㄱ. 단순침입시도 분야의 침해사고는 매년 스팸릴레이 분야의 침해사고 건수의 두 배 이상이다.
ㄴ. 2019년 대비 2022년 침해사고 건수가 50% 이상 감소한 분야는 2개 분야이다.
ㄷ. 2021년 홈페이지 변조 분야의 침해사고 건수가 차지하는 비중은 35% 이하이다.
ㄹ. 2020년 대비 2022년은 모든 분야의 침해사고 건수가 감소하였다.

① ㄱ, ㄴ   ② ㄱ, ㄹ
③ ㄴ, ㄷ   ④ ㄴ, ㄹ
⑤ ㄷ, ㄹ

35 어떤 회사가 A ~ D 네 부서에 한 명씩 신입사원을 선발하였다. 지원자는 총 5명이었으며, 선발 결과에 대해 〈보기〉와 같이 진술하였다. 이 중 1명의 진술만 거짓으로 밝혀졌을 때, 다음 중 항상 옳은 것은?

─〈보기〉─

지원자 1 : 지원자 2가 A부서에 선발되었다.
지원자 2 : 지원자 3은 A 또는 D부서에 선발되었다.
지원자 3 : 지원자 4는 C부서가 아닌 다른 부서에 선발되었다.
지원자 4 : 지원자 5는 D부서에 선발되었다.
지원자 5 : 나는 D부서에 선발되었는데, 지원자 1은 선발되지 않았다.

① 지원자 1은 B부서에 선발되었다.
② 지원자 2는 A부서에 선발되었다.
③ 지원자 3은 D부서에 선발되었다.
④ 지원자 4는 B부서에 선발되었다.
⑤ 지원자 5는 C부서에 선발되었다.

36 다음 글의 A와 B의 견해에 대한 평가로 적절한 것을 〈보기〉에서 모두 고르면?

여성의 사회 활동이 활발한 편에 속하는 미국에서조차 공과대학에서 여학생이 차지하는 비율은 20%를 넘지 않는다. 독일 대학의 경우도 전기 공학이나 기계 공학 분야의 여학생 비율이 2.3%를 넘지 않는다. 우리나라 역시 공과대학의 여학생 비율은 15%를 밑돌고 있고, 여교수의 비율도 매우 낮다.

여성주의자들 중 A는 기술에 각인된 '남성성'을 강조함으로써 이 현상을 설명하려고 한다. 그에 따르면 지금까지의 기술은 자연과 여성에 대한 지배와 통제를 끊임없이 추구해온 남성들의 속성이 반영된, 본질적으로 남성적인 것이다. 이에 반해 여성은 타고난 출산 기능 때문에 자연에 적대적일 수 없고 자연과 조화를 추구한다고 한다. 남성성은 공격적인 태도로 자연을 지배하려 하지만, 여성성은 순응적인 태도로 자연과 조화를 이루려한다. 때문에 여성성은 자연을 여는 기술과 대립할 수밖에 없다. 이에 따라 A는 여성성에 바탕을 둔 기술을 적극적으로 개발해야만 비로소 여성과 기술의 조화가 가능해진다고 주장한다.

다른 여성주의자 B는 여성성과 남성성 사이에 근본적인 차이가 존재하지 않는다고 주장한다. 그는 여성에게 주입된 성별 분업 이데올로기와 불평등한 사회 제도에 의해 여성의 능력이 억눌리고 있다고 생각한다. 그에 따르면, 여성은 '기술은 남성의 것'이라는 이데올로기를 어릴 적부터 주입받게 되어 결국 기술 분야에 어렵게 진출하더라도 남성에게 유리한 각종 제도의 벽에 부딪치면서 자신의 능력을 사장시키게 된다. 이에 따라 B는 여성과 기술의 관계에 대한 인식을 제고하는 교육을 강화하고 여성의 기술 분야 진출과 승진을 용이하게 하는 제도적 장치를 마련해야 한다고 주장한다. 그래야만 기술 분야에서 여성이 겪는 소외를 극복하고 여성이 자기 능력을 충분히 발휘할 수 있는 여건이 만들어질 수 있다고 보기 때문이다.

─────〈보기〉─────
ㄱ. A에 따르면 여성과 기술의 조화를 위해서는 자연과 조화를 추구하는 기술을 개발해야 한다.
ㄴ. B에 따르면 여성이 남성보다 기술 분야에 많이 참여하지 않는 것은 신체적인 한계 때문이다.
ㄷ. A와 B에 따르면 한 사람은 남성성과 여성성을 동시에 갖고 있다.

① ㄱ   ② ㄴ
③ ㄱ, ㄷ   ④ ㄴ, ㄷ
⑤ ㄱ, ㄴ, ㄷ

37 H물류회사는 98개의 컨테이너 박스를 자사 창고에 나눠 보관하려고 한다. 창고는 총 10개가 있으며 각 창고에는 10개의 컨테이너 박스를 저장할 수 있다고 할 때, 컨테이너 박스를 보관할 수 있는 방법의 수는?

① 52가지   ② 53가지
③ 54가지   ④ 55가지
⑤ 56가지

38 K공사의 마케팅 부서 직원 A ~ H가 〈조건〉과 같이 원탁에 앉아서 회의를 하려고 한다. 다음 중 항상 참인 것은?(단, 서로 이웃해 있는 직원 간의 간격은 모두 동일하다)

〈조건〉
- A와 C는 가장 멀리 떨어져 있다.
- A 옆에는 G가 앉는다.
- B와 F는 서로 마주보고 있다.
- D는 E 옆에 앉는다.
- H는 B 옆에 앉지 않는다.
---

① 총 경우의 수는 네 가지이다.
② A와 B 사이에는 항상 누군가 앉아 있다.
③ C 옆에는 항상 E가 있다.
④ E와 G는 항상 마주 본다.
⑤ G의 오른쪽 옆에는 항상 H가 있다.

39 A씨가 근무하는 회사는 출근할 때 카드 또는 비밀번호를 이용하여야 한다. 어느 날 A씨는 카드를 집에 두고 출근을 하여 비밀번호로 근무지에 출입하고자 하는데 비밀번호가 기억나지 않았다. 네 자리 숫자의 비밀번호에 대해서 다음과 같은 〈조건〉이 주어졌을 때, 비밀번호에 대한 설명으로 옳지 않은 것은?

〈조건〉
- 비밀번호를 구성하고 있는 각 숫자는 소수가 아니다.
- 6과 8 중에서 단 하나만이 비밀번호에 들어간다.
- 비밀번호는 짝수로 시작한다.
- 비밀번호의 각 숫자는 큰 수부터 차례로 나열되어 있다.
- 같은 숫자는 두 번 이상 들어가지 않는다.
---

① 비밀번호는 짝수이다.
② 비밀번호의 앞에서 두 번째 숫자는 4이다.
③ 단서를 모두 만족하는 비밀번호는 모두 세 개이다.
④ 비밀번호는 1을 포함하지만 9는 포함하지 않는다.
⑤ 단서를 모두 만족하는 비밀번호 중 가장 작은 수는 6410이다.

40 다음 글에서 밑줄 친 결론을 이끌어내기 위해 추가해야 할 전제를 〈보기〉에서 모두 고르면?

이미지란 우리가 세계에 대해 시각을 통해 얻는 표상을 가리킨다. 상형문자나 그림문자를 통해서 얻은 표상도 여기에 포함된다. 이미지는 세계의 실제 모습을 아주 많이 닮았으며 그러한 모습을 우리 뇌 속에 복제한 결과이다. 그런데 우리의 뇌는 시각적 신호를 받아들일 때 시야에 들어온 세계를 한꺼번에 하나의 전체로 받아들이게 된다. 즉 대다수의 이미지는 한꺼번에 지각된다. 예를 들어 우리는 새의 전체 모습을 한꺼번에 지각하지 머리, 날개, 꼬리 등을 개별적으로 지각한 후 이를 머릿속에서 조합하는 것이 아니다.

표음문자로 이루어진 글을 읽는 것은 이와는 다른 과정이다. 표음문자로 구성된 문장에 대한 이해는 그 문장의 개별적인 문법적 구성 요소들로 이루어진 특정한 수평적 연속에 의존한다. 문장을 구성하는 개별 단어들, 혹은 각 단어를 구성하는 개별 문자들이 하나로 결합되어 비로소 의미 전체가 이해되는 것이다. 비록 이 과정이 너무도 신속하고 무의식적으로 이루어지기는 하지만 말이다. 알파벳을 구성하는 기호들은 개별적으로는 아무런 의미도 가지지 않으며 어떠한 이미지도 나타내지 않는다. 일련의 단어군은 한꺼번에 파악될 수도 있겠지만, 표음문자의 경우 대부분 언어는 개별 구성 요소들이 하나의 전체로 결합되는 과정을 통해 이해된다. 남성적인 사고는, 사고 대상 전체를 구성 요소 부분으로 분해한 후 그들 각각을 개별화시키고 이를 다시 재조합하는 과정으로 진행된다. 그에 비해 여성적인 사고는, 분해되지 않은 전체 이미지를 통해서 의미를 이해하는 특징을 지닌다. 그림문자로 구성된 글의 이해는 여성적인 사고 과정을, 표음문자로 구성된 글의 이해는 남성적인 사고 과정을 거친다. 여성은 대체로 여성적 사고를, 남성은 대체로 남성적 사고를 한다는 점을 고려할 때 <u>표음문자 체계의 보편화는 여성의 사회적 권력을 약화시키는 결과를 낳게 된다.</u>

─────〈보기〉─────

ㄱ. 그림문자를 쓰는 사회에서는 남성의 사회적 권력이 여성의 그것보다 우월하였다.
ㄴ. 표음문자 체계는 기능적으로 분화된 복잡한 의사소통을 가능하도록 하였다.
ㄷ. 글을 읽고 이해하는 능력은 사회적 권력에 영향을 미친다.

① ㄱ
② ㄴ
③ ㄷ
④ ㄱ, ㄴ
⑤ ㄴ, ㄷ

※ 다음은 2018년부터 2022년까지 K공사의 차량기지 견학 안전체험 현황이다. 이어지는 질문에 답하시오.
[41~42]

〈차량기지 견학 안전체험 건수 및 인원 현황〉

구분	2018년		2019년		2020년		2021년		2022년		합계	
	건수	인원	건수	인원	건수	인원	건수	인원	건수	인원	건수	인원
고덕	24	611	36	897	33	633	21	436	17	321	131	2,898
도봉	30	644	31	761	24	432	28	566	25	336	138	2,739
방화	64	1,009	ㄴ	978	51	978	ㄹ	404	29	525	246	3,894
신내	49	692	49	512	31	388	17	180	25	385	171	2,157
천왕	68	ㄱ	25	603	32	642	30	566	29	529	184	3,206
모란	37	766	27	643	31	561	20	338	ㅁ	312	137	2,620
합계	272	4,588	241	4,394	ㄷ	3,634	145	2,490	147	2,408	1,007	17,514

41 다음 중 빈칸에 들어갈 수치가 바르게 연결된 것은?

① ㄱ : 846
② ㄴ : 75
③ ㄷ : 213
④ ㄹ : 29
⑤ ㅁ : 25

42 다음 중 자료에 대한 설명으로 옳은 것을 〈보기〉에서 모두 고르면?

───〈보기〉───
ㄱ. 방화 차량기지 견학 안전체험 건수는 2019년부터 2022년까지 전년 대비 매년 감소하였다.
ㄴ. 2020년 고덕 차량기지의 안전체험 건수 대비 인원수는 도봉 차량기지의 안전체험 건수 대비 인원수보다 크다.
ㄷ. 2019년부터 2021년까지 고덕 차량기지의 안전체험 건수의 증감추이는 인원수의 증감추이와 동일하다.
ㄹ. 신내 차량기지의 안전체험 인원수는 2022년에 2018년 대비 50% 이상 감소하였다.

① ㄱ, ㄴ
② ㄱ, ㄷ
③ ㄴ, ㄷ
④ ㄴ, ㄹ
⑤ ㄷ, ㄹ

43 신제품의 설문조사를 위하여 직원 A ~ F를 2인 1조로 구성하여 총 3개조를 파견 보내려 한다. 다음 〈조건〉에 따라 조를 구성할 때, 같은 조가 될 수 있는 두 사람은?

─────〈조건〉─────
- A는 C나 D와 함께 갈 수 없다.
- B는 반드시 D 아니면 F와 함께 가야 한다.
- C는 반드시 E 아니면 F와 함께 가야 한다.
- A는 C와 함께 갈 수 없다면, 반드시 F와 함께 가야 한다.

① A, E   ② B, D
③ B, F   ④ C, D
⑤ C, F

44 갑 ~ 무를 포함하여 8명이 〈조건〉에 따라 면접실 의자에 앉아 있다. 병이 2번 의자에 앉을 때, 다음 중 항상 옳은 것은?

─────〈조건〉─────
- 면접실 의자는 1번부터 8번까지 순서대로 위치해 있다.
- 갑과 병은 이웃해 앉지 않고, 병과 무는 이웃해 앉는다.
- 갑과 을 사이에는 2명이 앉는다.
- 을은 양 끝(1번, 8번)에 앉지 않는다.
- 정은 6번 또는 7번에 앉고, 무는 3번에 앉는다.

① 을은 4번에 앉는다.
② 갑은 1번에 앉는다.
③ 을과 정은 이웃해 앉는다.
④ 갑이 4번에 앉으면, 정은 6번에 앉는다.
⑤ 정이 7번에 앉으면, 을과 정 사이에 2명이 앉는다.

45 K공사 마케팅팀에는 A부장, B · C과장, D · E대리, F · G신입사원 총 7명이 근무하고 있다. 마케팅팀 부장은 신입사원 입사 기념으로 팀원을 데리고 영화관에 갔다. 영화를 보기 위해 주어진 〈조건〉에 따라 자리에 앉는다고 할 때, 다음 중 항상 옳은 것은?

┌──────────────────〈조건〉──────────────────┐
│ • 7명은 7자리가 붙어 있는 곳에 앉는다.
│ • 양 끝자리 옆에는 비상구가 있다.
│ • D대리와 F신입사원은 나란히 앉는다.
│ • A부장과 B과장 사이에는 한 명이 앉아 있다.
│ • G신입사원은 왼쪽에 사람이 있는 것을 싫어한다.
│ • C과장과 G신입사원 사이에는 한 명이 앉아 있다.
│ • G신입사원은 비상구와 붙어 있는 자리를 좋아한다.
└──┘

① E대리는 D대리와 F신입사원 사이에 앉는다.
② G신입사원과 가장 멀리 떨어진 자리에 앉는 사람은 D대리이다.
③ C과장 옆에는 A부장과 B과장이 앉는다.
④ D대리는 비상구와 붙어 있는 자리에 앉는다.
⑤ 두 번째 자리에는 항상 B과장이 앉는다.

46 A회사에서 새롭게 개발한 립스틱의 매출이 좋지 않다. 다음 글을 읽고 제시할 수 있는 대안으로 적절한 것은?

┌──┐
│ A회사 립스틱의 특징은 지속력과 선명한 색상, 그리고 20대 여성을 타깃으로 한 아기자기한 디자인이다. 하│
│ 지만 립스틱의 매출이 좋지 않고 홍보가 부족하다. 조사결과 저가 화장품이라는 브랜드 이미지 때문으로 드│
│ 러났다.
└──┘

① 블라인드 테스트를 통해 제품의 질을 인정받는다.
② 홍보비를 두 배로 늘려 더 많이 광고한다.
③ 브랜드 이름을 최대한 감추고 홍보한다.
④ 무료 증정 이벤트를 연다.
⑤ 타깃을 30대 여성으로 바꾼다.

47 세 아파트 A ~ C의 평균 부하율은 50%이다. 수요관리를 통한 전력수급 안정을 위해 평균 부하율이 80%가 되게 하려면 C아파트가 사용해야 할 전력사용량의 증가량은 얼마인가?(단, A, B아파트의 전력사용량과 최대전력은 변화가 없다)

〈부하율 50% 전력사용량〉

- 아파트 A 전력사용량 60
- 아파트 B 전력사용량 40
- 아파트 C 전력사용량 ____
- 최대전력 100

※ [부하율(%)] = $\dfrac{(\text{평균전력})}{(\text{최대전력})} \times 100$

---

① 30

② 40

③ 60

④ 70

⑤ 80

48 해외지사에서 근무 중인 직원들 중 업무성과가 우수한 직원을 선발하여 국내로 초청하고자 한다. 다음의 자료를 토대로 할 때, 각국 직원들이 국내에 도착하는 순서로 옳은 것은?

〈해외지사별 직원들의 비행 스케줄〉

출발지	출발지 기준 이륙시각	비행시간(출발지 → 대한민국)
독일(뮌헨)	2023년 2월 4일 (목) 오후 04:20	11시간 30분
인도(뉴델리)	2023년 2월 4일 (목) 오후 10:10	8시간 30분
미국(뉴욕)	2023년 2월 4일 (목) 오전 07:40	14시간

〈동일시점에서의 국가별 현지시각〉

국가	현지시각
대한민국(서울)	2023년 2월 4일 (목) 오전 06:20
독일(뮌헨)	2023년 2월 3일 (수) 오후 11:20
인도(뉴델리)	2023년 2월 4일 (목) 오전 03:50
미국(뉴욕)	2023년 2월 3일 (수) 오후 05:20

① 인도 – 독일 – 미국

② 인도 – 미국 – 독일

③ 미국 – 독일 – 인도

④ 미국 – 인도 – 독일

⑤ 독일 – 미국 – 인도

49 다음 중 조직체제 구성요소에 대한 설명으로 옳지 않은 것은?

① 조직목표는 조직이 존재하는 정당성과 합법성을 제공한다.
② 조직구조 중 유기적 조직은 업무가 고정적이며 구성원들의 업무나 권한이 분명하게 정의되고 통제된 조직구조이다.
③ 업무 프로세스는 구성원 간의 업무 흐름의 연결을 보여준다.
④ 조직문화는 조직구성원들에게 일체감과 정체성을 부여한다.
⑤ 조직의 규칙과 규정은 조직구성원들의 활동범위를 제약한다.

50 다음에서 설명하고 있는 리더십은 무엇인가?

> 개인이 지닌 능력을 최대한 발휘하여 목표를 이룰 수 있도록 돕는 일로, 커뮤니케이션 과정의 모든 단계에서 활용할 수 있다. 직원들에게 질문을 던지는 한편 직원들의 의견을 적극적으로 경청하고, 필요한 지원을 아끼지 않아 생산성을 높이고 기술 수준을 발전시키며, 자기 향상을 도모하는 직원들에게 도움을 주고 업무에 대한 만족감을 높이는 과정이다. 즉, 관리가 아닌 커뮤니케이션의 도구이다.

① 코칭   ② 티칭
③ 멘토링   ④ 컨설팅
⑤ 카운슬링

51 경영활동을 이루는 구성요소를 감안할 때, 다음 사례 중 경영활동을 수행하고 있다고 볼 수 없는 것은?

> (가) 다음 시즌 우승을 목표로 해외 전지훈련에 참여하여 열심히 구슬땀을 흘리고 있는 선수단과 이를 운영하는 K구단 직원들
> (나) 자발적인 참여로 뜻을 같이한 동료들과 함께 매주 어려운 이웃을 찾아다니며 봉사활동을 펼치고 있는 S씨
> (다) 교육지원대대장으로서 사병들의 교육이 원활히 진행될 수 있도록 훈련장 관리와 유지에 최선을 다하고 있는 W대령과 참모진
> (라) 영화 촬영을 앞두고 시나리오와 제작 콘셉트을 회의하기 위해 모인 A감독 및 스태프와 출연 배우들
> (마) 대기업을 그만두고 가족들과 함께 조그만 무역회사를 차려 손수 제작한 밀짚 가방을 동남아로 수출하고 있는 B씨

① (가)   ② (나)
③ (다)   ④ (라)
⑤ (마)

52 김과장은 4월 3일 월요일부터 2주 동안 미얀마, 베트남, 캄보디아의 해외지사를 방문한다. 원래는 모든 일정이 끝난 4월 14일 입국 예정이었으나, 현지 사정에 따라 일정이 변경되어 4월 15일 23시에 모든 일정이 마무리된다는 것을 출국 3주 전인 오늘 알게 되었다. 이를 바탕으로 가장 효율적인 항공편을 다시 예약하려고 한다. 어떤 항공편을 이용해야 하며, 취소 수수료를 포함하여 드는 총 비용은 얼마인가?(단, 늦어도 4월 16일 자정까지는 입국해야 하며, 비용에 상관없이 시간이 적게 걸릴수록 효율적이다)

◆ 해외지점 방문 일정

대한민국 인천 → 미얀마 양곤(M지사) → 베트남 하노이(H지사) → 베트남 하노이(I지사) → 캄보디아 프놈펜(P지사) → 대한민국 인천

※ 마지막 날에는 프놈펜 M호텔에서 지점장과의 만찬이 있다.

◆ 항공권 취소 수수료

구분	출발 전 50일 ~ 31일	출발 전 30일 ~ 21일	출발 전 20일 ~ 당일 출발	당일 출발 이후 (No-Show)
일반운임	13,000원	18,000원	23,000원	123,000원

◆ 항공편 일정

• 서울과 프놈펜의 시차는 2시간이며, 서울이 더 빠르다.
• 숙박하고 있는 프놈펜 M호텔은 공항에서 30분 거리에 위치하고 있다.

항공편	출발 PNH, 프놈펜 (현지 시각 기준)	도착 ICN, 서울 (현지 시각 기준)	비용	경유 여부
103	4/16 11:10	4/17 07:10	262,500원	1회 쿠알라룸푸르
150	4/16 18:35	4/17 07:10	262,500원	1회 쿠알라룸푸르
300	4/16 06:55	4/16 16:25	582,900원	1회 호치민
503	4/16 23:55	4/17 07:05	504,400원	직항
402	4/16 14:30	4/17 13:55	518,100원	1회 광주(중국)
701	4/16 08:00	4/16 22:10	570,700원	2회 북경 경유, 광주(중국) 체류

① 503 항공편, 522,400원
② 300 항공편, 600,900원
③ 503 항공편, 527,400원
④ 300 항공편, 605,900원
⑤ 503 항공편, 600,900원

53 정부에서 G시에 새로운 도로를 건설할 계획을 발표하였으며, 이에 따라 A ~ C의 세 가지 노선이 제시되었다. 각 노선의 총 길이는 터널구간, 교량구간, 일반구간으로 구성되며, 추후 도로가 완공되면 연간 평균 차량통행량이 2백만 대일 것으로 추산된다. 제시된 자료는 각 노선의 구성과 건설비용, 환경 · 사회손실비용을 나타낸 것이다. 이에 대한 설명으로 옳지 않은 것은?(단, 도로는 15년 동안 유지할 계획이다)

구분		A노선	B노선	C노선	1km당 건설비용
건설비용	터널구간	1.0km	0km	0.5km	1,000억 원
	교량구간	0.5km	0km	1km	200억 원
	일반구간	8.5km	20km	13.5km	100억 원
환경손실비용		15억 원/년	5억 원/년	10억 원/년	–
사회손실비용		차량 한 대가 10km를 운행할 경우 1,000원의 비용 발생			–

※ (건설비용)＝(각 구간 길이)×(1km당 건설비용)

※ (사회손실비용)＝(노선 길이)×$\frac{1,000원}{10km}$×(연간 평균 차량 통행량)×(유지 연수)

① 건설비용만 비교할 때 A노선이 가장 적은 비용이 필요하다.
② B노선의 길이가 가장 길기 때문에 사회손실비용이 가장 많이 발생한다.
③ 환경손실비용만 고려했을 때, A노선은 B노선의 3배에 이르는 비용이 든다.
④ 건설비용과 사회손실비용을 함께 고려하면 C노선이 가장 적합하다.
⑤ 건설비용과 사회 · 환경손실비용을 모두 고려하면 A노선과 B노선에 드는 비용의 차이는 200억 원이다.

54 다음은 조직문화가 어떻게 구성되는지를 이해하는 데 도움을 줄 수 있는 맥킨지 7S 모델(McKinsey 7S Model)을 나타낸 자료이다. 이를 이해한 내용으로 옳지 않은 것은?

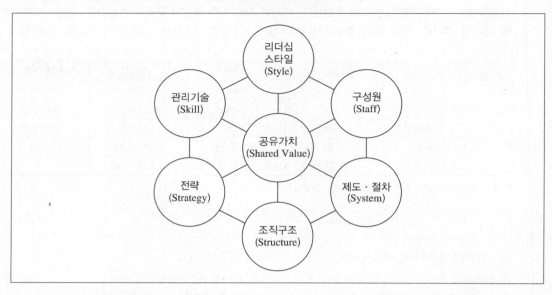

① 리더십 스타일(Style)은 관리자에 따라 민주적, 독선적, 방임적 등 다양하게 나타날 수 있다.

② 조직구조(Structure)는 구성원들이 보유하고 있는 능력, 스킬, 욕구, 태도 등을 말한다.

③ 전략(Strategy)에 따라 사업의 방향성이 달라질 수 있으며, 자원배분 과정도 결정될 수 있다.

④ 제도 · 절차(System)는 성과관리, 보상제도, 경영정보시스템 등 경영 각 분야의 관리제도나 절차 등을 수반한다.

⑤ 공유가치(Shared Value)는 구성원뿐만 아니라 고객이나 투자자 등 다양한 이해관계자들에게 영향을 미친다.

55 다음 중 바로가기 아이콘에 대한 설명으로 옳지 않은 것은?

① 바로가기 아이콘의 왼쪽 아래에는 화살표 모양의 그림이 표시된다.

② 바로가기 아이콘을 이름, 크기, 형식, 수정한 날짜 등의 순서로 정렬하여 표시할 수 있다.

③ 바로가기 아이콘의 바로가기를 또 만들 수 있다.

④ 바로가기 아이콘을 삭제하면 연결된 실제의 대상 파일도 삭제된다.

⑤ 〈F2〉 키로 바로가기 아이콘의 이름을 바꿀 수 있다.

56 K공사 총무부에서 근무하는 S사원은 워드프로세서 프로그램을 사용해 결재 문서를 작성해야 하는데 결재란을 페이지마다 넣고 싶어 했다. 다음 중 S사원이 사용해야 하는 워드프로세서 기능은?

① 스타일   ② 쪽 번호
③ 미주   ④ 머리말
⑤ 글자겹치기

57 다음 시트에서 [A7] 셀에 수식 「＝A1＋$A2」를 입력한 후 [A7] 셀을 복사하여 [C8] 셀에 붙여넣기 했을 때, [C8] 셀에 출력되는 값은?

	A	B	C
1	1	2	3
2	2	4	6
3	3	6	9
4	4	8	12
5	5	10	15
6			
7			
8			

① 3   ② 4
③ 7   ④ 10
⑤ 15

※ 다음은 K공사에서 발표한 전력수급 비상단계 발생 시 행동요령이다. 이어지는 질문에 답하시오. [58~59]

<전력수급 비상단계 발생 시 행동요령>

• 가정
  1. 전기 냉난방기기의 사용을 중지합니다.
  2. 다리미, 청소기, 세탁기 등 긴급하지 않은 모든 가전기기의 사용을 중지합니다.
  3. TV, 라디오 등을 통해 신속하게 재난 상황을 파악하여 대처합니다.
  4. 안전, 보안 등을 위한 최소한의 조명을 제외한 실내외 조명은 모두 소등합니다.

• 사무실
  1. 건물관리자는 중앙조절식 냉난방설비의 가동을 중지하거나 온도를 낮춥니다.
  2. 사무실 내 냉난방설비의 가동을 중지합니다.
  3. 컴퓨터, 프린터, 복사기, 냉온수기 등 긴급하지 않은 모든 사무기기 및 설비의 전원을 차단합니다.
  4. 안전, 보안 등을 위한 최소한의 조명을 제외한 실내외 조명은 모두 소등합니다.

• 공장
  1. 사무실 및 공장 내 냉난방기의 사용을 중지합니다.
  2. 컴퓨터, 복사기 등 각종 사무기기의 전원을 일시적으로 차단합니다.
  3. 꼭 필요한 경우를 제외한 사무실 조명은 모두 소등하고 공장 내부의 조명도 최소화합니다.
  4. 비상발전기의 가동을 점검하고 운전 상태를 확인합니다.

• 상가
  1. 냉난방설비의 가동을 중지합니다.
  2. 안전·보안용을 제외한 모든 실내 조명등과 간판 등을 일시 소등합니다.
  3. 식기건조기, 냉온수기 등 식재료의 부패와 관련 없는 가전제품의 가동을 중지하거나 조정합니다.
  4. 자동문, 에어커튼의 사용을 중지하고 환기팬 가동을 일시 정지합니다.

58 다음 중 전력수급 비상단계 발생 시 행동요령에 대한 설명으로 옳지 않은 것은?

① 집에 있을 경우 대중매체를 통해 재난상황에 대한 정보를 파악할 수 있다.
② 사무실에 있을 경우 즉시 사용이 필요하지 않은 복사기, 컴퓨터 등의 전원을 차단하여야 한다.
③ 집에 있을 경우 모든 실내외 조명을 소등하여야 한다.
④ 공장에 있을 경우 비상발전기 가동을 준비해야 한다.
⑤ 전력 회복을 위해 한동안 사무실의 업무가 중단될 수 있다.

59 다음 중 전력수급 비상단계가 발생했을 때 전력수급 비상단계 발생 시 행동요령에 따른 설명으로 적절하지 않은 것을 〈보기〉에서 모두 고르면?

<보기>

ⓒ 집에 있던 김사원은 세탁기 사용을 중지하고 실내조명을 최소화하였다.
ⓒ 본사 전력관리실에 있던 이주임은 사내 중앙보안시스템의 전원을 즉시 차단하였다.
ⓒ 공장에 있던 박주임은 즉시 공장 내부 조명 밝기를 최소화하였다.
ⓒ 상가에서 횟집을 운영하는 최사장은 모든 냉동고의 전원을 차단하였다.

① ㉠, ㉡   ② ㉠, ㉢
③ ㉡, ㉢   ④ ㉡, ㉣
⑤ ㉢, ㉣

60 다음 중 기술경영자의 능력으로 옳지 않은 것은?

① 기술을 기업의 전반적인 전략 목표에 통합시키는 능력
② 빠르고 효과적으로 새로운 기술을 습득하고 기존의 기술에서 탈피하는 능력
③ 기술을 효과적으로 평가할 수 있는 능력
④ 조직 밖의 기술 이용을 수행할 수 있는 능력
⑤ 기술 이전을 효과적으로 할 수 있는 능력

제4회
한국전력기술

직무수행능력

〈문항 및 시험시간〉

평가영역	문항 수	시험시간	모바일 OMR 답안분석		
[사무] 경영학 · 경제학 · 행정학 · 법학 [전기] 전기일반 [기계] 기계일반	각 50문항	60분	사무	전기	기계

제4회 모의고사

문항 수 : 각 50문항
시험시간 : 60분

| 01 | 사무

01 다음 중 우리나라의 재정정책과 관련된 예산제도에 대한 설명으로 옳은 것은?

① 지출통제예산은 구체적인 항목별 지출에 대한 집행부의 재량 행위를 통제하기 위한 예산제도이다.
② 우리나라의 통합재정수지에 지방정부예산은 포함되지 않는다.
③ 우리나라의 통합재정수지에서는 융자 지출을 재정수지의 흑자 요인으로 간주한다.
④ 조세지출예산제도는 국회 차원에서 조세감면의 내역을 통제하고 정책효과를 판단하기 위한 제도이다.
⑤ 계획예산제도는 상향적 예산제도로, 구성원의 참여가 활발하다.

02 다음 중 우리나라 지방자치제도에 대한 설명으로 옳은 것은?

① 지방자치단체는 특별시, 광역시, 도, 시, 군, 구의 종류로 제한된다.
② 지방자치단체인 구의 자치권 범위는 반드시 시·군과 같아야 한다.
③ 지방자치단체의 주민이 되려면 해당 지방자치단체의 구역 안에 주소를 가져야 한다.
④ 시는 그 대부분이 도시의 형태를 갖추고, 인구 10만 명 이상이 되어야 한다.
⑤ 지방자치단체는 농산물 및 양곡의 수급조절 등 전국적 규모의 사무를 처리할 수 있다.

03 다음 〈보기〉 중 비계량적 성격의 직무평가 방법을 모두 고르면?

─────〈보기〉─────
ㄱ. 점수법   ㄴ. 서열법
ㄷ. 요소비교법   ㄹ. 분류법

① ㄱ, ㄴ   ② ㄱ, ㄷ
③ ㄴ, ㄷ   ④ ㄴ, ㄹ
⑤ ㄷ, ㄹ

04 다음 중 조직구성원의 동기유발 이론에 대한 설명으로 옳지 않은 것은?

① 허즈버그(F. Herzberg)의 이론은 실제의 동기유발과 만족 자체에 중점을 두고 있기 때문에 하위 욕구를 추구하는 계층에 적용하기가 용이하다.

② 앨더퍼(C. Alderfer)의 이론은 두 가지 이상의 욕구가 동시에 작용되기도 한다는 복합연결형의 욕구 단계를 설명한다.

③ 브룸(V. Vroom)의 이론은 동기부여의 방안을 구체적으로 제시하지 못하는 한계가 있다.

④ 맥그리거(D. McGregor)의 이론에서 X이론은 하위 욕구를, Y이론은 상위 욕구를 중시한다.

⑤ 매슬로(A. Maslow)의 이론은 인간의 동기가 생리적 욕구, 안전의 욕구, 소속의 욕구, 존경의 욕구, 자아실현의 욕구라는 순서에 따라 순차적으로 유발된다고 본다.

05 다음 중 우리나라의 지방자치제도에 대한 설명으로 옳지 않은 것은?

① 주민의 지방정부에 대한 참정권은 법률에 의해 제한되며 지방정부의 과세권 역시 법률로 제한된다.

② 우리나라 지방자치단체의 구성은 기관통합형이 아닌 기관대립형을 택하고 있다.

③ 지방자치단체는 법령의 범위 안에서 자치에 관한 규정을 제정할 수 있다.

④ 지방세무서, 지방노동청, 지방산림청 등의 특별지방행정기관은 중앙부처에서 설치한 일선 집행기관으로서 고유의 법인격은 물론 자치권도 가지고 있지 않다.

⑤ 기관위임사무는 지방자치단체장이 국가사무를 위임받아 수행하는 것이며, 소요 경비는 지방의회의 심의를 거쳐 지방정부 예산으로 부담한다.

06 다음 중 조직 진단의 대상과 범위에 있어서 종합적 조직 진단에 포함되지 않는 것은?

① 관리부문 진단   ② 서비스와 프로세스 진단

③ 조직문화와 행태 진단   ④ 재정 진단

⑤ 인력 진단

07 다음 중 미래예측기법에 대한 설명으로 옳지 않은 것은?

① 비용·편익분석은 정책의 능률성 내지 경제성에 초점을 맞춘 정책분석의 접근방법이다.

② 판단적 미래예측에서는 경험적 자료나 이론이 중심적인 역할을 한다.

③ 추세연장적 미래예측기법들 중 하나인 검은줄 기법(Black Thread Technique)은 시계열적 변동의 굴곡을 직선으로 표시하는 기법이다.

④ 교차영향분석은 연관사건의 발생여부에 따라 대상사건이 발생할 가능성에 관한 주관적 판단을 구하고, 그 관계를 분석하는 기법이다.

⑤ 이론적 미래예측은 인과관계 분석이라고도 하며, 선형계획, 투입·산출분석, 회귀분석 등을 예로 들 수 있다.

08 다음 중 인간관계론에 대한 설명으로 옳지 않은 것은?

① 1930년대 대공황 이후 과학적 관리론의 한계로부터 발전된 이론이다.

② 인간을 기계적으로만 취급할 것이 아니라 구성원들의 사회적·심리적 욕구와 조직 내 비공식집단 등을 중시한다.

③ 메이요(Mayo) 등 하버드 대학의 경영학 교수들이 진행한 호손 실험에 의해 본격적으로 이론적 틀이 마련되었다.

④ 행정조직이나 민간조직을 단순 기계적 구조로만 보고 시스템 개선을 통한 능률을 추구하였다.

⑤ 조직구성원의 생산성은 감정, 기분과 같은 사회·심리적 요인에 의해서도 크게 영향을 받는다고 본다.

09 다음 중 테일러(Taylor)의 과학적 관리법(Scientific Management)에 대한 설명으로 옳지 않은 것은?

① 테일러리즘(Taylorism)이라고도 불리며, 20세기 초부터 주목받은 과업수행의 분석과 혼합에 대한 관리이론이다.

② 이론의 핵심 목표는 경제적 효율성, 특히 노동생산성 증진에 있다.

③ 이론의 목적은 모든 관계자에게 과학적인 경영 활동의 조직적 협력에 의한 생산성을 높여 높은 임금을 실현할 수 있다는 인식을 갖게 하는 데 있다.

④ 과학적 관리와 공평한 이익 배분을 통해 생산성과 효율성을 향상하는 것이 기업과 노동자 모두가 성장할 수 있는 길이라는 테일러의 사상은 현대 경영학의 기초가 되었다.

⑤ 테일러의 과학적 관리법은 전문적인 지식과 역량이 요구되는 일에 적합하며, 노동자들의 자율성과 창의성을 고려하며 생산성을 높인다는 장점이 있다.

10 다음 중 매슬로(Maslow)의 욕구체계 이론과 앨더퍼(Alderfer)의 ERG 이론의 차이점이 아닌 것은?

① 욕구체계 이론은 추구하는 욕구가 얼마나 절실하며 기초적인가에 따라 구분하였지만, ERG 이론은 욕구충족을 위한 행동의 추상성에 따라 분류하였다.

② 욕구체계 이론은 가장 우세한 하나의 욕구에 의해 하나의 행동이 유발된다고 보았지만, ERG 이론은 두 가지 이상의 욕구가 복합적으로 작용하여 행동을 유발한다고 보았다.

③ 욕구체계 이론은 만족진행법에 입각하고 있고, ERG 이론은 만족진행법을 인정하지만 상위욕구 불충족 시 하위 욕구로 되돌아온다는 좌절퇴행접근법 또한 인정하고 있다.

④ 욕구체계 이론은 인간이 처한 상태에 따라 단 하나의 욕구를 추구하는 것으로 보는 것과 달리, ERG 이론은 어떤 시점에 있어서나 한 가지 이상의 욕구가 작동한다는 사실을 주장하고 있다.

⑤ 욕구체계 이론은 인간의 욕구를 동기부여 요인으로 보고 대상으로 삼아왔지만, ERG 이론은 인간의 욕구를 동기부여 대상으로 생각하지 않고 다양한 요인을 동시에 고려한다.

11 다음 중 조직구성원이 공식적으로 주어진 임무 이외의 일을 기꺼이 자발적으로 수행하는 것은?

① 집단사고(Groupthink)
② 직무만족(Job Satisfaction)
③ 직무몰입(Job Involvement)
④ 감정노동(Emotional Labor)
⑤ 조직시민행동(Organizational Citizenship Behavior)

12 다음 중 허즈버그(F. Hertzberg)가 제시한 2요인이론(Two-Factor Theory)을 적용하고자 하는 경영자가 종업원들의 동기를 유발시키기 위한 방안으로 옳지 않은 것은?

① 좋은 성과를 낸 종업원을 표창한다.
② 종업원이 하고 있는 업무가 매우 중요함을 강조한다.
③ 좋은 성과를 낸 종업원에게 더 많은 급여를 지급한다.
④ 좋은 성과를 낸 종업원을 승진시킨다.
⑤ 좋은 성과를 낸 종업원에게 자기 계발의 기회를 제공한다.

13 다음 중 임금 산정 방법의 성격이 비슷한 유형끼리 묶인 것은?

① 시간급, 변동급, 직무급   ② 시간급, 고정급, 직무급

③ 성과급, 고정급, 연공급   ④ 성과급, 연공급, 직무급

⑤ 성과급, 변동급, 직무급

14 다음 중 보증채무에 대한 설명으로 옳지 않은 것은?

① 주채무가 소멸하면 보증채무도 소멸한다.

② 보증채무는 주채무가 이행되지 않을 때 비로소 이행하게 된다.

③ 채무를 변제한 보증인은 선의의 주채무자에 대해서는 구상권을 행사하지 못한다.

④ 채권자가 보증인에 대하여 이행을 청구하였을 때, 보증인은 주채무자에게 먼저 청구할 것을 요구할 수 있다.

⑤ 보증인이 당초에 주채무자가 무능력자라는 것을 알고 있었을 때에는 보증채무는 소멸하지 않는다.

15 다음 〈보기〉 중 근대민법의 기본원리에 해당하는 것을 모두 고르면?

─〈보기〉─
- ㉠ 소유권 절대의 원칙
- ㉡ 계약 공정의 원칙
- ㉢ 계약 자유의 원칙
- ㉣ 과실 책임의 원칙
- ㉤ 권리남용금지의 원칙

① ㉠, ㉡, ㉢   ② ㉠, ㉢, ㉣

③ ㉠, ㉣, ㉤   ④ ㉡, ㉢, ㉣

⑤ ㉡, ㉢, ㉤

16 다음 〈보기〉 중 민법상 주소에 대한 설명으로 옳은 것을 모두 고르면?

─〈보기〉─

㉠ 주소는 정주의 의사를 요건으로 한다.
㉡ 주소는 부재와 실종의 표준이 된다.
㉢ 법인의 주소는 그 주된 사무소의 소재지에 있는 것으로 한다.
㉣ 거래안전을 위해 주소는 동시에 두 곳 이상 둘 수 없다.

① ㉠, ㉡   ② ㉠, ㉢
③ ㉡, ㉢   ④ ㉡, ㉣
⑤ ㉢, ㉣

17 다음 〈보기〉 중 권리의 원시취득 사유에 해당하지 않는 것을 모두 고르면?(단, 다툼이 있는 경우에는 판례에 의한다)

─〈보기〉─

㉠ 무주물인 동산의 선점   ㉡ 피상속인의 사망에 의한 상속
㉢ 회사의 합병   ㉣ 시효취득
㉤ 건물의 신축

① ㉠, ㉡   ② ㉡, ㉢
③ ㉡, ㉢, ㉣   ④ ㉢, ㉣, ㉤
⑤ ㉡, ㉢, ㉤

18 다음 중 민법이 인정하는 특별실종제도에 해당되지 않는 것은?

① 화재실종   ② 선박실종
③ 전쟁실종   ④ 항공기실종
⑤ 위난실종

19 다음 중 신의칙과 거리가 먼 것은 무엇인가?

① 사적자치의 원칙
② 권리남용금지의 원칙
③ 실효의 원리
④ 금반언의 원칙(외형주의)
⑤ 사정변경의 원칙

20 소비함수이론 중 생애주기(Life-cycle)가설에 대한 설명으로 옳지 않은 것은?

① 소비자는 일생동안 발생한 소득을 염두에 두고 적절한 소비 수준을 결정한다.
② 청소년기에는 소득보다 더 높은 소비수준을 유지한다.
③ 저축과 달리 소비의 경우는 일생에 걸쳐 거의 일정한 수준이 유지된다.
④ 동일한 수준의 가처분소득을 갖고 있는 사람들은 같은 한계소비성향을 보인다.
⑤ 소비는 소득뿐만 아니라 자산의 크기에도 영향을 받는다고 가정하였다.

21 현재 우리나라 채권의 연간 명목수익률이 5%이고 동일 위험을 갖는 미국 채권의 연간 명목수익률이 2.5%일 때, 현물환율이 달러당 1,200원인 경우 연간 선물환율은?(단, 이자율평가설이 성립한다고 가정한다)

① 1,200원/달러
② 1,210원/달러
③ 1,220원/달러
④ 1,230원/달러
⑤ 1,240원/달러

22 다음 〈보기〉 중 기업생산이론에 대한 설명으로 옳은 것을 모두 고르면?

─────〈보기〉─────

ㄱ. 장기(Long-run)에는 모든 생산요소가 가변적이다.
ㄴ. 다른 생산요소가 고정인 상태에서 생산요소 투입 증가에 따라 한계생산이 줄어드는 현상이 한계생산 체감의 법칙이다.
ㄷ. 등량곡선이 원점에 대해 볼록하면 한계기술대체율 체감의 법칙이 성립한다.
ㄹ. 비용극소화는 이윤극대화의 필요충분조건이다.

① ㄱ, ㄴ
② ㄷ, ㄹ
③ ㄱ, ㄴ, ㄷ
④ ㄴ, ㄷ, ㄹ
⑤ ㄱ, ㄴ, ㄷ, ㄹ

23 자전거를 생산하는 A기업의 수요곡선은 $P = 500$, 한계비용은 $MC = 200 + \dfrac{1}{3}Q$이다. 이 기업의 공장에서 자전거를 생산할 때 오염물질이 배출되는데, 이 피해가 자전거 한 대당 20이다. 이 기업의 사적 이윤극대화 생산량(Ⓐ)과 사회적으로 바람직한 생산량(Ⓑ)은 각각 얼마인가?(단, P는 가격, Q는 생산량이다)

	Ⓐ	Ⓑ
①	700	840
②	700	860
③	900	840
④	900	860
⑤	1,100	700

24 다음 중 한국은행의 통화정책 수단과 제도에 대한 설명으로 옳지 않은 것은?

① 국채 매입·매각을 통해 통화량을 관리한다.

② 금융통화위원회는 한국은행 통화정책에 관한 사항을 심의·의결한다.

③ 재할인율 조정을 통해 통화량을 관리한다.

④ 법정지급준비율 변화를 통해 통화량을 관리한다.

⑤ 고용증진 목표 달성을 위한 물가안정목표제를 시행한다.

25 현재 인플레이션율을 8%에서 4%로 낮출 경우, 〈보기〉를 참고하여 계산된 희생률은 얼마인가?[단, Π_t, Π_{t-1}, U_t는 각각 t기의 인플레이션율, (t-1)기의 인플레이션율, t기의 실업률이다]

〈보기〉

- $\Pi_t - \Pi_{t-1} = -0.8(U_t - 0.05)$
- 현재실업률 : 5%
- 실업률 1% 증가할 때 GDP 2% 감소로 가정
- 희생률 : 인플레이션율을 1% 낮출 경우 감소되는 GDP 변화율(%)

① 1.5

② 2

③ 2.5

④ 3

⑤ 3.5

26 다음 〈보기〉 중 소규모 자치행정 구역을 지지하는 논리로 옳은 것을 모두 고르면?

---〈보기〉---
ㄱ. 티부(Tiebout) 모형을 지지하는 공공선택이론가들의 관점
ㄴ. 새뮤얼슨(Samuelson)의 공공재 공급 이론
ㄷ. 지역격차의 완화에 공헌
ㄹ. 주민과 지방정부 간의 소통·접촉 기회 증대

① ㄱ, ㄷ
③ ㄴ, ㄷ
⑤ ㄷ, ㄹ

② ㄱ, ㄹ
④ ㄴ, ㄹ

27 다음 중 신고전 조직이론에 대한 설명으로 옳지 않은 것은?

① 메이요(Mayo) 등에 의한 호손(Hawthorne)공장 실험에서 시작되었다.
② 공식조직에 있는 자생적, 비공식적 집단을 인정하고 수용한다.
③ 인간의 사회적 욕구와 사회적 동기유발 요인에 초점을 맞춘다.
④ 조직이란 거래비용을 감소하기 위한 장치로 기능한다고 본다.
⑤ 사회적 능력과 사회적 규범에 의해 생산성이 결정된다고 보았다.

28 다음 중 외부효과를 교정하기 위한 방법에 대한 설명으로 옳지 않은 것은?

① 교정적 조세(피구세 : Pigouvian tax)는 사회 전체적인 최적의 생산수준에서 발생하는 외부효과의 양에 해당하는 만큼의 조세를 모든 생산물에 대해 부과하는 방법이다.
② 외부효과를 유발하는 기업에게 보조금을 지급하여 사회적으로 최적의 생산량을 생산하도록 유도한다.
③ 코우즈(R. Coase)는 소유권을 명확하게 확립하는 것이 부정적 외부효과를 줄이는 방법이라고 주장했다.
④ 직접적 규제의 활용 사례로는 일정한 양의 오염허가서(Pollution Permits) 혹은 배출권을 보유하고 있는 경제주체만 오염물질을 배출할 수 있게 허용하는 방식이 있다.
⑤ 교정적 조세의 부과는 경제적 효율을 향상시키면서 정부의 조세수입도 증가시킨다.

29 다음 〈보기〉 중 균형성과표(BSC)에 대한 설명으로 옳은 것을 모두 고르면?

---〈보기〉---
ㄱ. 조직의 비전과 목표, 전략으로부터 도출된 성과지표의 집합체이다.
ㄴ. 재무지표 중심의 기존 성과관리의 한계를 극복하기 위한 것이다.
ㄷ. 조직의 내부요소보다는 외부요소를 중시한다.
ㄹ. 재무, 고객, 내부 프로세스, 학습과 성장이라는 네 가지 관점 간의 균형을 중시한다.
ㅁ. 성과관리의 과정보다는 결과를 중시한다.

① ㄱ, ㄴ, ㅁ
② ㄴ, ㄷ, ㄹ
③ ㄱ, ㄴ, ㄹ
④ ㄷ, ㄹ, ㅁ
⑤ ㄴ, ㄹ, ㅁ

30 예비타당성 조사의 분석 내용을 경제성 분석과 정책적 분석으로 구분할 때, 다음 중 경제성 분석에 해당하는 것은?

① 상위계획과의 연관성
② 지역경제에의 파급효과
③ 사업추진 의지
④ 민감도 분석
⑤ 재원조달 가능성

31 다음 중 우리나라의 예산과정에 대한 설명으로 옳지 않은 것은?

① 각 중앙관서의 장은 매년 1월 31일까지 당해 회계연도부터 5회계연도 이상의 기간 동안의 신규사업 및 기획재정부장관이 정하는 주요 계속사업에 대한 중기사업계획서를 기획재정부장관에게 제출하여야 한다.

② 국가가 특정한 목적을 위하여 특정한 자금을 신축적으로 운용할 필요가 있을 때에 법률로써 설치하는 기금은, 세입세출예산에 의하지 아니하고 운용할 수 있다.

③ 예산안편성지침은 부처의 예산 편성을 위한 것이기 때문에 국무회의의 심의를 거쳐 대통령의 승인을 받아야 하지만, 국회 예산결산특별위원회에 보고할 필요는 없다.

④ 정부는 회계연도마다 예산안을 편성하여 회계연도 개시 90일 전까지 국회에 제출하도록 헌법에 규정되어 있다.

⑤ 정부는 예측할 수 없는 예산 외의 지출 또는 예산초과지출에 충당하기 위하여 일반회계 예산총액의 100분의 1 이내의 금액을 예비비로 세입세출예산에 계상할 수 있다.

32 다음 중 행정학의 접근방법에 대한 설명으로 옳은 것은?

① 법률적·제도론적 접근방법은 공식적 제도나 법률에 기반을 두고 있기 때문에 제도 이면에 존재하는 행정의 동태적 측면을 체계적으로 파악할 수 있다.

② 행태론적 접근방법은 후진국의 행정현상을 설명하는 데 크게 기여했으며, 행정의 보편적 이론보다는 중범위이론의 구축에 자극을 주어 행정학의 과학화에 기여했다.

③ 합리적 선택 신제도주의는 방법론적 전체주의(Holism)에, 사회학적 신제도주의는 방법론적 개체주의(Individualism)에 기반을 두고 있다.

④ 신공공관리론은 기업경영의 원리와 기법을 그대로 정부에 이식하려고 한다는 비판을 받는다.

⑤ 신공공서비스론은 정부와 민간부문의 협력적 활동을 강조하며, 민영화와 민간위탁을 주장하였다.

33 다음 〈보기〉의 공정상황에 해당하는 변동요인은?(단, 동일제품을 생산하며 작업자 수와 작업시간은 동일하다)

─────〈보기〉─────

A공장은 전자제품을 생산하는 공장으로 비교적 상태가 좋은 X생산라인과 그에 비해 노후한 Y생산라인을 운영하고 있다. 금일 현 시간 기준 A공장에 생산라인 X와 Y는 각각 시간당 제품 생산율 65%와 35%, 그리고 불량품 비율은 각각 5%와 10%를 기록하였다.

① 우연변동   ② 이상변동
③ 가격변동   ④ 수요변동
⑤ 속도변동

34 다음 중 제품과 서비스 설계에 대한 설명으로 옳지 않은 것은?

① 동시공학(Concurrent Engineering)은 제품 및 서비스 개발과 관련된 다양한 부서원들이 공동참여하는 방식이다.

② 품질기능전개(Quality Function Deployment)는 고객의 요구사항을 설계특성으로 변환하는 방법이다.

③ 가치분석 / 가치공학(Value Analysis / Value Engineering)은 제품의 가치를 증대시키기 위한 체계적 방법이다.

④ 모듈화설계(Modular Design)는 구성품의 다양성을 높여 완제품의 다양성을 낮추는 방법이다.

⑤ 강건설계(Robust Design)는 제품이 작동환경의 영향을 덜 받고 기능하도록 하는 방법이다.

35 다음 중 인공지능 시스템에서 실제 세상 또는 상상 속의 행위를 모방한 컴퓨터 생성 시뮬레이션은?

① 인공신경망(Artificial Neutral Network)
② 전문가시스템(Expert System)
③ 지능형에이전트(Intelligent Agent)
④ 영상인식시스템(Visionary Recognition System)
⑤ 가상현실시스템(Virtual Reality System)

36 민츠버그(Mintzberg)는 조직의 구조가 조직의 전략 수행, 조직 주변의 환경, 조직의 구조 그 자체의 역할에 의해 좌우된다는 조직구성론을 제시하였다. 다음 중 다섯 가지 조직형태에 해당하지 않는 것은?

① 단순구조 조직   ② 기계적 관료제 조직
③ 전문적 관료제 조직   ④ 매트릭스 조직
⑤ 사업부제 조직

37 다음 중 일반적인 경영 전략 유형에 해당하지 않는 것은?

① 성장 전략   ② 축소 전략
③ 안정화 전략   ④ 협력 전략
⑤ 시장세분화 전략

38 다음 중 리엔지니어링(Re-Engineering)에 대한 설명으로 옳은 것은?

① 정보기술을 통해 기업경영의 핵심적 과정을 전면 개편함으로써 경영성과를 향상시키려는 경영기법이다.
② 흑자를 내기 위해 기구를 축소·폐쇄하거나 단순화하는 등의 장기적인 경영전략이다.
③ 기업이 환경변화에 능동적으로 대처하기 위해 비대해진 조직을 팀제로 개편하는 경영혁신을 나타낸다.
④ 제품의 주요한 부분을 부품의 형태로 수출하여 현지에서 최종제품으로 조립하는 방식이다.
⑤ 기계 장비의 고장이나 정비 때문에 작업이 불가능해진 시간을 총칭한다.

39 다음 중 형법의 효력에 대한 내용으로 옳은 것은?

① 행위시법은 결과범에서는 결과발생 후에 의한다.

② 포괄일죄가 신법과 구법에 걸친 경우 구법에 의한다.

③ 행위시법, 재판시법, 중간시법이 있을 때 행위시법과 재판시법 중 가장 경한 형을 적용한다.

④ 가장 경한 형이라 할 때는 부가형, 벌금형까지 비교한다.

⑤ 재판확정 후 법률의 변경에 의하여 그 행위가 범죄를 구성하지 아니할 때에는 형의 집행을 면제한다.

40 다음 중 위법성을 조각하는 사유로 옳지 않은 것은?

① 본인의 자유로운 처분이 불가능한 법익에 대한 피해자의 승낙행위

② 타인의 법익에 대한 부당한 침해를 방위하기 위하여 상당한 이유가 있는 행위

③ 타인의 법익에 대한 현재의 위난을 피하기 위하여 상당한 이유가 있는 행위

④ 법령에 의한 행위 또는 업무로 인한 행위

⑤ 타인의 불법행위에 대해 자기 또는 제3자의 권리를 방위하기 위해 부득이하게 행한 가해행위

41 다음 중 헌법을 결단주의에 입각하여 국가의 근본상황에 관하여 헌법제정권자가 내린 근본적 결단이라고 한 사람은?

① 오펜하이머(Oppenheimer) ② 칼 슈미트(C. Schmitt)

③ 안슈츠(Anschut) ④ 시에예스(Sieyes)

⑤ 바르톨루스(Bartolus)

42 다음 중 군주 단독의 의사에 의하여 제정되는 헌법은?

① 국약헌법 ② 민정헌법

③ 흠정헌법 ④ 명목적 헌법

⑤ 연성헌법

43 다음 중 신대통령제 국가나 전체주의적 독재국가의 헌법에 해당하는 것은?

① 독창적 헌법 ② 명목적 헌법

③ 가식적 헌법 ④ 규범적 헌법

⑤ 이념적 헌법

44 다음 중 우리 헌법상 헌법개정에 의하여 수정할 수 없는 것은?

① 대통령의 임기 ② 의원내각제의 채택

③ 기본권 보장의 폐지 ④ 헌법전문의 자구 수정

⑤ 대통령 선출방식

45 다음 중 소비자물가지수에 대한 설명으로 옳지 않은 것은?

① 기준연도에서 항상 100이다.

② 대체효과를 고려하지 못해 생계비 측정을 왜곡할 수 있다.

③ 가격 변화 없이 품질이 개선될 경우, 생계비 측정을 왜곡할 수 있다.

④ GDP 디플레이터보다 소비자들의 생계비를 더 왜곡한다.

⑤ 소비자가 구매하는 대표적인 재화와 서비스에 대한 생계비용을 나타내는 지표이다.

46 독점기업 A의 한계비용은 10이고 고정비용은 없다. A기업 제품에 대한 소비자의 역수요함수는 $P = 90 - 2Q$이다. A기업은 내부적으로 〈보기〉와 같이 2차에 걸친 판매 전략을 채택하였다. A기업이 설정한 1차 판매 가격(ㄱ)과 2차 판매 가격(ㄴ)은?(단, 소비자는 제품을 한 번만 구매하고, 소비자 간 재판매할 수 없다)

〈보기〉
- 1차 : 모든 소비자를 대상으로 이윤을 극대화하는 가격을 설정하여 판매
- 2차 : 1차에서 제품을 구매하지 않은 소비자를 대상으로 이윤을 극대화하는 가격을 설정하여 판매

① ㄱ : 30, ㄴ : 20 ② ㄱ : 40, ㄴ : 20

③ ㄱ : 40, ㄴ : 30 ④ ㄱ : 50, ㄴ : 30

⑤ ㄱ : 60, ㄴ : 30

47 다음 표를 보고 국내총생산(GDP)과 국민총생산(GNP) 간의 관계를 바르게 표현한 것은?

구분	자국민이	외국인이
자국에서 생산한 것	A	B
외국에서 생산한 것	C	D

① GNP=GDP+B
② GNP=GDP+C
③ GNP=GDP+D
④ GNP=GDP−B+C
⑤ GNP=GDP+B−C

48 자동차 타이어에 대한 수요와 공급이 각각 $Q_D=800-2P$, $Q_S=200+3P$로 주어져 있을 때, 정부가 소비자에게 타이어 1개당 50원의 세금을 부과한다고 한다. 이때 공급자가 받는 가격과 소비자가 지불하는 가격은?(단, P는 가격을 나타낸다)

① 100원, 120원
② 100원, 150원
③ 120원, 100원
④ 120원, 150원
⑤ 150원, 100원

49 A국과 B국은 각각 고구마와 휴대폰을 생산한다. A국은 고구마 1kg 생산에 200명이, 휴대폰 한 대 생산에 300명이 투입된다. B국은 고구마 1kg 생산에 150명이, 휴대폰 한 대를 생산에 200명이 투입된다. 두 나라에 각각 6천 명의 투입 가능한 인력이 있다고 할 때 비교우위에 의한 생산을 바르게 계산한 것은?

① A국 휴대폰 20대, B국 고구마 30kg
② A국 휴대폰 20대, B국 고구마 40kg
③ A국 고구마 30kg, B국 휴대폰 30대
④ A국 고구마 30kg, B국 휴대폰 40대
⑤ A국 고구마 40kg, B국 휴대폰 30대

50 어떤 복권의 당첨확률이 50%이고, 이 복권의 가격은 1만 원이다. 당첨이 될 경우 50만 원의 상금이 주어지며, 당첨이 되지 않을 경우 복권가격의 200%에 해당하는 벌금이 부과된다. 이 사람의 기대소득과 기대효용이 같다고 할 때, 이 복권을 살 경우의 기대효용은 얼마인가?

① 1만 원
② 10만 원
③ 23만 원
④ 24만 원
⑤ 50만 원

| 02 | 전기

01 직각좌표계의 진공 중에 균일하게 대전되어 있는 무한 $y-z$ 평면전하가 있다. x축상의 점에서 r만큼 떨어진 점에서의 전계 크기는?

① r^2에 반비례한다.　　　　　　　　② r에 반비례한다.

③ r에 비례한다.　　　　　　　　　　④ r^2에 비례한다.

⑤ r과 관계없다.

02 다음 중 전기력선의 성질이 아닌 것은?

① 양전하에서 나와 음전하에서 끝나는 연속 곡선이다.

② 전기력선은 전위가 낮은 점에서 높은 점으로 향한다.

③ 전기력선은 서로 교차하지 않는다.

④ 전장이 있는 곳에서 전기력선은 등전위면과 직교한다.

⑤ 전기력선은 도체 표면에 수직으로 출입한다.

03 굵기가 일정한 원통형의 도체를 체적은 고정시킨 채 길게 늘여 지름이 절반이 되도록 하였다. 이 경우 길게 늘인 도체의 저항값은?

① 원래 도체의 저항값의 2배가 된다.

② 원래 도체의 저항값의 4배가 된다.

③ 원래 도체의 저항값의 8배가 된다.

④ 원래 도체의 저항값의 12배가 된다.

⑤ 원래 도체의 저항값의 16배가 된다.

04 면적이 5cm^2인 금속판이 평행하게 공기 중에서 1mm의 간격을 두고 있을 때, 이 도체 사이의 정전 용량은?

① $4.428 \times 10^{-12}\text{F}$　　　　　　② $44.28 \times 10^{-12}\text{F}$

③ $2.214 \times 10^{-12}\text{F}$　　　　　　④ $22.14 \times 10^{-12}\text{F}$

⑤ $221.4 \times 10^{-12}\text{F}$

05 다음 중 기전력에 대한 설명으로 옳은 것은?

① 전기 저항의 역수이다.　　　　　　② 전류를 흐르게 하는 원동력이다.

③ 도체에 흐르는 전류의 세기이다.　　④ 전기의 흐름이다.

⑤ 전위의 차이다.

06 5분 동안 600C의 전기량이 이동했다면, 다음 중 전류의 크기는 몇 A인가?

① 2A　　　　　　　　　　　　　　② 50A

③ 100A　　　　　　　　　　　　　④ 150A

⑤ 200A

07 평균 반지름이 10cm이고, 감은 횟수가 10회인 원형 코일에 5A의 전류를 흐르게 할 때, 코일 중심의 자기장의 세기는?

① 250AT/m　　　　　　　　　　　② 500AT/m

③ 750AT/m　　　　　　　　　　　④ 1,000AT/m

⑤ 1,250AT/m

08 자속밀도가 $2Wb/m^2$인 평등 자기장 중에 자기장과 30°의 방향으로 길이가 0.5m인 도체에 8A의 전류가 흐르는 경우 전자력은?

① 8N　　　　　　　　　　　　　　② 4N

③ 3N　　　　　　　　　　　　　　④ 2N

⑤ 1N

09 권선수 100의 코일에 쇄교되는 자속이 10ms마다 2Wb만큼 증가할 때, 코일에 유도되는 기전력은?

① −500V　　　　　　　　　　　　② −1,000V

③ −20,000V　　　　　　　　　　　④ −30,000V

⑤ −40,000V

10 어떤 코일에 흐르는 전류가 0.1초 사이에 20A에서 4A까지 일정한 비율로 변하였다. 이때, 20V의 기전력이 발생했다면 코일의 자기인덕턴스는?

① 0.125H   ② 0.25H

③ 0.375H   ④ 0.5H

⑤ 0.635H

11 다음 중 케이블의 연피손(시스손)의 원인으로 옳은 것은?

① 전자유도작용   ② 도플러 효과

③ 히스테리시스손   ④ 유전체손

⑤ 전선의 철손

12 다음 중 선택 배류기는 어느 전기설비에 설치하는가?

① 가공 통신케이블   ② 가공지선

③ 가공 전화선   ④ 지하 전력케이블

⑤ 급전선

13 3상 3선식 배전선로에서 대지정전용량을 C_s, 선간정전용량을 C_m 이라 할 때, 작용정전용량은?

① $C_s + C_m$ ② $3C_s + C_m$

③ $C_s + 2C_m$ ④ $2C_s + C_m$

⑤ $C_s + 3C_m$

14 다음 중 충전전류는 일반적으로 어떤 전류인가?

① 뒤진전류   ② 앞선전류

③ 유효전류   ④ 무효전류

⑤ 누설전류

15 송전단 전압이 66kV이고, 수전단 전압이 60kV로 송전 중이던 선로에서 부하가 급격히 감소하여 수전단 전압이 63kV가 되었을 때, 전압강하율은 약 몇 %인가?

① 1.78%　　　　　　　　　　② 3.24%

③ 4.76%　　　　　　　　　　④ 5.54%

⑤ 5.89%

16 교류송전에서는 송전거리가 멀어질수록 동일 전압의 송전 가능전력이 적어진다. 다음 중 그 이유로 옳은 것은?

① 선로의 유도성 리액턴스가 커지기 때문이다.

② 선로의 어드미턴스가 커지기 때문이다.

③ 코로나 손실이 증가하기 때문이다.

④ 전압강하율이 커지기 때문이다.

⑤ 표피 효과가 커지기 때문이다.

17 다음 중 전력용 콘덴서 회로에 방전코일을 설치하는 주된 목적은?

① 선로의 고조파 제거

② 부하단 역률 개선

③ 콘덴서 용량 증가

④ 이상전압으로부터 기기 보호

⑤ 전원 개방 시 잔류전하를 방전시켜 감전 방지

18 다음 중 선로 전압강하 보상기(LDC)에 대한 설명으로 옳은 것은?

① 분로리엑터로 전압상승을 억제하는 것이다.

② 승압기로 저하된 전압을 보상하는 것이다.

③ 고조파필터를 이용하여 고조파를 억제하는 것이다.

④ 선로의 전압강하를 고려하여 모선전압을 조정하는 것이다.

⑤ 서지흡수기를 이용하여 이상전압을 방지하는 것이다.

19 다음 중 수전설비의 단락전류를 제한하기 위해 계통연계기 방식을 사용할 때의 특징으로 옳지 않은 것은?

① 설치된 차단기를 교체하지 않고 계통용량을 늘릴 수 있다.

② 정전범위가 축소되어 공급신뢰도가 향상된다.

③ 전압변동이 크다.

④ 응답속도가 빠르다.

⑤ 차단기가 고정전류 차단 후 연계기는 즉시 평상시 회로로 회복된다.

20 정격전압이 7.2kV, 정격차단용량이 250MVA인 3상용 차단기의 정격 차단전류는 약 몇 A인가?

① 20,047A   ② 20,878A

③ 21,239A   ④ 21,942A

⑤ 22,190A

21 직류 발전기의 자극수가 10, 전기자 도체수가 600, 1자극당의 자속수가 0.01Wb, 회전속도가 1,200rpm일 때, 유도되는 기전력은?(단, 권선은 단중 중권이다)

① 100V   ② 120V

③ 200V   ④ 250V

⑤ 300V

22 전기자 지름이 0.2m인 직류 발전기가 1.5kW의 출력에서 1,800rpm으로 회전하고 있을 때, 전기자 주변속도는 몇 m/s인가?

① 9.42m/s   ② 18.84m/s

③ 21.43m/s   ④ 34.32m/s

⑤ 42.86m/s

23 극수가 10, 동기속도가 600rpm인 동기 발전기에서 나오는 전압의 주파수는 몇 Hz인가?

① 50Hz   ② 60Hz

③ 80Hz   ④ 120Hz

⑤ 150Hz

24 3상 동기 발전기에서 권선 피치와 자극 피치의 비를 $\frac{13}{15}$ 의 단절권으로 하였을 때의 단절권 계수는 얼마인가?

① $\sin\frac{13}{15}\pi$

② $\sin\frac{15}{26}\pi$

③ $\sin\frac{13}{30}\pi$

④ $\sin\frac{15}{13}\pi$

⑤ $\sin\frac{26}{15}\pi$

25 3상 변압기의 임피던스가 $Z[\Omega]$이고, 선간 전압이 $V[kV]$, 정격 용량이 $P[kVA]$일 때 $\%Z$(%임피던스)는?

① $\frac{PZ}{V}$

② $\frac{10PZ}{V}$

③ $\frac{PZ}{10V^2}$

④ $\frac{PZ}{100V^2}$

⑤ $\frac{PZ}{1,000V^2}$

26 3상 배전선에 접속된 V결선의 변압기에서 전부하 시의 출력을 $P[kVA]$라 하면 같은 변압기 한 대를 증설하여 △결선하였을 때의 정격 출력은?

① $\frac{1}{2}P$

② $\frac{2}{\sqrt{3}}P$

③ $\sqrt{3}\,P$

④ $2P$

⑤ $2\sqrt{3}\,P$

27 다음 중 전부하에서의 용량이 10kW 이하인 소형 3상 유도 전동기의 슬립은?

① $0.1 \sim 0.5\%$

② $0.5 \sim 5\%$

③ $5 \sim 10\%$

④ $15 \sim 20\%$

⑤ $25 \sim 50\%$

28 주파수가 60Hz인 회로에 접속되어 슬립이 3%, 회전수가 1,164rpm으로 회전하고 있는 유도 전동기의 극수는?

① 5극   ② 6극

③ 7극   ④ 10극

⑤ 12극

29 반파 정류 회로에서 직류 전압 100V를 얻는 데 필요한 변압기의 역전압 첨두값은?(단, 부하는 순저항으로 하고 변압기 내의 전압 강하는 무시하며, 정류기 내의 전압 강하를 15V로 한다)

① 약 181V   ② 약 361V

③ 약 512V   ④ 약 722V

⑤ 약 932V

30 단상 반파 정류 회로인 경우, 정류 효율은 약 몇 %인가?

① 12.6%   ② 40.6%

③ 60.6%   ④ 81.2%

⑤ 86.4%

31 역률이 60%인 부하에 전압 90V를 가해서 전류 5A가 흘렀다면, 이 부하의 유효 전력은 얼마인가?

① 150W   ② 220W

③ 270W   ④ 310W

⑤ 400W

32 전원 전압이 P, 부하 저항이 R일 때, 최대 전력을 공급하기 위한 조건은?(단, r은 전원의 내부 저항이다)

① $r = R$ ② $r = 2R$

③ $r = 4R$ ④ $r = 6R$

⑤ $r = 8R$

33 선간전압이 200V인 평형 3상 전원에 1상의 저항이 $100\,\Omega$인 3상 델타($\triangle$)부하를 연결할 경우 선전류는?

① $\dfrac{2}{\sqrt{3}}$A

② 2A

③ $\dfrac{\sqrt{3}}{2}$A

④ $2\sqrt{3}$ A

⑤ $\dfrac{\sqrt{2}}{3}$A

34 기전력이 1.5V, 내부저항이 $0.2\,\Omega$인 전지가 15개 있다. 이것들을 모두 직렬로 접속하여 $3\,\Omega$의 부하저항을 연결할 경우의 부하 전류값과, 모두 병렬로 접속하여 $3\,\Omega$의 부하저항을 연결할 경우의 부하 전류값을 가장 가깝게 나타낸 것은?

	직렬	병렬
①	3.25A	0.75A
②	3.75A	0.75A
③	3.25A	0.5A
④	3.75A	0.5A
④	3.25A	0.7A

35 권수가 200회인 코일에 5A의 전류가 흘러서 0.025Wb의 자속이 코일을 지난다고 하면, 이 코일의 자체 인덕턴스는?

① 0.5H

② 1H

③ 1.5H

④ 2H

⑤ 2.5H

36 정현파 교류의 실횻값이 100V이고, 주파수가 60Hz인 경우 전압의 순시값 e는 약 얼마인가?

① 141.4sin377t

② 100sin377t

③ 141.4sin120t

④ 100sin120t

⑤ 141.4sin100t

37 코일의 인덕턴스 $L=200\mu\mathrm{F}$, 공진 주파수 $f_0=710\,\mathrm{kHz}$일 때 공진 회로의 커패시턴스는?

① 약 320PF ② 약 250PF
③ 약 170PF ④ 약 128PF
⑤ 약 100PF

38 △-△ 평형 회로에서 선간 전압이 220V, 부하 임피던스 $Z=6+j8\,\Omega$일 때 선전류는 몇 A인가?

① 약 38A ② 약 36A
③ 약 32A ④ 약 28A
⑤ 약 26A

39 $R=90\,\Omega$, $L=32\mathrm{mH}$, $C=5\mu\mathrm{F}$의 직렬회로에 전원전압 $v(t)=750\cos(5,000-30°)\mathrm{V}$를 인가했을 때, 회로의 리액턴스는?

① $40\,\Omega$ ② $90\,\Omega$
③ $120\,\Omega$ ④ $160\,\Omega$
⑤ $200\,\Omega$

40 부하에 인가되는 비정현파 전압 및 전류가 다음 〈보기〉와 같을 때, 부하에서 소비되는 평균전력은?

---〈보기〉---

- $v(t)=100+80\sin\omega t+60\sin(3\omega t-30°)+40\sin(7\omega t+60°)$
- $i(t)=40+30\cos(\omega t-30°)+20\cos(5\omega t+60°)+10\cos(7\omega t-30°)[\mathrm{A}]$

① 4,700W ② 4,800W
③ 4,900W ④ 5,000W
⑤ 5,100W

41 직류 분권 전동기가 있다. 단자 전압 215V, 전기자 전류 150A, 1,500rpm으로 운전되고 있을 때 발생 토크는?(단, 전기자 저항은 $0.1\,\Omega$ 이다)

① 약 19.5N・m   ② 약 22.4N・m
③ 약 191N・m   ④ 약 220N・m
⑤ 약 240N・m

42 다음 〈보기〉 중 전기력선의 성질에 대한 설명으로 옳은 것을 모두 고르면?

─────────〈보기〉─────────
ㄱ. 전기력선은 양(+)전하에서 시작하여 음(−)전하에서 끝난다.
ㄴ. 전기장 내에 도체를 넣으면 도체 내부의 전기장이 외부의 전기장을 상쇄하나 도체 내부에 전기력선은 존재한다.
ㄷ. 전기장 내 임의의 점에서 전기력선의 접선방향은 그 점에서의 전기장의 방향을 나타낸다.
ㄹ. 전기장 내 임의의 점에서 전기력선의 밀도는 그 점에서의 전기장의 세기와 비례하지 않는다.

① ㄱ, ㄴ   ② ㄱ, ㄷ
③ ㄱ, ㄹ   ④ ㄴ, ㄹ
⑤ ㄷ, ㄹ

43 다음 평판 커패시터의 극판 사이에 서로 다른 유전체를 평판과 평행하게 각각 d_1, d_2의 두께로 채웠다. 각각의 정전용량을 C_1과 C_2라 할 때, $C_1 \div C_2$의 값은?(단, $V_1 = V_2$이고, $d_1 = 2d_2$이다)

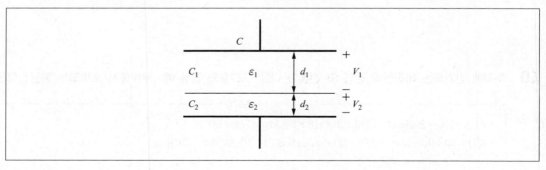

① 0.5   ② 1
③ 2   ④ 4
⑤ 6

44 다음 〈보기〉에서 도체의 전기저항 $R[\Omega]$과 고유저항 $\rho[\Omega \cdot m]$, 단면적 $A[m^2]$, 길이 $l[m]$의 관계에 대한 설명으로 옳은 것을 모두 고르면?

―――――〈보기〉―――――

ㄱ. 전기저항 R은 고유저항 ρ에 비례한다.

ㄴ. 전기저항 R은 단면적 A에 비례한다.

ㄷ. 전기저항 R은 길이 l에 비례한다.

ㄹ. 도체의 길이를 n배 늘리고 단면적을 $1/n$배만큼 감소시키는 경우, 전기저항 R은 n^2배로 증가한다.

① ㄱ, ㄴ   ② ㄱ, ㄷ

③ ㄷ, ㄹ   ④ ㄴ, ㄷ

⑤ ㄱ, ㄷ, ㄹ

45 다음 중 물질 중의 자유전자가 과잉된 상태를 의미하는 말로 옳은 것은?

① 음의 대전상태   ② 발열상태

③ 중성상태   ④ 양의 대전상태

⑤ 전이상태

46 220V, 55W 백열등 2개를 매일 30분씩 10일간 점등했을 때 사용한 전력량과 110V, 55W인 백열등 1개를 매일 1시간씩 10일간 점등했을 때 사용한 전력량의 비는?

① 1 : 1   ② 1 : 2

③ 1 : 3   ④ 1 : 4

⑤ 1 : 5

47 동일한 크기의 전류가 흐르고 있는 왕복 평행 도선에서 간격을 2배로 넓히면 작용하는 힘은 몇 배로 되는가?

① 반으로 줄게 된다.   ② 변함이 없다.

③ 2배로 증가한다.   ④ 3배로 증가한다.

⑤ 4배로 증가한다.

48 다음 그림과 같이 평행한 무한장 직선 도선에 각각 I[A], $8I$[A]의 전류가 흐른다. 두 도선 사이의 점 P에서 측정한 자계의 세기가 0V/m이라면 $\dfrac{b}{a}$ 는?

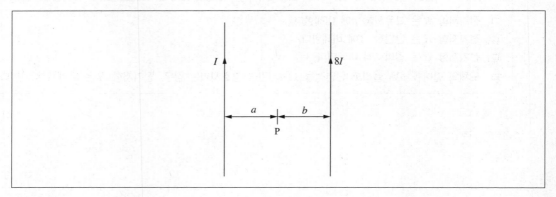

① $\dfrac{1}{8\pi}$

② $\dfrac{1}{8}$

③ 8π

④ 8

⑤ 16π

49 상호인덕턴스가 10mH이고, 두 코일의 자기인덕턴스가 각각 20mH, 80mH일 경우, 상호유도회로에서의 결합계수 k는?

① 0.125

② 0.25

③ 0.375

④ 0.5

⑤ 0.525

50 권수가 600회인 코일에 3A의 전류를 흘렸을 때, 10^{-3}Wb의 자속이 코일과 쇄교하였다면 인덕턴스는?

① 200mH

② 300mH

③ 400mH

④ 500mH

⑤ 600mH

| 03 | 기계

01 다음 중 인장강도에 해당하는 것은?

① 최대 항복응력
② 최대 공칭응력
③ 최대 진응력
④ 최대 전단응력
⑤ 최대 비틀림응력

02 전단 탄성계수가 80GPa인 강봉에 전단응력이 1kPa이 발생했다면 이 부재에 발생한 전단변형률 r은?

① 12.5×10^{-3}
② 12.5×10^{-6}
③ 12.5×10^{-9}
④ 12.5×10^{-12}
⑤ 12.5×10^{-15}

03 균일분포하중 $\omega = 10\text{N/mm}$가 전 길이에 작용할 때, 길이가 50cm인 단순지지보에 생기는 최대 전단력은?

① 0.25kN
② 2.5kN
③ 25kN
④ 250kN
⑤ 2,500kN

04 다음 중 원형축에 비틀림모멘트를 가했을 때, 축의 비틀림각에 대한 설명으로 옳은 것은?

① 축재질의 전단탄성계수 값이 작을수록 비틀림각은 감소한다.
② 축길이가 증가할수록 비틀림각은 감소한다.
③ 단면 극관성모멘트 값이 클수록 비틀림각은 감소한다.
④ 축지름이 작을수록 비틀림각은 감소한다.
⑤ 비틀림각을 구하는 공식은 $\dfrac{32\,T \times L}{G \times \pi d^4}$이다($T$: 토크, L : 축의 길이, G : 전단탄성계수).

05 다음 중 재료의 안전율(Safety Factor)에 대한 설명으로 옳은 것은?

① 안전율은 일반적으로 마이너스(−)값을 취한다.

② 기준강도가 100MPa이고, 허용응력이 1,000MPa이면 안전율은 10이다.

③ 안전율이 너무 크면 안전성은 좋지만 경제성이 떨어진다.

④ 안전율이 1보다 작아질 때 안전성이 좋아진다.

⑤ 일반적인 강재 안전율은 1.5 ~ 2 정도이다.

06 길이가 3m, 단면적이 $0.01m^2$인 원형봉이 인장하중 100kN을 받을 때 봉이 늘어난 길이는?(단, 봉의 영계수는 $E = 300GPa$이다)

① $1 \times 10^{-7} m$ ② 0.001m

③ 0.002m   ④ 0.0001m

⑤ 0.0002m

07 다음 중 탄성계수(E)가 200GPa인 강의 전단 탄성계수(G)는 약 얼마인가?(단, 푸아송 비는 0.3이다)

① 66.7GPa   ② 76.9GPa

③ 100GPa   ④ 267GPa

⑤ 350GPa

08 다음 중 지름이 80mm인 원형단면의 중립축에 대한 관성모멘트는?

① $1 \times 10^6 mm^4$ ② $2 \times 10^6 mm^4$

③ $3 \times 10^6 mm^4$ ④ $4 \times 10^6 mm^4$

⑤ $5 \times 10^6 mm^4$

09 다음 중 사각형의 단면계수를 구하는 식으로 옳은 것은?

① $Z = \dfrac{bh^2}{3}$

② $Z = \dfrac{bh^3}{30}$

③ $Z = \dfrac{\pi d^3}{32}$

④ $Z = \dfrac{bh^2}{6}$

⑤ $Z = \dfrac{bh^3}{36}$

10 다음 중 연성파괴에 대한 설명으로 옳지 않은 것은?

① 컵 – 원뿔 파괴(Cup and Cone Fracture)현상이 나타난다.

② 소성변형이 상당히 일어난 후에 파괴된다.

③ 취성파괴보다 큰 변형에너지가 필요하다.

④ 취성파괴에 비해 덜 위험하다.

⑤ 균열이 매우 빠르게 진전하여 일어난다.

11 다음 중 재결정에 대한 설명으로 옳지 않은 것은?

① 일반적으로 재결정온도는 약 1시간 안에 95% 이상 재결정이 이루어지는 온도로 정의한다.

② 금속의 용융온도를 절대온도 T_m 이라 할 때 재결정온도는 대략 $0.3 \sim 0.5\,T_m$ 범위에 있다.

③ 재결정은 금속의 연성을 증가시키고 강도를 저하시킨다.

④ 냉간가공도가 클수록 재결정온도는 높아진다.

⑤ 결정입자의 크기가 작을수록 재결정온도는 낮아진다.

12 다음 중 상온에서 소성변형을 일으킨 후에 열을 가하면 원래의 모양으로 돌아가는 성질을 가진 재료는?

① 비정질합금

② 내열금속

③ 초소성 재료

④ 형상기억합금

⑤ 비금속

13 다음 중 전기 전도율이 가장 높은 금속은?

① Pb   ② Sn

③ Ni   ④ Ag

⑤ Fe

14 다음 중 연강에서 청열 취성이 일어나기 쉬운 온도는?

① $200 \sim 300$℃   ② $500 \sim 550$℃

③ $700 \sim 723$℃   ④ $900 \sim 950$℃

⑤ $1,000 \sim 1,500$℃

15 다음 중 강의 탄소함유량이 증가함에 따라 나타나는 특성으로 옳지 않은 것은?

① 인장강도가 증가한다.

② 항복점이 증가한다.

③ 경도가 증가한다.

④ 충격치가 증가한다.

⑤ 인성이 감소한다.

16 다음 중 금속의 인장시험의 기계적 성질에 대한 설명으로 옳지 않은 것은?

① 응력이 증가함에 따라 탄성영역에 있던 재료가 항복을 시작하는 위치에 도달하게 된다.

② 탄력(Resilience)은 탄성범위 내에서 에너지를 흡수하거나 방출할 수 있는 재료의 능력을 나타낸다.

③ 연성은 파괴가 일어날 때까지의 소성변형의 정도이고 단면감소율로 나타낼 수 있다.

④ 인성(Toughness)은 인장강도 전까지 에너지를 흡수할 수 있는 재료의 능력을 나타낸다.

⑤ 연성은 부드러운 금속 재료일수록, 고온으로 갈수록 크게 된다.

17 절삭가공의 기본운동에는 주절삭운동, 이송운동, 위치 조정운동이 있다. 다음 중 주로 공작물에 의해 이송 운동이 이루어지는 공작기계끼리 짝지어진 것은?

① 선반, 밀링머신
② 선반, 드릴링머신
③ 드릴링머신, 평면연삭기
④ 밀링머신, 평면연삭기
⑤ 밀링머신, 드릴링머신

18 다음 중 표면경화를 위한 질화법(Nitriding)을 침탄경화법(Car-burizing)과 비교하였을 때 옳지 않은 것은?

① 질화법은 침탄경화법에 비하여 경도가 높다.
② 질화법은 침탄경화법에 비하여 경화층이 얇다.
③ 질화법은 경화를 위한 담금질이 필요 없다.
④ 질화법은 침탄경화법보다 가열온도가 높다.
⑤ 질화법은 침탄경화법에 비하여 처리시간이 길다.

19 다음 중 강의 담금질 열처리에서 냉각속도가 가장 느린 경우에 나타나는 조직은?

① 소르바이트
② 잔류 오스테나이트
③ 트루스타이트
④ 마텐자이트
⑤ 베이나이트

20 결정조직을 미세화시키기 위해 A_3, A_{cm}보다 30 ~ 50℃ 높게 가열한 후 공기 중에서 냉각시켜 미세한 소르바이트 조직을 얻는 열처리 방법은?

① 템퍼링(Tempering)
② 퀜칭(Quenching)
③ 노멀라이징(Normalizing)
④ 어닐링(Annealing)
⑤ 오스포밍(Ausforming)

21 다음 중 압출가공에 대한 설명으로 옳은 것은?

① 소재를 용기에 넣고 높은 압력을 가하여 다이구멍으로 통과시켜 형상을 만드는 가공법이다.

② 소재를 일정온도 이상으로 가열하고 해머 등으로 타격하여 모양이나 크기를 만드는 가공법이다.

③ 원뿔형 다이구멍으로 통과시킨 소재의 선단을 끌어당기는 방법으로 형상을 만드는 가공법이다.

④ 회전하는 한 쌍의 롤 사이로 소재를 통과시켜 두께와 단면적을 감소시키고 길이방향으로 늘리는 가공법이다.

⑤ 소재나 공구(롤) 또는 그 양쪽을 회전시켜서 밀어붙여 공구의 모양과 같은 형상을 소재에 각인하는 가공법이다.

22 다음 중 구성인선이 발생되지 않도록 하는 노력으로 옳은 것은?

① 바이트의 윗면 경사각을 작게 한다.

② 윤활성이 높은 절삭제를 사용한다.

③ 절삭깊이를 크게 한다.

④ 절삭속도를 느리게 한다.

⑤ 세라믹공구를 사용한다.

23 다음 그림과 같이 접시 머리 나사를 이용하여 공작물을 체결하고자 할 때, 나사머리가 들어갈 수 있게 가공하는 방법으로 옳은 것은?

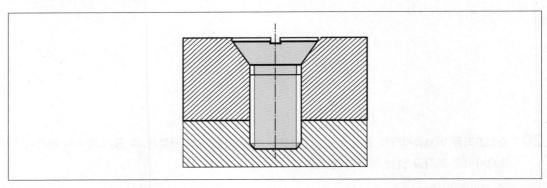

① 태핑   ② 스폿 페이싱

③ 카운터 보링   ④ 카운터 싱킹

⑤ 리밍

24 다음 중 내충격성에 대한 설명으로 옳은 것은?

① 강재가 외부에서 발생하는 충격 에너지를 흡수할 수 있는 성질이다.

② 어떤 외력이 작용하여도 외력의 변형 없이 유지되려는 성질이다.

③ 반복적인 사용으로도 그 성능을 유지할 수 있는 성질이다.

④ 고온, 장기간의 하중에도 변형이 크게 발생하지 않는 성질이다.

⑤ 어떤 재료를 실처럼 길게 늘일 수 있는 성질이다.

25 다음 설명에 해당하는 성형불량은?

> 성형품의 냉각이 비교적 높은 부분에서 발생하는 성형 수축으로 표면에 나타나는 오목한 부분의 결함을 말한다. 이를 제거하기 위해서는 성형품의 두께를 균일하게 하고, 스프루, 러너, 게이트를 크게 하여 금형 내의 압력이 균일하도록 하며, 성형온도를 낮게 억제한다. 두께가 두꺼운 위치에 게이트를 설치하여 성형온도를 낮게 억제한다.

① 플래시현상　　　　　　　　　② 싱크마크현상

③ 플로마크현상　　　　　　　　④ 제팅현상

⑤ 웰드마크현상

26 다음 용접의 방법 중에서 고상용접으로 옳지 않은 것은?

① 확산용접(Diffusion Welding)

② 초음파용접(Ultrasonic Welding)

③ 일렉트로 슬래그용접(Electro Slag Welding)

④ 마찰용접(Friction Welding)

⑤ 폭발용접(Explosive Welding)

27 다음 중 인베스트먼트주조법의 설명으로 옳지 않은 것은?

① 모형을 왁스로 만들어 로스트왁스주조법이라고도 한다.

② 생산성이 높은 경제적인 주조법이다.

③ 주물의 표면이 깨끗하고 치수정밀도가 높다.

④ 복잡한 형상의 주조에 적합하다.

⑤ 패턴을 내열재로 코팅한다.

28 절삭속도 150m/min, 이송속도 0.34mm/rev로 지름이 50mm인 원형 단면 봉을 선삭할 수 있는 공작기기로 동일 재질의 동형 봉 700mm를 1회 선삭할 때 필요한 가공시간(분)은?

① 약 1.4분
② 약 2.2분
③ 약 3.5분
④ 약 5.3분
⑤ 약 6.7분

29 다음 중 전조가공에 대한 설명으로 옳지 않은 것은?

① 나사 및 기어의 제작에 이용될 수 있다.
② 절삭가공에 비해 생산속도가 높다.
③ 매끄러운 표면을 얻을 수 있지만, 재료의 소실이 많다.
④ 소재표면에 압축잔류응력을 남기므로 피로수명을 늘릴 수 있다.
⑤ 조직이 미세하여 인장강도와 피로강도가 증가한다.

30 다음 중 관통하는 구멍을 뚫을 수 없는 경우에 사용하는 것으로, 볼트의 양쪽 모두 수나사로 가공되어 나사 머리가 없는 볼트는?

① 스터드볼트
② 관통볼트
③ 아이볼트
④ 나비볼트
⑤ 탭볼트

31 진원도를 측정하는 방법 중 측정한 도형을 n등분하여 구한 평균원의 중심을 기준으로 외접원과 내접원의 반경차를 진원도로 결정하는 방법은?

① 최소 영역중심법
② 최소 외접원중심법
③ 최대 내접원중심법
④ 최소 자승중심법
⑤ 최대 자승중심법

32 다음 중 동력 전달용 기계요소가 아닌 것은?

① 축
② 스프링
③ 커플링
④ 베어링
⑤ 벨트

33 다음 중 비교측정법 중 하나인 공기 마이크로미터의 특징에 대한 설명으로 옳지 않은 것은?

① 다원측정이 쉽다.

② 안지름 측정이 용이하다.

③ 소량생산에 유리하다.

④ 배율이 높은 편이다.

⑤ 복잡한 구조나 형상도 간단하게 측정 가능하다.

34 다음 중 기준 치수에 대한 공차가 $\phi 150^{+\,0.04}_{\ \ \ 0}$mm인 구멍에, $\phi 150^{+\,0.03}_{-\,0.08}$mm인 축을 조립할 때 해당되는 끼워맞춤은?

① 억지 끼워맞춤

② 아주 억지 끼워맞춤

③ 중간 끼워맞춤

④ 헐거운 끼워맞춤

⑤ 아주 헐거운 끼워맞춤

35 다음 중 탄소강의 5대 원소를 바르게 나열한 것은?

① Fe, C, Ni, Si, Au

② Ag, C, Si, Mn, P

③ C, Si, Mn, P, S

④ Ni, C, Si, Mn, S

⑤ Li, C, Mg, P, S

36 다음 중 평벨트와 비교한 V벨트 전동장치의 특징으로 옳지 않은 것은?

① 미끄럼이 적고 속도비가 보통 크다.

② 운전이 정숙하고 충격을 잘 흡수한다.

③ 바로걸기와 엇걸기에 사용한다.

④ 작은 장력으로 큰 동력을 전달할 수 있다.

⑤ 벨트의 벗겨짐 없이 동력전달이 가능하다.

37 다음 중 피치원지름이 D, 기어잇수가 Z, 공구압력각이 α인 평기어의 기초원피치로 옳은 것은?

① $\dfrac{\pi D}{Z}\sin\alpha$

② $\dfrac{\pi D}{Z}\cos\alpha$

③ $\dfrac{Z}{\pi D}\sin\alpha$

④ $\dfrac{\pi D^2}{Z}\cos\alpha$

⑤ $\dfrac{Z^2}{\pi D}\sin\alpha$

38 다음 중 리벳작업에서 코킹을 하는 목적으로 옳은 것은?

① 패킹재료를 삽입하기 위해
② 파손재료를 수리하기 위해
③ 부식을 방지하기 위해
④ 밀폐를 유지하기 위해
⑤ 구멍을 뚫기 위해

39 다음 중 축의 위험속도에 대한 내용으로 옳은 것은?

① 축에 작용하는 최대 비틀림모멘트
② 축베어링이 견딜 수 있는 최고 회전속도
③ 축의 고유진동수
④ 축에 작용하는 최대 굽힘모멘트
⑤ 축의 최대 인장강도

40 다음 중 배관 내 순간적으로 압력차가 발생하여 충격압을 만들어 음을 발하며 진동하는 현상은?

① 서징현상

② 공동현상

③ 수격현상

④ 진동현상

⑤ 과열현상

41 탄성한도 내 인장 하중을 받는 봉이 있다. 응력을 4배로 증가시키면 최대 탄성에너지는 몇 배인가?

① 4배

② 8배

③ $\frac{1}{4}$ 배

④ $\frac{1}{8}$ 배

⑤ 16배

42 지름이 3m, 두께가 3cm인 얇은 원통에 860kPa의 내압이 작용할 때, 이 원통에 발생하는 최대 전단응력은?

① -8.2MPa

② -10.75MPa

③ 10.75MPa

④ -15.85MPa

⑤ 15.85MPa

43 2축 응력의 횡단면과 60° 경사진 단면에서 $\sigma_x = 132.6$MPa, $\sigma_y = 45.6$MPa일 때, 법선응력 σ_n과 전단응력 τ의 값은?

① $\sigma_n = 67.4$MPa, $\tau = 37.7$MPa

② $\sigma_n = -67.4$MPa, $\tau = -37.7$MPa

③ $\sigma_n = -102.3$MPa, $\tau = 37.7$MPa

④ $\sigma_n = 102.3$MPa, $\tau = -37.7$MPa

⑤ $\sigma_n = 132.3$MPa, $\tau = 37.7$MPa

44 지름이 150mm인 축이 200rpm으로 회전한다. 1m 떨어진 두 단면에서 측정한 비틀림 각이 1/20rad이었다면 이 축에 작용하는 비틀림 모멘트의 크기는 약 얼마인가?(단, 가로탄성계수는 100GPa이다)

① 135.2kN·m

② 152.7kN·m

③ 198.2kN·m

④ 232.5kN·m

⑤ 248.5kN·m

45 폭이 30cm, 높이가 10cm, 길이가 1.5m인 외팔보의 자유단에 8kN의 집중하중을 작용시킬 때의 최대 처짐은?(단, 탄성계수 $E=200\text{GPa}$이다)

① 2.5mm   ② 2.0mm

③ 1.8mm   ④ 1.5mm

⑤ 1.2mm

46 다음 중 응력집중현상에 대한 설명으로 옳지 않은 것은?

① 필릿의 반지름을 크게 하여 응력집중현상을 감소시킨다.

② 노치, 구멍, 홈 및 단 부위에 응력집중현상이 발생된다.

③ 응력집중 정도를 알아보기 위한 응력집중계수는 재료의 크기와 재질에 영향을 크게 받는다.

④ 단면부분을 열처리하거나 표면 거칠기를 향상시켜서 응력집중현상을 감소시킨다.

⑤ 열간 압연이나 열간 단조 등을 통해 내부의 기공을 압축시켜 응력집중현상을 감소시킨다.

47 다음 중 금속이 고온에서 장시간 외력을 받으면 서서히 변형이 증가하는 현상은?

① 전성   ② 크리프

③ 가단성   ④ 연성

⑤ 피로

48 단면적이 500mm², 길이가 100mm인 봉에 50kN의 길이방향하중이 작용했을 때, 탄성영역에서 늘어난 길이는 2mm일 때, 이 재료의 탄성계수는?

① 5GPa   ② 2.5GPa

③ 5MPa   ④ 2.5MPa

⑤ 5kPa

49 다음 중 열처리에 대한 설명으로 옳지 않은 것은?

① 완전 풀림처리(Full Annealing)에서 얻어진 조직은 조대 펄라이트(Pearlite)이다.

② 노멀라이징(Normalizing)은 강의 풀림처리에서 일어날 수 있는 과도한 연화를 피할 수 있도록 공기 중에서 냉각하는 것을 의미한다.

③ 오스템퍼링(Austempering)은 오스테나이트(Austenite)에서 베이나이트(Bainite)로 완전히 등온변태가 일어날 때까지 특정온도로 유지한 후 공기 중에서 냉각한다.

④ 스페로다이징(Spherodizing)은 미세한 펄라이트 구조를 얻기 위해 공석온도 이상으로 가열한 후 서랭하는 공정이다.

⑤ 마템퍼링(Martempering)은 마텐자이트와 베이나이트의 혼합조직을 얻는 방법이다.

50 다음 중 황 성분이 적은 선철을 용해로, 전기로에서 용해한 후 주형에 주입 전 마그네슘, 세륨, 칼슘 등을 첨가시켜 흑연을 구상화한 것은?

① 합금주철   ② 구상흑연주철

③ 칠드주철   ④ 가단주철

⑤ 백주철

한국전력기술

정답 및 해설

온라인 모의고사 무료쿠폰

쿠폰 번호	NCS 1회	APGH-00000-32395
	NCS 2회	APGI-00000-8BA3B
	사무 전공	APGJ-00000-308EC
	전기 전공	APGK-00000-374C1
	기계 전공	APGL-00000-1EE2B

[쿠폰 사용 안내]

1. 합격시대 홈페이지(www.sdedu.co.kr/pass_sidae_new)에 접속합니다.
2. 홈페이지 중앙 '1회 무료 이용권 제공' 배너를 클릭하고, 쿠폰번호를 등록합니다.
3. 내강의실 > 모의고사 > 합격시대 모의고사를 클릭하면 모의고사 응시가 가능합니다.

※ 본 쿠폰은 등록 후 30일간 이용 가능합니다.
※ iOS / macOS 운영체제에서는 서비스되지 않습니다.

무료NCS특강 쿠폰

쿠폰번호 QUE-14925-17108

[쿠폰 사용 안내]

1. SD에듀 홈페이지(www.sdedu.co.kr)에 접속합니다.
2. 상단 카테고리 「이벤트」를 클릭합니다.
3. 「NCS 도서구매 특별혜택 이벤트」를 클릭한 후 쿠폰번호를 입력합니다.

끝까지 책임진다! SD에듀!

QR코드를 통해 도서 출간 이후 발견된 오류나 개정법령, 변경된 시험 정보, 최신기출문제, 도서 업데이트 자료 등이 있는지 확인해 보세요! 시대에듀 합격 스마트 앱을 통해서도 알려 드리고 있으니 구글 플레이나 앱 스토어에서 다운받아 사용하세요. 또한, 파본 도서인 경우에는 구입하신 곳에서 교환해 드립니다.

제1회 모의고사 정답 및 해설

01	02	03	04	05	06	07	08	09	10
③	⑤	④	①	①	④	④	③	④	⑤
11	12	13	14	15	16	17	18	19	20
④	②	①	①	②	⑤	④	③	④	②
21	22	23	24	25	26	27	28	29	30
⑤	①	⑤	②	①	②	④	④	③	④
31	32	33	34	35	36	37	38	39	40
②	③	①	②	⑤	②	④	④	④	②
41	42	43	44	45	46	47	48	49	50
①	③	④	③	④	②	②	②	②	④
51	52	53	54	55	56	57	58	59	60
③	③	②	①	③	④	②	②	④	⑤

01 　　　　　　　　　　　　　　　　　　　정답 ③

'적립방식'은 받을 연금과 내는 보험료의 비율이 누구나 일정하므로 보험료 부담이 공평하지만, '부과방식'은 노인 인구가 늘어날 경우 젊은 세대의 부담이 증가한다. 따라서 '적립방식'은 세대 간 부담의 공평성이 확보되고, '부과방식'은 세대 간 부담의 공평성이 미흡하다고 할 수 있다.

02 　　　　　　　　　　　　　　　　　　　정답 ⑤

마지막 문단을 보면 확정급여방식은 근로자가 받게 될 퇴직급여를 사전에 확정하는 연금으로, 적립금의 운용을 연금 관리자가 직접하고, 그 책임도 연금 관리자가 부담한다고 언급하고 있다.

03 　　　　　　　　　　　　　　　　　　　정답 ④

(가) $\frac{2,574}{7,800} \times 100 = 33\%$

(나) $\frac{764}{1,149} \times 100 \fallingdotseq 66.5\%$

04 　　　　　　　　　　　　　　　　　　　정답 ①

각각의 조건을 수식으로 비교해 보면 다음과 같다.
A>B, D>C, F>E>A, E>B>D
∴ F>E>A>B>D>C

05 　　　　　　　　　　　　　　　　　　　정답 ①

[수식] 탭 – [수식 분석] 그룹 – [수식 표시]를 클릭하면 결괏값이 아닌 수식 자체가 표시된다.

06 　　　　　　　　　　　　　　　　　　　정답 ④

UPPER은 알파벳 소문자를 대문자로 변경하고, TRIM은 불필요한 공백을 제거하므로 'MNG-002KR'이 결괏값으로 출력된다.

07 　　　　　　　　　　　　　　　　　　　정답 ④

WT전략은 외부 환경의 위협 요인을 회피하고 약점을 보완하는 전략을 적용해야 한다. ④는 강점인 'S'를 강화하는 방법에 대해 이야기하고 있다.

오답분석
① SO전략은 기회를 활용하면서 강점을 더욱 강화시키는 전략이므로 옳은 내용이다.
② WO전략은 외부의 기회를 사용해 약점을 보완하는 전략이므로 옳은 내용이다.
③ ST전략은 외부 환경의 위협을 회피하며 강점을 적극 활용하는 전략이므로 옳은 내용이다.
⑤ WT전략은 외부 환경의 위협 요인을 회피하고 약점을 보완하는 전략이므로 옳은 내용이다.

08 　　　　　　　　　　　　　　　　　　　정답 ③

전체 47개 기업 중 존속성 기술을 개발하는 기업은 24개이고, 와해성 기술을 개발하는 기업은 23개이므로 옳은 내용이다.

오답분석
① 와해성 기술을 개발하는 기업은 총 23개인데, 이 중 벤처기업은 12개이고, 대기업은 11개이므로 벤처기업의 비율이 더 높다. 따라서 옳지 않은 내용이다.

② 기술추동전략을 취하는 기업은 총 20개인데, 이 중 존속성 기술을 개발하는 기업은 12개이고, 와해성 기술을 개발하는 기업은 8개이므로 존속성 기술을 개발하는 기업의 비율이 더 높다. 따라서 옳지 않은 내용이다.
④ 벤처기업은 총 20개인데 이 중 기술추동전략을 취하는 기업이 10개이고, 시장견인전략을 취하는 기업이 10개로 동일하므로 옳지 않은 내용이다.
⑤ 대기업은 총 27개인데 이 중 시장견인전략을 취하는 기업이 17개이고, 기술추동전략을 취하는 기업은 10개이므로 옳지 않은 내용이다.

09
정답 ④

(가)$=723-(76+551)=96$
(나)$=824-(145+579)=100$
(다)$=887-(131+137)=619$
(라)$=114+146+688=948$
∴ (가)$+$(나)$+$(다)$+$(라)$=96+100+619+948=1,763$

10
정답 ⑤

다섯 번째 조건에 의해 나타날 수 있는 경우는 다음과 같다.

구분	1순위	2순위	3순위
경우 1	A	B	C
경우 2	B	A	C
경우 3	A	C	B
경우 4	B	C	A

• 두 번째 조건 : (경우 1)$+$(경우 3)$=11$명
• 세 번째 조건 : (경우 1)$+$(경우 2)$+$(경우 4)$=14$명
• 네 번째 조건 : (경우 4)$=6$명
따라서 C에 3순위를 부여한 사람의 수는 $14-6=8$명이다.

11
정답 ④

규정에 따르면 여비를 운임·숙박비·식비·일비로 구분하고 있다.
• 운임 : 철도·선박·항공운임에 대해서만 지급한다고 규정하고 있으므로, 버스 또는 택시요금에 대해서는 지급하지 않는다. 따라서 철도운임만 지급되며 일반실 기준으로 실비로 지급하므로 여비는 $43,000+43,000=86,000$원이다.
• 숙박비 : 1박당 실비로 지급하되, 그 상한액은 40,000원이다. 그러나 출장 기간이 2일 이상인 경우에는 출장 기간 전체의 총액 한도 내에서 실비로 지급한다고 하였으므로, 3일간의 숙박비는 총 120,000원 내에서 실비가 지급된다. 따라서 B과장이 지출한 숙박비 $45,000+30,000+35,000=110,000$원 모두 여비로 지급된다.
• 식비 : 1일당 20,000원으로 여행일수에 따라 지급된다. 총 4일이므로 80,000원이 지급된다.
• 일비 : 1인당 20,000원으로 여행일수에 따라 지급된다. 총 4일이므로 80,000원이 지급된다.

따라서 B과장이 정산받은 여비의 총액은 $86,000+110,000+80,000+80,000=356,000$원이다.

12
정답 ②

B는 뒷면을 가공한 이후 A의 앞면 가공이 끝날 때까지 5분을 기다려야 한다. 즉, '뒷면 가공 → 5분 기다림 → 앞면 가공 → 조립'이 이루어지므로 총 45분이 걸리고, 유휴 시간은 5분이다.

13
정답 ①

사원별 성과지표의 평균을 구하면 다음과 같다.
• A사원 : $(3+3+4+4+4)\div5=3.6$
• B사원 : $(3+3+3+4+4)\div5=3.4$
• C사원 : $(5+2+2+3+2)\div5=2.8$
• D사원 : $(3+3+2+2+5)\div5=3$
• E사원 : $(4+2+5+3+3)\div5=3.4$
즉, A사원만 당해 연도 연봉에 1,000,000원이 추가된다.
각 사원의 당해 연도 연봉을 구하면 다음과 같다.
• A사원 : 300만$+(3\times300$만$)+(3\times200$만$)+(4\times100$만$)+(4\times150$만$)+(4\times100$만$)+100$만$=33,000,000$원
• B사원 : 300만$+(3\times300$만$)+(3\times200$만$)+(3\times100$만$)+(4\times150$만$)+(4\times100$만$)=31,000,000$원
• C사원 : 300만$+(5\times300$만$)+(2\times200$만$)+(2\times100$만$)+(3\times150$만$)+(2\times100$만$)=30,500,000$원
• D사원 : 300만$+(3\times300$만$)+(3\times200$만$)+(2\times100$만$)+(2\times150$만$)+(5\times100$만$)=28,000,000$원
• E사원 : 300만$+(4\times300$만$)+(2\times200$만$)+(5\times100$만$)+(3\times150$만$)+(3\times100$만$)=31,500,000$원
따라서 가장 많은 연봉을 받을 직원은 A사원이다.

14
정답 ①

제시된 조건에 따라 9월 달력을 정리하면 다음과 같다.

월	화	수	목	금	토	일
				1	2	3
4	5	6	7	8	9	10
11	12	13 치과	14	15	16	17
18	19	20 치과	21	22	23	24
25	26	27	28 회의	29	30 추석연휴	

치과 진료는 수요일 연속 3주간 받는다고 하였으므로 셋째 주, 넷째 주 수요일은 무조건 치과 진료가 있다. 또한 8박 9일간 신혼여행을 간다고 하였으므로 적어도 9일은 쉴 수 있어야 한다. 위 달력

에서 9일 동안 아무 일정이 없는 날은 1일부터 12일까지이다. 신혼여행으로 인한 휴가는 5일 동안이므로 이 조건을 고려하면 B대리의 신혼여행은 9월 2일부터 10일까지이다. 결혼식 다음날 신혼여행을 간다고 하였으므로 B대리의 결혼날짜는 9월 1일이다.

15
정답 ②

면접평가 결과를 점수로 변환하면 다음과 같다.

면접자 평가요소	A	B	C	D	E
의사소통능력	100	100	100	80	50
문제해결능력	80	75	100	75	95
조직이해능력	95	90	60	100	90
대인관계능력	50	100	80	60	85

변환된 점수에 최종 합격자 선발 기준에 따른 평가비중을 곱하여 최종 점수를 도출하면 다음과 같다.
- A : $100 \times 0.4 + 80 \times 0.3 + 95 \times 0.2 + 50 \times 0.1 = 88$점
- B : $100 \times 0.4 + 75 \times 0.3 + 90 \times 0.2 + 100 \times 0.1 = 90.5$점
- C : $100 \times 0.4 + 100 \times 0.3 + 60 \times 0.2 + 80 \times 0.1 = 90$점
- D : $80 \times 0.4 + 75 \times 0.3 + 100 \times 0.2 + 60 \times 0.1 = 80.5$점
- E : $50 \times 0.4 + 95 \times 0.3 + 90 \times 0.2 + 85 \times 0.1 = 75$점

따라서 최종 합격자는 상위 2명이므로 B, C가 선발된다.

16
정답 ⑤

소득평가액은 실제소득에서 가구특성별 지출비용을 뺀 것이다.

17
정답 ④

세 번째 문단의 '상품에 응용된 과학 기술이 복잡해지고 첨단화되면서 상품 정보에 대한 소비자의 정확한 이해도 기대하기 어려워졌다.'는 내용과 일맥상통한다.

18
정답 ③

2022년 축구 동호회 인원 증가율 : $\dfrac{131-114}{114} \times 100 ≒ 15\%$

따라서 2023년 축구 동호회 인원은 $131 \times 1.15 ≒ 151$명이다.

19
정답 ④

2020년 전체 동호회의 평균 인원은 $419 \div 7 ≒ 60$명이다. 따라서 2020년 족구 동호회 인원이 62명이므로 전체 동호회의 평균 인원보다 더 많다.

오답분석
① 족구와 배구 동호회의 순위가 2019년과 2020년에 다르다.

② 2020년과 2021년을 비교하면 다음과 같다.

분모증가율은 $\dfrac{554-419}{419} ≒ \dfrac{1}{3}$이고,

분자증가율은 $\dfrac{42-35}{35} = \dfrac{1}{5}$이다.

따라서 2021년에는 비중이 감소했다.

③ 2019년과 2020년을 비교하면 다음과 같다.

분모증가율은 $\dfrac{419-359}{359} ≒ \dfrac{1}{6}$이고,

분자증가율은 $\dfrac{56-52}{52} = \dfrac{1}{13}$이다.

따라서 2020년에는 비중이 감소했다.

⑤ 2019년부터 등산과 여행 동호회 인원의 합은 각각 31, 60, 81, 131명이므로, 2022년에는 축구 동호회 인원과 동일하다.

20
정답 ②

2019년과 2022년 처리 건 중 인용 건의 비율을 구하면 2019년은 $\dfrac{3,667}{32,737} = 11.20\%$이고, 2022년은 $\dfrac{3,031}{21,080} = 14.38\%$로 차이는 $14.38-11.20=3.18\%p$이다. 따라서 처리 건 중 인용 건의 비율은 2022년이 2019년에 비해 3% 이상 높다.

오답분석
ㄱ. 기타처리 건의 전년 대비 감소율은 다음과 같다.
- 2020년 : $\dfrac{12,871-16,674}{16,674} \times 100 ≒ -22.81\%$
- 2021년 : $\dfrac{10,166-12,871}{12,871} \times 100 ≒ -21.02\%$
- 2022년 : $\dfrac{8,204-10,166}{10,166} \times 100 ≒ -19.30\%$

따라서 매년 감소하였다.

ㄷ. 처리 건 대비 조정합의 건의 비율은 다음과 같다.

2020년은 $\dfrac{2,764}{28,744} \times 100 ≒ 9.62\%$이므로,

2021년의 $\dfrac{2,644}{23,573} \times 100 ≒ 11.22\%$보다 낮다.

ㄹ. 조정합의 대비 의견표명 건의 비율은 다음과 같다.
- 2019년 : $\dfrac{467}{2,923} \times 100 ≒ 15.98\%$
- 2020년 : $\dfrac{474}{2,764} \times 100 ≒ 17.15\%$
- 2021년 : $\dfrac{346}{2,644} \times 100 ≒ 13.09\%$
- 2022년 : $\dfrac{252}{2,567} \times 100 ≒ 9.82\%$

조정합의 대비 의견표명 건의 비율이 높은 순서로 나열하면 2020 - 2019 - 2021 - 2022이다. 또한, 평균처리일이 짧은 순서로 나열하면 2020 - 2022 - 2019 - 2021년이다. 따라서 평균처리일과 조정합의 대비 의견표명 비율의 순서는 일치하지 않는다.

21
정답 ⑤

가격, 조명도, A/S 등의 요건이 주어진 조건에 모두 부합한다.

오답분석

① 예산이 150만 원이라고 했으므로 예산을 초과하였다.
② 해외 A/S만 가능하므로 신속한 A/S 조건에 맞지 않는다.
③ 조명도가 5,000lx 미만이므로 적절하지 않다.
④ 가격과 조명도 적절하고 특이사항도 문제없지만, 가격이 저렴한 제품을 우선으로 한다고 하였으므로 E가 적절하다.

22
정답 ①

슬라이드 쇼 실행 화면에서 〈Ctrl〉+〈P〉를 누르면 화살표가 펜으로 변경된다.

오답분석

② 〈Ctrl〉+〈A〉 : 펜을 화살표로 변경하기
③ 〈Ctrl〉+〈S〉 : 전체 슬라이드 목록을 표시하기
④ 〈Ctrl〉+〈M〉 : 펜으로 작성한 내용 숨기기 / 표시하기
⑤ 〈Ctrl〉+〈E〉 : 펜으로 작성한 내용 삭제하기

23
정답 ⑤

A는 각 지사를 최소 한 번 방문하여야 하므로, 총 30일 중 S지사를 1번, M지사를 2번 방문하고, 나머지 27번을 모두 G지사를 방문할 수 있었을 것이다.

오답분석

① 대소관계를 지키면서 A는 S지사 1번, M지사 14번, G지사를 15번 방문할 수 있다. 따라서 M지사를 최대 14번 방문하였을 것이다.
② A가 G지사를 방문하는 횟수는 최소 11번이므로 옳지 않다.
③ A가 6월 동안 휴가를 2일 사용하였다면 지사에 방문가능한 최대일수는 28일이다. S지사를 1번, M지사를 13번, G지사를 14번 방문하는 경우가 가능하므로 M지사를 최대 13번 방문하였을 것이다.
④ B는 A가 S지사를 방문하는 날에만 동행하였으며, A가 S지사를 가장 많이 방문하는 경우는 S지사 9번, M지사 10번, G지사를 11번 방문하는 경우이므로 6월 한 달 동안 A와 많아야 9번 동행하였을 것이다.

24
정답 ②

조건 ㉠~㉑을 이용하여 표를 그리면 다음과 같다.

구분	월	화	수	목	금
서울	일본		미국		중국
수원	미국	미국			
인천	중국			미국	
대전	한국				미국

조건 ◎에 따라 한국은 화, 수요일에는 인천에서 연습을 한다. 그러면 목요일에는 서울, 금요일에는 수원에서 연습을 한다. 조건 ㉠, ㉡, ㉣을 이용하여 표를 완성하면 다음과 같다.

구분	월	화	수	목	금
서울	일본	일본	미국	한국	중국
수원	미국	미국	일본	중국	한국
인천	중국	한국	한국	미국	일본
대전	한국	중국	중국	일본	미국

따라서 ②는 옳지 않다.

25
정답 ①

기술시스템(Technological System)은 개별 기술이 네트워크로 결합하는 것을 말한다. 인공물의 집합체만이 아니라 투자회사, 법적 제도, 정치, 과학, 자연자원을 모두 포함하는 것으로, 사회기술시스템이라고도 한다.

26
정답 ②

성장기 후반에는 가격인하경쟁에 대응하고 선택적 수요를 자극하기 위한 촉진비용이 많이 소요되므로 이익은 다시 감소하기 시작한다.

27
정답 ④

리더와 부하 간의 상호관계는 조직문화의 구성요소 중 리더십 스타일에 대한 설명이다. 관리시스템은 조직문화의 구성요소로서 장기전략 목적 달성에 적합한 보상제도와 인센티브, 경영정보와 의사결정시스템, 경영계획 등 조직의 목적을 실제로 달성하는 모든 경영관리제도와 절차를 의미한다.

28
정답 ④

⊞(플러스)를 누를 경우 슬라이드가 확대된다. 모든 슬라이드를 보기 위해서는 ⊟(하이픈, 마이너스)를 눌러야 한다.

29
정답 ③

모든 식물이 아닌 전체 식물의 90% 정도가 피보나치 수열의 잎차례를 따르고 있다.

30
정답 ④

제시된 기사는 피보나치 수열과 식물에서 나타나는 피보나치 수열을 설명하고 있으므로 제목으로 ④가 적절하다.

오답분석

①은 첫 번째 문단, ②는 두 번째 문단, ③은 여섯 번째 문단, ⑤는 다섯 번째 문단에 대한 내용이므로 기사 전체에 대한 제목으로는 적절하지 않다.

31

정답 ②

3) 18   15
    6   5

18과 15의 최소공배수는 $3\times6\times5=90$이다.
즉, 두 열차가 동시에 출발하는 시간의 간격은 90분이다.
정각에 두 열차가 동시에 출발하는 시간의 간격은 60분(1시간)과 90분의 최소공배수이다.

2) 60   90
3) 30   45
5) 10   15
    2   3

60과 90의 최소공배수는 $2\times3\times5\times2\times3=180$이다.
따라서 오전 7시 이후 다음 정각에 두 열차가 동시에 출발하는 시간은 오전 7시로부터 180분 후인 오전 10시이다.

32

정답 ③

조건을 충족하는 경우를 표로 나타내보면 다음과 같다.

A	B	C	D
주황색	남색 또는 노란색	빨간색	남색 또는 노란색
파란색	보라색	–	–
	초록색	–	–

조건에서 A – 주황색, C – 빨간색, B – 초록색(∵ B는 C의 구두와 보색관계의 구두), B·D – 남색 또는 노란색 중 각각 하나씩(∵ B와 D는 빨간색 – 초록색을 제외한 나머지 보색 조합인 노란색 – 남색 중 각각 하나씩을 산다)임을 알 수 있다. 또한 B, D는 파란색을 싫어하므로 A나 C가 파란색을 사야 한다. 그러나 C가 두 컬레를 사게 되면 A는 한 컬레만 살 수 있으므로 조건에 어긋난다. 따라서 A가 파란색을 산다. 또한 C나 D가 보라색을 사면 네 번째 조건을 충족할 수 없으므로, B가 보라색을 산다.

33

정답 ①

제시문은 기술이 내적인 발전 경로를 가지고 있다는 통념을 비판하기 위해 다양한 사례 연구를 논거로 인용하고 있다. 따라서 인용하고 있는 연구 결과를 반박할 수 있는 자료가 있다면 글쓴이의 주장은 설득력을 잃게 된다.

34

정답 ②

쓰레기 배출 요일을 표로 정리하면 다음과 같다.

구분	월	화	수	목	금	토	일
1주 차	A		B		C		D
2주 차		E		A		B	
3주 차	C		D		E		A

월요일의 배출 순서는 'A → C → E → B → D → A'이고, 각 주기는 2주이다. 따라서 1주+10주=11주 차이다.

① 2주 차만 보더라도 참이다.
③ 배출 요일은 3일씩 밀리고 이는 7과 서로소이므로 옳다.
④ 2주에 걸쳐 모두 7번의 쓰레기 배출이 이루어진다. 따라서 다섯 동 중에 두 동은 두 번 배출한다.
⑤ 목요일의 배출 순서는 'A → C → E → B → D → A'이고, 각 주기는 2주이다. 따라서 B동이 목요일에 쓰레기를 버리는 주는 2주+6주=8주 차이다.

35

정답 ⑤

우리나라는 대부분 대지귀로 방식을 사용하는 해외와 달리 전극소로 사용할 넓은 땅을 확보하기 힘들어 도체귀로 방식을 택하고 있다. 도체귀로 방식은 전류가 전선과 도체(중성선)를 통해 흐르는 방식이며 세계적으로도 처음 적용되는 도체귀로 방식의 '500kV HVDC 2 Bi-pole 실증선로'는 산악지형이면서 인구밀도가 높은 우리나라 환경에 적합한 콤팩트형 송전방식이다. 제시문에서는 우리나라는 도체귀로 방식을 사용한다고 말하므로 대지귀로 방식의 사례를 말해 줄 수 없다.

① '500kV HVDC 2 Bi-pole 선로'는 한전의 HVDC 기술 중 하나이며 이 실증선로는 국내 최초로 도입되는 500kV HVDC 가공송전사업의 기술 자립화를 위한 연구 설비이다.
② 기존의 교류 송전방식 765kV 철탑보다 철탑 크기가 75% 수준으로 작아지고, 전력선도 2/3 수준으로 줄어든다.
③ 해당 설비는 철탑이 기존 크기보다 75% 수준으로 작아지고 전력선도 줄어 주민 친화 전력 관련 설비로 평가받고 있다. 따라서 전력 설비에 대한 거부감을 줄일 수 있다.
④ 현재 실증 중인 직류송전 가공선로는 2018년부터 시행되는 500kV HVDC 신한울 – 신가평 송전선로 건설사업(EP 프로젝트)에 본격 적용될 예정이다.

36

정답 ②

500kV HVDC 가공송전선로는 국내에서 최초로 시도되며 관련 기자재의 국산화를 위해서 대부분 신규로 개발되었다. 실증선로에서 기자재의 설치와 운영을 통해 설계를 검증하고 발견한 문제점을 개선해 나가고 있으므로 수입기자재에 의존하고 있다는 내용은 옳지 않다.

① 직류 송전선로 주변에서는 '코로나 소음, 이온류, 전계, TV와 라디오 전파 장애'와 같은 사회적 민원을 야기할 수 있는 전기 환경장애 들이 나타날 수 있다. 따라서 이러한 데이터를 측정 분석해 연구결과를 실제 선로 설계에 반영한다.
③ 운영 시 발생할 수 있는 각종 사고나 예방정비 활동과 관련해 운영기술 및 절차서 수립을 위해 직류 송전선로 활성공법, 직류애자 세정기술, 작업자 보호복 개발과 같은 관련 연구를 함께 수행하고 있다.

④ 공기절연거리는 상시 전류가 흐르는 도체와 주변 물체 간에 전기적 안정성을 위한 최소 이격 거리를 말한다.
⑤ 전기환경장애 데이터 측정 시 다양한 기후 조건에서 장기간 수집된 전기환경장애 데이터를 분석해 실제 선로 설계에 반영한다.

37
정답 ④

A조선소에서 생산에 투입될 수 있는 인력은 100명이며, 건조기간은 30일이다. 최대 수익을 위해서는 30일 동안 많은 선박을 건조하는 것도 중요하지만 투입되는 시간 대비 벌어들이는 수익이 더 높은 선박부터 진행하는 것이 가장 중요하다. 그리고 투입인력에 대한 조건도 함께 고려하여야 한다.

1) 선박별 1일 기준 수익비교(투입인력은 고려하지 않음)

선박	소요기간	수익	1일 수익
A	5일	15억 원	3억 원
B	10일	20억 원	2억 원
C	10일	40억 원	4억 원
D	15일	35억 원	2.33억 원
E	15일	45억 원	3억 원
F	20일	85억 원	4.25억 원

따라서 F선박이 가장 수익이 높다는 것을 알 수 있다.

2) 앞에서 판단한 것을 기준으로 투입인력을 함께 고려하여 30일 내에 제작 가능한지를 판단하면 다음과 같다.

㉠ F선박을 포함할 경우

0	5	10	15	20	25	30
F선박 (70명)				C선박 (50명)		
B선박 (30명)		A선박 (20명)		−		−

• 15일 이후부터 인력이 30 ~ 50명이 남으나 D, E선박은 40 ~ 60명이 필요하므로 건조할 수 없다.
• 수익 : 85(F)+20(B)+15(A)+40(C)=160억 원

㉡ F선박을 포함하지 않을 경우

0	5	10	15	20	25	30
D선박 (40명)			B선박 (30명)		A선박 (20명)	
E선박 (60명)			C선박 (50명)		−	

• 25일부터 인력이 80명이 남으나, F선박은 20일이 소요되므로 건조할 수 없다.
• 수익 : 35(D)+45(E)+20(B)+40(C)+15(A)=155억 원

3) 최종적으로 가장 많은 수익을 얻을 수 있는 금액은 160억 원이다.

38
정답 ④

두 번째 조건에서 경유지는 서울보다 +1시간, 출장지는 경유지보다 −2시간이므로 서울과 −1시간 차이다.
김대리의 출장 중 소요시간을 정리하면 다음과 같다.
• 첫 번째 비행 : 3시간 45분
• 경유지 대기 : 3시간 50분
• 두 번째 비행 : 9시간 25분
따라서 출장 중 소요시간은 총 12시간이다. 김대리가 서울에서 오후 1시 35분에 출발했으므로 서울시간으로 오전 6시 35분에 출장지에 도착하게 된다. 출장지는 서울보다 1시간 느리므로 현지 시각은 5시 35분이다.

39
정답 ④

조직의 구조, 기능, 규정 등이 조직화되어 있는 것은 공식조직이며, 비공식조직은 개인들의 협동과 상호작용에 따라 형성된 자발적인 집단으로 볼 수 있다. 공식조직은 인간관계에 따라 형성된 비공식조직으로부터 시작되지만, 조직의 규모가 커지면서 점차 조직구성원들의 행동을 통제할 장치를 마련하게 되고, 이를 통해 공식화된다.

40
정답 ⑤

비영리조직은 공익을 추구하는 특징을 가진다. 대기업은 이윤을 목적으로 하는 영리조직이다.

41
정답 ①

햄버거의 가격을 비교하면 다음과 같다.
• 치킨버거를 2개 사면 하나가 30% 할인되므로, 1개당 가격은 $\frac{2,300+2,300\times0.7}{2}=1,955$원이다.
• 불고기버거를 3개 사면 물 1병이 증정되므로, 1개당 가격은 $\frac{2,300\times3-800}{3}=2,033.33\cdots$원이다.
• 치즈버거의 경우 개당 2,000원으로 불고기버거보다 저렴하며, 구매 개수만큼 포도주스의 가격을 할인받을 수 있다. 하지만 할인된 금액이 $1,400\times(1-0.4)=840$원이므로 물의 가격인 800원보다 커 의미가 없다.
즉, 버거는 가장 저렴한 치킨버거를 최대한 많이 사야 하며, 나머지는 치즈버거가 적절하다.
따라서 치킨버거 10개, 치즈버거 1개를 사야 한다.
음료수의 가격을 비교하면 다음과 같다.
• 보리차는 2+1로 구매할 수 있으므로, 1병당 가격은 $\frac{1,100\times2}{3}=733.333\cdots$원이다.
• 물은 1병당 800원이다.
• 오렌지주스는 4+2로 구매할 수 있으므로, 1병당 가격은 $\frac{1,300\times4}{6}=866.666\cdots$원이다.

- 포도주스의 경우 치즈버거를 산다고 가정했을 때 1병당 $1,400 \times 0.6 = 840$원이다.

즉, 최대한 보리차를 구매하고 나머지는 물을 구입해야 한다. 따라서 보리차 9병, 물 2병을 사야 한다.

42 정답 ③

지구환경 속에서 쾌적하게 살아갈 수 있는 이유는 이산화탄소 등의 온실가스가 지구표면의 온도를 일정하게 유지하기 때문이라는 내용을 볼 때, 온실가스는 100년 전에도 존재하였으며, 계속 증가되고 있음을 알 수 있다.

43 정답 ④

온실효과 메커니즘은 '태양 → 빛에너지 → 지구(빛에너지 44% 도달) → 적외선으로 방출 → 온실가스(적외선 파장의 일부 흡수) → 안정상태 유지 위해 에너지 방출 → 에너지를 통해 지구가 따뜻해짐' 순서이다.

44 정답 ③

A지점에서 P지점 사이의 거리를 $x$km, P지점에서 B지점 사이의 거리를 $(30-x)$km라 하면, (A에서 P까지 가는 데 걸린 시간) + (P에서 B까지 가는 데 걸린 시간)=9시간이므로 이를 식으로 표현하면 다음과 같다.

$$\frac{x}{3} + \frac{30-x}{4} = 9$$

$$\therefore x = 18$$

따라서 A지점과 P지점 사이의 거리는 18km이다.

45 정답 ④

8월의 전달 대비 판매량의 변화율을 구하려면 7월과 8월의 판매량을 구해야 한다.

7월의 판매량은 1월의 판매량에 판매량의 증가분을 더하면 구할 수 있다. 매달 평균 5,000개가 증가하였으므로 7월의 판매량은 $90,000 + 5,000 \times 6 = 120,000$개이다.

다음으로 8월의 판매량을 구해야 하는데, 8월 1일에 3,500개를 판매하고 매일 평균 100개씩 증가한다고 가정하였으므로 8월 31일 판매량은 $3,500 + 100 \times 30 = 6,500$개이다.

등차수열의 합 공식을 이용하여 8월의 판매량을 구하면 $\frac{31 \times (3,500 + 6,500)}{2} = 155,000$개이다.

따라서 8월의 전달 대비 판매량 변화율은 다음과 같다.

$$\frac{155,000 - 120,000}{120,000} \times 100 ≒ 29\%$$

46 정답 ②

구매담당자는 용도에 맞는 축구공이 배송되기를 원한다. 제시된 표에 따라 초등학교의 경우에는 4호가 적절하며, 중·고등학교는 5호가 적절하다. 따라서 축구사랑재단에서 구매할 축구공의 총액은 $(30,000 \times 300 \times 2) + (35,000 \times 300 \times 4) = 6$천만 원이다. 5천만 원 이상 대량구매 시 10% 할인, 3천만 원 이상 구매 시 무료 배송을 제공한다고 하였으므로 최종 매출액은 6천만 원$\times 0.9 = 5,400$만 원이다.

47 정답 ②

〈Shift〉+〈F5〉는 현재 슬라이드부터 프레젠테이션을 실행하는 단축키이다.

오답분석

① 〈Ctrl〉+〈S〉 : 저장하기
③ 〈Ctrl〉+〈P〉 : 인쇄하기
④ 〈Shift〉+〈F10〉 : 바로가기 메뉴를 표시하기
⑤ 〈Ctrl〉+〈M〉 : 새 슬라이드를 추가하기

48 정답 ②

하이퍼루프는 완벽한 진공 또는 진공에 가까운 상태인 아진공 상태일 때, 열차의 속도를 획기적으로 높일 수 있다고 언급하고 있다. 하이퍼루프 콘셉트에서의 열차는 진공상태로 운행해야 하므로 별도의 건설이 필요하다. 따라서 기존의 인프라를 이용하기 어렵다.

49 정답 ②

첫 번째, 두 번째, 세 번째 조건을 고려하면 C−E−A−B 또는 E−C−A−B 순서로 대기하고 있다는 것을 알 수 있다. E−C−A−B의 경우에는 마지막 조건을 만족시킬 수 없으므로 대기자 5명은 C−E−A−B−D 순서로 대기하고 있다. 따라서 E씨는 두 번째로 진찰을 받을 수 있다.

50 정답 ④

휴대전화와 충전 장치의 연결 방식을 한 가지 형식으로 통일한 것은 표준화, 음료수의 생산 과정을 줄인 것은 작업 절차를 간소하게 한 것이므로 단순화, 한 사람이 하던 자동차 바퀴의 나사 조립과 전기 장치 조립을 두 사람이 각각 맡아서 하는 것은 분업화라고 한다.

51
정답 ③

면접에 참여하는 직원들의 휴가 일정은 다음과 같다.
- 마케팅팀 차장 : 6월 29일 ~ 7월 3일
- 인사팀 차장 : 7월 6일 ~ 10일
- 인사팀 부장 : 7월 6일 ~ 10일
- 인사팀 과장 : 7월 6일 ~ 9일
- 총무팀 주임 : 7월 1일 ~ 3일

선택지에 제시된 날짜 중 직원들의 휴가 일정이 잡히지 않은 유일한 날짜가 면접 가능 날짜가 되므로 7월 5일이 된다.

52
정답 ③

A씨의 개산보험료는 250만 원×12×4×0.0136=1,632,000원이다. 하지만 A씨는 납부기한 내에 모든 보험료를 일시납부하였으므로 5%의 금액을 공제받아 1,632,000×0.95=1,550,400원을 개산보험료로 납부하였다.
A씨의 확정보험료는 (200만 원+190만 원+260만 원+250만 원)×12×0.0136=900만 원×12×0.0136=1,468,800원이다.
따라서 A씨가 실제 납부한 개산보험료와 확정보험료의 차이는 1,550,400−1,468,800=81,600원이다.

53
정답 ②

공기청정기를 약하고 기울어진 바닥에 두면 이상 소음 및 진동이 생길 수 있으므로 단단하고 평평한 바닥에 두어야 한다. 따라서 공기청정기를 부드러운 매트 위에 놓는 것은 적절하지 않다.

54
정답 ①

프리필터는 청소주기에 따라 1개월에 2회 이상 청소해야 한다.

오답분석
②·③ 탈취필터와 헤파필터의 교체주기는 6개월 ~ 1년이나, 사용 환경에 따라 차이가 날 수 있으며, 필터 교체 표시등을 확인하여 교체해야 한다.
④ 프리필터는 반영구적으로 사용하는 것이므로 교체할 필요가 없다.
⑤ 냄새가 심하게 날 경우 탈취필터를 확인하여 교체해야 한다.

55
정답 ③

스마트에어 서비스 기기 등록 시 스마트폰의 Wi-Fi 고급설정 모드에서 '개방형 Wi-Fi' 관련 항목이 아닌 '신호 약한 Wi-Fi 끊기 항목'과 '신호 세기'와 관련된 기능을 확인해야 한다.

56
정답 ④

뇌졸중은 현대의학에서 뇌출혈, 뇌경색 등 뇌혈관 질환을 통틀어 이르는 말로, 흔히 잘못 사용하는 '뇌졸증'은 아예 없는 말이다.

오답분석
① 부하직원이 대리나 과장 등 정확한 직함을 달고 있는데도 '~ 씨'라고 부르는 것은 잘못된 언어 습관이다. 직위에 알맞은 책임이나 권위를 무시하는 행위이기 때문이다.
② 식사는 끼니로 음식을 먹는 행위를 뜻하는 점잖은 한자 표현이지만 의미상 '밥'과 일맥상통하기 때문에 '밥 하셨나요?'라는 뜻이 된다. 부장이나 본부장, 사장에게 말하는 경우라면 밥을 높여 '진지 드셨어요?'라고 하는 것이 공손한 표현이다.
③ 절대절명은 잘못 사용한 사자성어이다. 절체절명(絕體絕命)이 맞다.
⑤ '회복'이란 단어는 원래 상태를 되찾는다는 걸 의미한다. 따라서 '피로해소제'나 '원기회복제'로 사용하는 것이 올바르다.

57
정답 ②

4월은 30일까지 있으므로 조건에 따라 달력에 표시를 해보면 다음과 같다.

월	화	수	목	금	토	일
1	2 팀장	3 팀장	4 팀장	5	6	7
8	9	10 과장 B	11 과장 B	12 과장 B	13	14
15 과장 B	16 과장 B	17 과장 C	18 과장 C	19	20	21
22	23	24	25	26 세미나	27	28
29	30					

따라서 5일 동안 연속으로 참석할 수 있는 날은 4월 5일부터 9일까지이므로 A대리의 연수 마지막 날짜는 9일이다.

58
정답 ②

C주임은 최대 작업량을 잡아 업무를 진행하면 능률이 오를 것이라는 오해를 하고 있다. 하지만 이럴 경우 시간에 쫓기게 되어 오히려 능률이 떨어질 가능성이 있다. 실현 가능한 목표를 잡고 우선순위를 세워 진행하는 것이 옳다.

59 정답 ④

주어진 조건을 표로 나타내면 다음과 같다.

구분	월	화	수	목	금
A	○		×	○	
B	○	×	×	○	○
C	○		×	○	
D	○		○	○	
E	○	○	×	○	×

따라서 수요일에 야근하는 사람은 D이다.

60 정답 ⑤

B대리는 먼저 A팀장이 요청한 중요 자료를 전송하고, PPT 자료를 전송한다. 그리고 점심 예약전화는 오전 10시 이전에 처리해야 하고, 오전 내에 거래처 미팅일자 변경 전화를 해야 한다.

제2회 모의고사 정답 및 해설

01	02	03	04	05	06	07	08	09	10
②	⑤	③	①	④	④	②	②	①	②
11	12	13	14	15	16	17	18	19	20
③	④	④	②	④	②	④	①	①	③
21	22	23	24	25	26	27	28	29	30
②	②	③	④	②	⑤	②	③	⑤	③
31	32	33	34	35	36	37	38	39	40
②	⑤	⑤	②	②	④	④	②	②	③
41	42	43	44	45	46	47	48	49	50
②	①	③	④	③	②	③	③	①	①
51	52	53	54	55	56	57	58	59	60
④	④	④	③	④	⑤	③	②	⑤	④

01 정답 ②

제시문에서 옵트인 방식은 수신 동의 과정에서 발송자와 수신자 모두에게 비용이 발생한다고 했으므로 수신자의 경제적 손실을 막을 수 있다는 ②의 내용은 옳지 않다.

02 정답 ⑤

마지막 문단의 '기다리지 못함도 삼가고 아무것도 안 함도 삼가야 한다. 작동 중에 있는 자연스런 성향이 발휘되도록 기다리면서도 전력을 다할 수 있도록 돕는 노력도 멈추지 말아야 한다.'를 통해 ⑤가 이 글의 중심 주제가 됨을 알 수 있다.

오답분석

① 인위적 노력을 가하는 것은 일을 '조장(助長)'하지 말라고 한 맹자의 말과 반대된다.
② 싹이 성장하도록 기다리는 것도 중요하지만 '전력을 다할 수 있도록 돕는 노력'도 해야 한다.
③ 명확한 목적성을 강조하는 부분은 이 글에 나와 있지 않다.
④ 맹자는 '싹 밑의 잡초를 뽑고, 김을 매주는 일'을 통해 '성장을 보조해야 한다.'라고 말하며 적당한 인간의 개입이 필요함을 말하고 있다.

03 정답 ③

주어진 자료를 바탕으로 매장 수를 정리하면 다음과 같다. 증감표의 부호를 반대로 하여 2022년 매장 수에 대입하면 쉽게 계산이 가능하다.

지역	2019년 매장 수	2020년 매장 수	2021년 매장 수	2022년 매장 수
서울	15	17	19	17
경기	13	15	16	14
인천	14	13	15	10
부산	13	11	7	10

따라서 2019년 매장 수가 가장 많은 지역은 서울이며, 매장 수는 15개이다.

04 정답 ①

할인되지 않은 KTX표의 가격을 x원이라 하자. 표를 40% 할인된 가격으로 구매하였으므로 구매 가격은 $(1-0.4)x=0.6x$원이다. 환불 규정에 따르면 하루 전에 표를 취소하는 경우 70%의 금액을 돌려받을 수 있으므로 $0.6x \times 0.7 = 16{,}800 \rightarrow 0.42x = 16{,}800$
$\therefore \ x = 40{,}000$
따라서 할인되지 않은 KTX표의 가격은 40,000원이다.

05 정답 ④

다음 달은 토요일이 1일이고, 30일까지 있기 때문에 K사원은 평일인 20일 동안 헬스장을 이용한다. 각 헬스장의 20일 이용료를 계산해보면 다음과 같다.

- A = $(5{,}000 \times 20) + 20{,}000 = 120{,}000$원
- B = $110{,}000 + (110{,}000 \times 0.1) = 121{,}000$원
- C = $(6{,}000 \times 10 \times 0.9 \times 2) + 15{,}000 = 123{,}000$원
- D = $30{,}000 + (30{,}000 - 3{,}000) + (30{,}000 - 6{,}000) + (30{,}000 - 9{,}000) + 12{,}000 = 114{,}000$원
- E = $100{,}000 + (1{,}000 \times 20) = 120{,}000$원

따라서 가장 비용이 저렴한 곳은 114,000원인 D헬스장이다.

06 정답 ④

개선 전 부품 1단위 생산 시 투입비용은 총 40,000원이었다. 생산비용 감소율이 30%이므로 개선 후 총비용은 28,000원이어야 한다. 그러므로 ⓐ+ⓑ의 값은 10,000원이다.

07 정답 ②

• 개업하기 전 초기 입점 비용
 : (매매가)+(중개수수료)+(리모델링 비용)
  – A : 92,000+(92,000×0.006)=92,552만 원
  – B : 88,000+(88,000×0.007)+(2×500)=89,616만 원
  – C : 90,000+(90,000×0.005)=90,450만 원
  – D : 95,000+(95,000×0.006)=95,570만 원
  – E : 87,000+(87,000×0.007)+(1.5×500)=88,359만 원
• 개업 한 달 후 최종 비용
 : (초기 입점 비용)−[(초기 입점 비용)×0.03×(병원 입점 수)]
  – A : 92,552−(92,552×0.03×2)≒86,999만 원
  – B : 89,616−(89,616×0.03×3)≒81,551만 원
  – C : 90,450−(90,450×0.03×1)≒87,737만 원
  – D : 95,570−(95,570×0.03×1)≒92,703만 원
  – E : 88,359−(88,359×0.03×2)≒83,057만 원
따라서 최종적으로 B에 입점하는 것이 가장 이득이다.

08 정답 ②

제시문에서 에너지와 엔지니어 분야에 관련된 다양한 사례들을 언급하고 있으며 이 외에 다른 분야에 관한 사례는 설명하지 않고 있다. 따라서 ②는 적절하지 않다.

09 정답 ①

원자력 발전소에서 설비에 이상신호가 발생하면 스스로 위험을 판단하고 작동을 멈추는 등 에너지 설비 운영 부문에는 이미 다양한 4차 산업혁명 기술이 사용되고 있다.

10 정답 ②

• 김사원 : 전체 경쟁력 점수는 E국이 D국보다 1점 높다. 이때 E국과 D국의 총합을 각각 계산하는 것보다 D국을 기준으로 E국의 편차를 부문별로 계산하여 판단하는 것이 좋다. 변속감 −1, 내구성 −2, 소음 −4, 경량화 +10, 연비 −2이므로 총합이 E국이 +1이다.
• 최대리 : C국을 제외하고 국가 간 차이가 가장 큰 부문은 경량화 21점, 가장 작은 부분은 연비 9점이다.
• 오사원 : 내구성이 가장 높은 국가는 B, 경량화가 가장 낮은 국가는 D이다.

11 정답 ③

연구개발에 참가한 연구원과 엔지니어들이 그 기업을 떠나는 경우 기술과 지식의 손실이 크게 발생하는 점을 볼 때, 기술혁신은 새로운 지식과 경험의 축적으로 나타나는 지식 집약적인 활동으로 볼 수 있다.

> **기술혁신의 특성**
> • 기술혁신은 그 과정 자체가 매우 불확실하고 장기간의 시간을 필요로 한다.
> • 기술혁신은 지식 집약적인 활동이다.
> • 기술혁신 과정의 불확실성과 모호함은 기업 내에서 많은 논쟁과 갈등을 유발할 수 있다.
> • 기술혁신은 조직의 경계를 넘나든다.

12 정답 ④

'피재해자는 전기 관련 자격이 없었으며, 복장은 일반 안전화, 면장갑, 패딩점퍼를 착용한 상태였다.'라는 문장에서 불안전한 행동・상태, 작업 관리상 원인, 작업 준비 불충분이란 것을 확인할 수 있다. 그러나 기술적 원인은 제시문에서 찾을 수 없다.

오답분석

① 불안전한 행동 : 위험 장소 접근, 안전장치 기능 제거, 보호 장비의 미착용 및 잘못 사용, 운전 중인 기계의 속도 조작, 기계・기구의 잘못된 사용, 위험물 취급 부주의, 불안전한 상태 방치, 불안전한 자세와 동작, 감독 및 연락 잘못 등
② 불안전한 상태 : 시설물 자체 결함, 전기 시설물의 누전, 구조물의 불안정, 소방기구의 미확보, 안전 보호 장치 결함, 복장・보호구의 결함, 시설물의 배치 및 장소 불량, 작업 환경 결함, 생산 공정의 결함, 경계 표시 설비의 결함 등
③ 작업 관리상 원인 : 안전 관리 조직의 결함, 안전 수칙 미제정, 작업 준비 불충분, 인원 배치 및 작업 지시 부적당 등
⑤ 작업 준비 불충분 : 작업 관리상 원인의 하나이며, 피재해자는 경첩의 높이가 높음에도 불구하고 작업 준비에 필요한 자재를 준비하지 않은 채 불안전한 자세로 일을 시작함

13 정답 ④

독일은 2019년 10.4%에서 2020년 11.0%로 증가했으므로 증가율은 $\frac{11.0-10.4}{10.4}\times100≒5.77\%$이다. 반면, 대한민국은 9.3%에서 9.8%로 증가했으므로 증가율은 $\frac{9.8-9.3}{9.3}\times100≒5.38\%$이다.

14 정답 ②

2022년 미국 청년층 실업률은 2017년과 비교하여 6.8% 증가하였다.

오답분석

① 5.1% 감소
③ 6.1% 증가
④ 변화 없음
⑤ 0.4% 감소

15 정답 ④

지하철이 A, B, C역에 동시에 도착하였다가 다시 동시에 도착하는 데 걸리는 시간은 3, 2, 4의 최소공배수인 12분이다. 따라서 5번째로 동시에 도착하는 시각은 12×4=48분 후인 5시 18분이다.

16 정답 ②

제시문에는 조간대의 상부에 사는 생물들의 예시만 있으며, 중부에 사는 생물에 대한 예시는 없다.

오답분석

① 마지막 문단에서 조간대에 사는 생물 중 총알고둥류가 사는 곳은 물이 가장 높이 올라오는 지점인 상부라는 것을 이야기하고 있다.
③ 마지막 문단에서 척박한 바다 환경에 적응하기 위해 높이에 따라 수직적으로 종이 분포한다고 이야기하고 있다.
④ 첫 번째, 두 번째 문단에 걸쳐서 조간대의 환경적 조건에 대해 언급하고 있다.
⑤ 두 번째 문단에서 조간대의 상부에서는 뜨거운 태양열을 견뎌야 하는 환경적 조건이며 마지막 문단에서 이러한 환경에 적응하기 위해 총알고둥류와 따개비는 상당 시간 물 밖에 노출되어도 수분 손실을 막기 위해 패각과 덮개 판을 닫고 오랜 시간 버틸 수 있음을 이야기하고 있다.

17 정답 ④

분산처리 시스템은 네트워크를 통해 분산되어 있는 것들을 동시에 처리하는 것으로, 분산 시스템에 구성 요소를 추가하거나 삭제할 수 있다.

18 정답 ①

오답분석

② 결괏값에 출근과 지각이 바뀌어 나타난다.
③·⑤ 9시 정각에 출근한 손흥민이 지각으로 표시된다.
④ 9시 정각부터 9:59까지 출근으로 표시된다.

19 정답 ①

첫 번째 문단에서 엔테크랩이 개발한 감정인식 기술은 모스크바시 경찰 당국에 공급할 계획이라고 하였다.

20 정답 ③

부서배치
(1) 성과급 평균은 48만 원이므로, A는 영업부 또는 인사부에서 일한다.
(2) B와 D는 비서실, 총무부, 홍보부 중에서 일한다.
(3) C는 인사부, A는 영업부에서 일한다.
(4) D는 비서실에서 일한다.
따라서 A-영업부, B-총무부, C-인사부, D-비서실, E-홍보부에서 일한다.

휴가
(1) A는 D보다 휴가를 늦게 간다.
(2) C는 첫 번째 또는 제일 마지막으로 휴가를 간다.
(3) B는 세 번째로 휴가를 간다.
(4) E는 휴가를 가지 않는다.
따라서 C-D-B-A 또는 D-A-B-C 순서로 휴가를 간다.
비서실에서 근무하는 D의 성과급은 60만 원이므로 인사부에서 근무하는 C의 성과급인 40만 원보다 많다.

오답분석

① A : 20×3=60만 원, C : 40×2=80만 원
② C가 제일 먼저 휴가를 갈 경우, A가 제일 마지막으로 휴가를 가게 된다.
④ 휴가를 가지 않은 E는 두 배의 성과급을 받기 때문에 총 120만 원의 성과급을 받게 되고, D의 성과급은 60만 원이기 때문에 두 사람의 성과급 차이는 두 배이다.
⑤ C가 제일 마지막에 휴가를 갈 경우, B는 A보다 늦게 출발한다.

21 정답 ②

SWOT 분석은 조직의 환경을 분석하기 위해 사용되는 정책환경분석기법으로, 조직 내부환경과 관련된 강점(Strength), 약점(Weakness), 조직 외부환경과 관련된 기회(Opportunity), 위협(Threat)을 분석하는 방법이다.

22 정답 ②

10월의 전기세는 기타 계절의 요금으로 구한다. 먼저 전기요금을 구하면 기본요금은 341kWh를 사용했으므로 1,600원이다. 전력량 요금은 341kWh을 사용했으므로 다음과 같다.
• 1단계 : 200kWh×93.3원/kWh=18,660원
• 2단계 : 141kWh×187.9원/kWh=26,493.9원
따라서 전기요금은 1,600+(18,660+26,493.9)=46,753원(∵ 전기요금은 원 미만 절사)이고, 부가가치세는 46,753원×0.1≒4,675원, 전력산업기반기금은 46,753원×0.037≒1,720원이다. 따라서 10월 청구금액은 46,753+4,675+1,720=53,148원이므로 53,140원이다.

23

ㄱ. 전체 학생들의 독서량의 합은 30권이고, 학생의 수가 6명이므로, 학생들의 평균 독서량은 5권이다. 따라서 옳은 내용이다.

ㄹ. 여학생이거나 독서량이 7권 이상인 학생 수는 3명이므로 전체 학생 수의 50%이다. 따라서 옳은 내용이다.

오답분석

ㄴ. 남학생이면서 독서량이 5권 이상인 학생은 관호뿐이고, 전체 남학생 수는 4명이므로, 선택지의 비율은 25%이다. 따라서 옳지 않은 내용이다.

ㄷ. 독서량이 2권 이상인 학생(5명) 중 남학생(3명) 비율은 60%이며, 전체 학생(6명) 중 여학생(2명) 비율은 약 33%이므로 옳지 않은 내용이다.

24
정답 ④

• 2021년 총투약일수가 120일인 경우
  종합병원의 총약품비 : $2,025 \times 120 = 243,000$원
• 2022년 총투약일수가 150일인 경우
  상급종합병원의 총약품비 : $2,686 \times 150 = 402,900$원
따라서 구하는 값은 $243,000 + 402,900 = 645,900$원이다.

25
정답 ②

첫 번째, 네 번째 조건을 이용하면 '미국 – 일본 – 캐나다' 순서로 여행한 사람의 수가 많음을 알 수 있다.

두 번째 조건에 의해 일본을 여행한 사람은 미국 또는 캐나다 여행을 했다. 따라서 일본을 여행했지만 미국을 여행하지 않은 사람은 캐나다 여행을 했고, 세 번째 조건에 의해 중국을 여행하지 않았다.

오답분석

①·④·⑤ 주어진 조건만으로는 알 수 없다.

③ 미국을 여행한 사람이 가장 많지만, 일본과 중국을 여행한 사람을 합한 수보다 많은지는 알 수 없다.

26
정답 ⑤

전체 유출량이 가장 적은 해는 2019년이므로 ⑤가 옳다.

• 유조선 : $\frac{21}{28} \times 100 = 75\%$

• 화물선 : $\frac{49}{68} \times 100 ≒ 72\%$

• 어선 : $\frac{166}{247} \times 100 ≒ 67\%$

오답분석

① 2019년에 사고 건수는 증가하였으나 유출량은 감소하였고, 2022년에 사고 건수는 감소하였으나 유출량은 증가하였다.

② 2021년과 2022년에는 전년 대비 전체 사고 건수는 감소했지만, 유조선 사고 건수는 증가했다. 따라서 전년 대비 비율은 증가한다.

③ 2020년은 유조선의 사고 건수에 대한 비율이 어선보다 낮다.

④ 평균적으로 유조선 사고의 유출량이 가장 많다.

27
정답 ②

성과급 지급 기준에 따라 영업팀의 성과를 평가하면 다음과 같다.

분기	성과평가 점수	성과평가 등급	성과급 (만 원)
1/4	$8 \times 0.4 + 8 \times 0.4 + 6 \times 0.2 = 7.6$	C	80
2/4	$8 \times 0.4 + 6 \times 0.4 + 8 \times 0.2 = 7.2$	C	80
3/4	$10 \times 0.4 + 8 \times 0.4 + 10 \times 0.2 = 9.2$	A	$100 + 10 = 110$
4/4	$8 \times 0.4 + 8 \times 0.4 + 8 \times 0.2 = 8.0$	B	90

따라서 영업팀에게 1년간 지급된 성과급의 총액은 $80 + 80 + 110 + 90 = 360$만 원이다.

28
정답 ③

2명이 선발되었다고 하였으므로, 주어진 진술을 이용해 선발된 두 명을 가정하고 문제의 조건에 맞춰 판단해 본다. 첫 번째와 두 번째 진술을 참이라고 가정하면 C와 D 2명을 특정할 수 있다. 이때, 나머지 진술 중 네 번째와 다섯 번째 진술이 거짓이 되므로 세 명의 진술만 옳다는 조건을 만족한다. 따라서 C와 D가 선발되었다.

오답분석

① A가 선발되었을 경우 첫 번째, 다섯 번째 명제가 거짓이 되므로 문제의 조건에 따라 두 번째 ~ 네 번째 진술은 모두 참이어야 한다. A를 제외한 B ~ G 6명 중 두 번째 진술을 만족시키기 위해서는 B, C, D 중 선발되어야 한다. 세 번째 진술을 만족시키기 위해서는 C가 선발되어야 하는데, 이 경우 네 번째 진술이 거짓이 된다.

② B가 선발되었을 경우 첫 번째 진술이 거짓이 된다. A, C, D, E, F, G 여섯 명 중 A가 선발될 경우 네 번째, 다섯 번째 진술, C가 선발될 경우 네 번째, 다섯 번째 진술, D가 선발될 경우 세 번째, 네 번째, 다섯 번째 진술, E와 F가 선발될 경우 두 번째, 세 번째 진술, F가 선발될 경우 두 번째, 세 번째 진술, G가 선발될 경우 두 번째, 다섯 번째 진술이 거짓이 된다.

④ E가 선발되었을 경우 두 번째 진술이 거짓이 된다. A, B, C, D, F, G 여섯 명 중 A가 선발될 경우 첫 번째, 세 번째, 다섯 번째 진술이 거짓이 된다. B가 선발될 경우 첫 번째, 세 번째 진술이 거짓이 된다. C가 선발될 경우 나머지 진술이 모두 참이 된다. D가 선발될 경우 세 번째, 다섯 번째 진술이 거짓이 된다. F가 선발될 경우 세 번째, 네 번째, 다섯 번째 진술이 거짓이 된다. G가 선발될 경우 첫 번째, 네 번째, 다섯 번째 진술이 거짓이 된다.

⑤ G가 선발되었을 경우 첫 번째, 두 번째, 다섯 번째 진술이 거짓이 된다.

29
정답 ⑤

• 술에 부과되는 세금
 − 종가세 부과 시 : 2,000×20×0.2=8,000원
 − 정액세 부과 시 : 300×20=6,000원
• 담배에 부과되는 세금
 − 종가세 부과 시 : 4,500×100×0.2=90,000원
 − 정액세 부과 시 : 800×100=80,000원
따라서 조세 수입을 극대화시키기 위해서 술과 담배 모두 종가세를 부여해야 한다. 종가세 부과 시 조세 총수입은 8,000+90,000=98,000원이다.

30
정답 ③

인도의 전통적인 인사법은 턱 아래에 두 손을 모으고 고개를 숙이는 것으로, 이외에도 보편적인 악수를 통해 인사할 수 있다. 그러나 여성의 경우 먼저 악수를 청할 시에만 악수할 수 있으므로 유의해야 한다. 인도인의 대부분이 힌두교도이며, 힌두교는 남녀의 공공연한 접촉을 금지하고 있기 때문이다.

31
정답 ②

제시된 모든 시간대에 전 직원의 스케줄이 비어 있지 않다. 그렇다면 업무의 우선순위를 파악하여 바꿀 수 있는 스케줄을 찾아야 한다. 10:00 ~ 11:00의 비품 신청은 타 업무에 비해 우선순위가 낮다.

오답분석

① 오전 부서장 회의는 부서의 상급자들과 상위 부서장들의 회의이며, 그날의 업무를 파악하고 분배하는 자리이므로 편성하기 어렵다.
③·④ 해당 시간에 예정된 업무는 해당 인원의 단독 업무가 아니므로 단독으로 변경해 편성하기 어렵다.
⑤ 16시 이후의 부장과 차장의 스케줄을 보면 각각 상급자에게 업무보고가 예정되어 있다. 이러한 업무보고는 과장 이하의 일일 업무 결산이 마무리되어야 하므로 편성하기 어렵다.

32
정답 ⑤

1년(12개월=52주) 동안 각 렌즈의 교체(구매) 횟수를 구하면 다음과 같다.
• A : 12÷1=12번을 구매해야 한다.
• B : 1+1 서비스로 한 번에 4달 치의 렌즈를 구매할 수 있으므로 12÷4=3번을 구매해야 한다.
• C : 3월, 7월, 11월은 1+2의 서비스로 1월, 2월, 3월(~ 5월), 6월, 7월(~ 9월), 10월, 11월(~ 12월) 총 7번을 구매해야 한다.
• D : 착용기한이 1주이므로 1년에 총 52번을 구매해야 한다.
• E : 서비스가 1+2로 한 번에 6달 치의 렌즈를 구매할 수 있으므로 12÷6=2번을 구매해야 한다.

(최종 가격)=(가격)×(횟수)이므로 각 렌즈의 최종 가격을 구하면 다음과 같다.
• A : 30,000×12=360,000원
• B : 45,000×3=135,000원
• C : 20,000×7=140,000원
• D : 5,000×52=260,000원
• E : 65,000×2=130,000원
따라서 E렌즈를 1년 동안 가장 적은 비용으로 사용할 수 있다.

33
정답 ⑤

트럭·버스의 비율은 미국·캐나다·호주 모두 약 20%이며, 유럽 국가는 모두 10% 전후이다. 따라서 유럽 국가는 승용차가 차지하는 비율이 높다.

오답분석

① 자동차 보유 대수에서 승용차가 차지하는 비율이 가장 높은 나라는 프랑스가 아니라 독일이다.
② 자동차 보유 대수에서 트럭·버스가 차지하는 비율이 가장 높은 나라는 캐나다이다.
③ 호주의 트럭·버스 비율이 10% 미만인지를 판단하면 된다. 호주의 자동차 대수 합계는 5,577천 대이고, 트럭·버스의 수가 1,071천 대이므로 10% 이상이다. 또한, 자동차 보유 대수에서 승용차가 차지하는 비율이 가장 낮은 나라는 캐나다이다.
④ 프랑스의 승용차와 트럭·버스의 비율은 15,100 : 2,334 ≒ 6.5 : 1로 3 : 1이 아니다.

34
정답 ②

후보지 응모자격의 확대와 관련한 내용은 제시문에서 확인할 수 없다.

오답분석

① 시민사회단체를 포함한 입지공모위원회를 구성하기 위해 주민 수용성 제고의 정확한 명분과 상생발전 방향을 제시하였다.
③ 3차원 경관 시뮬레이션과 같은 과학적 분석기법 적용을 통해 10개 공모대상 후보지를 선정했으며, 공모대상 후보지별 송전선로 예상 경과대역을 사전에 공개하는 등 지역주민에게 투명하고 적극적인 정보공개를 실시했다.
④ 공모대상 후보지 10개 마을과 주변의 45개 마을을 수시로 방문하며 100회 이상의 주민 간담회를 개최하고, 전력설비 견학, 홍보자료 배부, 언론 기고 등 사업 필요성에 대한 이해기반을 바탕으로 공감대를 형성하는 데 주력했다.
⑤ 공모위원회에는 의결 사항에 대한 사전설명과 충분한 자료 제공을 통해 자율적 운영과 의사결정 지원체계 구축, 공모위원회 구성과 자신들의 지역에 불리한 환경을 조성하지 않을 것이라는 무한 신뢰를 형성하였다.

35
정답 ②

수건이나 휴지 등을 덧댄 후 마스크를 사용하면 밀착력이 감소해 미세입자 차단 효과가 떨어질 수 있다.

36
정답 ④

제시문에서 신화는 역사·학문·종교·예술과 모두 관련된다고 하였다. 그러므로 예술과 상호 관련을 맺는다는 ④가 맞는 추론이다.

37
정답 ④

25 ~ 26일은 예측농도가 '약간 나쁨', '보통'이다. 워크숍 마지막 날은 토요일도 가능하며, 예측농도는 '나쁨'이지만 따로 제한하고 있는 조건이 없으므로 가능하다.

오답분석
① 1일은 미세먼지 예측농도가 '매우 나쁨'이며, 2 ~ 3일은 '나쁨'에 속한다.
② 8 ~ 10일은 미세먼지 예측농도는 적절하지만 매달 2, 4주 수요일마다 기획회의가 있으므로 10일인 수요일이 불가능하다.
③ 17 ~ 18일은 미세먼지 예측농도가 '나쁨'이며, 19일에 우수성과팀 시상식이 있기 때문에 적합하지 않다.
⑤ 29 ~ 31일은 중국 현지에서 열리는 컨퍼런스에 참여해야 하므로 적합하지 않다.

38
정답 ②

ㄱ. 한류의 영향으로 한국 제품을 선호하는 기회를 살려 적극적인 홍보 전략을 추진한다.
ㄷ. 빠른 제품 개발 시스템이라는 강점이 있으므로 소비자 기호를 빠르게 분석하여 제품 생산에 반영한다.

39
정답 ②

(가) 사람들은 왜 더 정확한 원자시계를 만들려고 할까? → (다) 초기에 원자시계를 만든 목적은 부정확한 시간을 교정하기 위해서였다. → (마) 원자시계는 표준시를 기준하는 역할을 할 뿐만 아니라 한정된 시간을 보다 값지게 사용할 수 있게 해준다. → (나) 방송도 정밀한 시계를 이용할 경우 같은 시간 동안 더 많은 정보를 보낼 수 있게 된다. → (라) 뿐만 아니라 GPS도 시간 차이를 알수록 위치도 정밀하게 계산할 수 있다.

40
정답 ③

(마)에서 '하나의 신호를 주고받는 데 걸리는 시간을 줄일 수 있으므로 유·무선 통신을 할 때 많은 정보를 전달할 수 있게 된다.'고 하였다. 따라서 한 번에 여러 개의 신호를 송출할 수 있다고 한 ③은 적절하지 않다.

41
정답 ②

소금이나 후추 등이 다른 사람 손에 거치면 좋지 않다는 풍습을 볼 때, 소금과 후추가 필요할 때는 웨이터를 부르는 것보다 자신이 직접 가져오는 것이 적절한 행동이다.

42
정답 ①

조건을 충족하는 경우를 표로 나타내보면 다음과 같다.

구분	첫 번째	두 번째	세 번째	네 번째	다섯 번째	여섯 번째
경우 1	교육	보건	농림	행정	국방	외교
경우 2	교육	보건	농림	국방	행정	외교
경우 3	보건	교육	농림	행정	국방	외교
경우 4	보건	교육	농림	국방	행정	외교

따라서 ①이 항상 옳다.

43
정답 ③

경영은 경영목적, 인적자원, 자금, 전략의 4요소로 구성된다.
ㄱ. 경영목적
ㄴ. 인적자원
ㅁ. 자금
ㅂ. 경영전략

오답분석
ㄷ. 마케팅
ㄹ. 회계

44
정답 ④

조건을 토대로 총광고효과를 계산하면 다음과 같다.

(단위 : 만 원)

구분	1년 광고비	1년 광고횟수	1회당 광고효과	총 광고효과
지후	3,000-1,000 =2,000	2,000÷20 =100	100+100 =200	200×100 =20,000
문희	3,000-600 =2,400	2,400÷20 =120	60+100 =160	160×120 =19,200
석이	3,000-700 =2,300	2,300÷20 =115	60+110 =170	170×115 =19,550
서현	3,000-800 =2,200	2,200÷20 =110	50+140 =190	190×110 =20,900
슬이	3,000-1,200 =1,800	1,800÷20 =90	110+110 =220	220×90 =19,800

따라서 총광고효과가 가장 큰 모델은 서현이다.

45
정답 ③

자동화와 같이 과학기술의 이면을 바라보지 못하고 장점만을 생각하는 것을 고정관념이라고 하였다. 구구단의 경우 실생활에 도움이 되며, 그것이 고정관념이라고 할 만한 뚜렷한 반례는 없다.

오답분석
① 행복은 물질과 비례하는 것이 아닌데 비례할 것이라고 믿고 있는 경우이다.

② 값싼 물건보다 고가의 물건이 반드시 질이 좋다고 할 수 없다.
④ 경제 상황에 따라 저축보다 소비가 미덕이 되는 경우도 있다.
⑤ 아파트가 전통가옥에 비해 삶의 편의는 제공할 수 있지만 반드시 삶의 질을 높여 준다고 보기는 힘들다.

46
정답 ②

제시문은 기계화·정보화의 긍정적인 측면보다는 부정적인 측면을 부각시키고 있으며, 이것이 인간의 삶의 질 개선에 기여하고 있는 점을 간과하고 있다.

47
정답 ③

해결해야 할 전략 과제란 취약한 부분에 대해 보완해야 할 과제를 말한다. 따라서 이미 우수한 고객서비스 부문을 강화한다는 것은 전략 과제로 삼기에 적절하지 않다.

오답분석
① 해외 판매망이 취약하다고 분석되었으므로 중국시장의 판매유통망을 구축하는 전략 과제를 세우는 것은 적절하다.
② 중국시장에서 제품의 구매 방식이 대부분 온라인으로 이루어지는 데 반해, 자사의 온라인 구매시스템은 미흡하기 때문에 온라인 구매시스템을 강화한다는 전략 과제는 적절하다.
④ 제품에 대해 중국기업들 간의 가격 경쟁이 치열하다는 것은 제품의 가격이 내려가고 있다는 의미인데, 자사는 생산원가가 높다는 약점이 있다. 그러므로 원가 절감을 통한 가격 경쟁력 강화 전략은 적절하다.
⑤ 중국시장에서 인간공학이 적용된 제품을 지향하고 있으므로 인간공학을 기반으로 한 제품 개발을 강화하는 것은 적절한 전략 과제이다.

48
정답 ③

체온 측정을 위한 주의사항에 따르면 체온을 측정할 때는 정확한 측정을 위해 과다한 귀지가 없도록 해야 한다.

오답분석
① 체온을 측정하기 전 새 렌즈필터를 부착하여야 한다.
② 오른쪽 귀에서 측정한 체온과 왼쪽 귀에서 측정한 체온은 다를 수 있으므로 항상 같은 귀에서 체온을 측정해야 한다.
④ 영점조정에 대한 사항은 확인할 수 없는 내용이다.
⑤ 체온을 측정하기 전 새 렌즈필터를 부착하여야 하며, 렌즈를 알코올 솜으로 닦는 사항은 확인할 수 없는 내용이다.

49
정답 ①

'POE' 에러 메시지는 체온계가 렌즈의 정확한 위치를 감지할 수 없어 정확한 측정이 어렵다는 메시지이다. 따라서 〈ON〉 버튼을 3초간 길게 눌러 화면을 지운 다음 정확한 위치에 체온계를 넣어 다시 측정해야 한다.

② '--' 에러 메시지가 떴을 때의 해결방법에 해당한다.
③ 제시문에서 확인할 수 없는 내용이다.
④ '---' 에러 메시지가 떴을 때의 해결방법에 해당한다.
⑤ 'HI℃', 'LO℃' 에러 메시지가 떴을 때의 해결방법에 해당한다.

50
정답 ①

피벗테이블 결과가 표시되는 장소는 다른 시트도 가능하다.

51
정답 ④

정전 민감 고객을 대상으로 구내 정전 자동알림 및 전력 초과사용, 부하설비 감시 등의 기능을 제공하는 'HELP(전기사랑플랫폼)'가 올해 하반기 내 개발을 완료하여 통합 서비스 포털에 탑재, 서비스될 예정이므로 현재 사용할 수 있다는 말은 옳지 않다.

52
정답 ④

대용량 고객에게 에너지 소비진단, 요금 시뮬레이션 등 전력사용 컨설팅을 제공하는 '에너지 소비진단 컨설팅 시스템'의 기능은 '대용량 고객 포털'에 흡수시켜 통합적으로 서비스를 제공하도록 하였으므로 ④는 대용량 고객 포털이다.

53
정답 ④

팀원들의 모든 스케줄이 비어 있는 시간은 16:00 ~ 17:00이므로 답은 ④이다.

54
정답 ③

도배지는 첫 번째 도배지(폭 100cm×길이 150cm)가 가장 경제적이므로 이를 사용한다. 왜냐하면 두 번째 도배지의 크기는 첫 번째 도배지 크기의 $\frac{2}{3}$ 정도인 것에 반해, 가격은 $\frac{3}{4}$ 정도로 비싸기 때문이다. 이는 세 번째 도배지의 경우도 마찬가지이다.

1) '가로 8m×높이 2.5m' 벽 도배 비용 추산

1	2	3	4	5	6	7	8
9		10	11		12	13	㉠

• 첫 번째 도배지는 총 13Roll이 필요하다.
→ 비용 : 40,000×13=520,000원
• ㉠의 크기는 폭 100cm×길이 50cm이다.

2) '가로 4m×높이 2.5m' 벽 도배 비용 추산

| 1 | 2 | 3 | 4 |
| 5 | | 6 | ㉡ |

- 첫 번째 도배지는 총 6Roll이 필요하다.
  → 비용 : 40,000×6=240,000원
- ㉡ 의 크기는 폭 100cm×길이 100cm이다.

3) ㉠+㉡ 의 도배 비용 추산
- 총 ㉠+㉡ 넓이=폭 100cm×길이 150cm
- 첫 번째 도배지 1Roll이 있으면 된다.
  → 비용 : 40,000원

4) 4개 벽면의 도배 비용
  (520,000+240,000+40,000)×2=1,600,000원

55　　　　　　　　　　　　　　　　　정답 ③

1차 투표 후보자들의 득표 현황을 정리하면 다음과 같다.

후보자	선호 부서	득표수
A	기획개발과(7명/1순위)	7
B	경영지원과(9명/1순위)	9
C	아동청소년과(4명/1순위) +대외협력과(6명/1순위)	10
D	–	0
E	보육지원과(5명)	5

따라서 1차 투표 결과 A, B, C가 2차 투표 후보자로 선출된다.
2차 투표 후보자들의 득표 현황을 정리하면 다음과 같다.

후보자	선호 부서	득표수
A	기획개발과(7명/1순위)	7
B	경영지원과(9명/1순위) +보육지원과(5명/2순위)	14
C	아동청소년과(4명/1순위) +대외협력과(6명/1순위)	10

따라서 2차 투표 결과 B, C가 2차 투표 후보자로 선출된다.
최종투표 후보자들의 득표 현황을 정리하면 다음과 같다.

후보자	선호 부서	득표수
B	경영지원과(9명/1순위) +보육지원과(5명/2순위)	14
C	기획개발과(7명/2순위) +아동청소년과(4명/1순위) +대외협력과(6명/1순위)	17

따라서 본사 대표로 C가 최종 선출된다.

56　　　　　　　　　　　　　　　　　정답 ⑤

선행작업이 완료되어야 이후 작업을 진행할 수 있기 때문에 가장 오래 걸리는 경로가 바로 주경로이고, 최단작업기간이 된다. 따라서 B − D − G − J의 21주가 소요된다. 그리고 이러한 주경로에 해당되는 작업을 단축시키는 것이 전체기간을 줄이는 방법이다. 주경로 외의 작업(여유활동)을 줄이는 것은 프로젝트 기간 단축에 영향을 주지 못한다.

57　　　　　　　　　　　　　　　　　정답 ③

[A4:B4] 영역으로 차트를 만들었기 때문에 [A5:B5]는 차트의 원본 데이터 범위가 아니므로 자동으로 추가되지 않는다.

58　　　　　　　　　　　　　　　　　정답 ②

컴퓨터 바이러스에 감염되는 경로에는 불법 무단 복제, 다른 사람들과 공동으로 사용하는 컴퓨터, 인터넷, 전자우편의 첨부파일 등이 있으며 예방법은 다음과 같다.
- 다운로드한 파일이나 외부에서 가져온 파일은 반드시 바이러스 검사를 수행한 후에 사용한다.
- 전자우편을 통해 감염될 수 있으므로 발신자가 불분명한 전자우편은 열어보지 않고 삭제한다.
- 중요한 자료는 정기적으로 백업한다.
- 바이러스 예방 프로그램을 램(RAM)에 상주시킨다.
- 프로그램의 시스템 감시 및 인터넷 감시 기능을 이용해서 바이러스를 사전에 검색한다.
- 백신 프로그램의 업데이트를 통해 주기적으로 바이러스 검사를 수행한다.

59　　　　　　　　　　　　　　　　　정답 ⑤

조직 내 집단이 의사결정을 하는 과정에서 의견이 불일치하는 경우 의사결정을 내리는 데 많은 시간이 소요된다.

> **집단의사결정의 장단점**
> - 장점
>   − 한 사람이 가진 지식보다 집단이 가지고 있는 지식과 정보가 더 많아 효과적인 결정을 할 수 있다.
>   − 각자 다른 시각으로 문제를 바라봄에 따라 다양한 견해를 가지고 접근할 수 있다.
>   − 결정된 사항에 대해 의사결정에 참여한 사람들이 해결책을 수월하게 수용하고, 의사소통의 기회도 향상된다.
> - 단점
>   − 의견이 불일치하는 경우 의사결정을 내리는 데 시간이 많이 소요된다.
>   − 특정 구성원에 의해 의사결정이 독점될 가능성이 있다.

60 정답 ④

조직이 생존하기 위해서는 급변하는 환경에 적응하여야 한다. 이를 위해서는 원칙이 확립되어 있고 고지식한 기계적 조직보다는 운영이 유연한 유기적 조직이 더 적합하다.

오답분석

① 조직 활동의 결과에 따라 조직의 성과와 만족이 결정되며, 그 수준은 조직구성원들의 개인적 성향과 조직문화의 차이에 따라 달라진다.
② 대규모 조직은 소규모 조직과는 다른 조직구조를 갖게 된다. 대규모 조직은 소규모 조직에 비해 업무가 전문화, 분화되어 있고 많은 규칙과 규정이 존재하게 된다.
③ 조직구조의 결정 요인 중 하나인 기술은 조직이 투입요소를 산출물로 전환시키는 지식, 기계, 절차 등을 의미한다. 소량생산기술을 가진 조직은 유기적 조직구조를, 대량생산기술을 가진 조직은 기계적 조직구조를 가진다.
⑤ 조직구조의 결정요인으로는 크게 전략, 규모, 기술, 환경이 있다. 전략은 조직의 목적을 달성하기 위하여 수립한 계획으로, 조직이 자원을 배분하고 경쟁적 우위를 달성하기 위한 주요 방침이며, 기술은 조직이 투입요소를 산출물로 전환시키는 지식, 기계, 절차 등을 의미한다. 또한 조직은 환경의 변화에 적절하게 대응하기 위해 환경에 따라 조직의 구조를 다르게 조작한다.

제3회 모의고사 정답 및 해설

01	02	03	04	05	06	07	08	09	10
①	①	⑤	④	②	②	②	③	③	④
11	12	13	14	15	16	17	18	19	20
④	②	②	④	①	①	④	②	③	③
21	22	23	24	25	26	27	28	29	30
③	②	④	④	④	④	④	⑤	⑤	④
31	32	33	34	35	36	37	38	39	40
①	②	②	④	④	①	④	①	③	④
41	42	43	44	45	46	47	48	49	50
④	③	②	④	③	①	①	②	④	①
51	52	53	54	55	56	57	58	59	60
②	②	④	②	④	④	②	③	④	④

01 정답 ①

㉠은 페로몬이 많은 쪽의 경로를 선택하여 이동하는 개미의 특징에 의해 개미 떼가 가장 짧은 경로를 이용해 먹이를 운반하는 것에서 개발된 알고리즘이다. 이는 '각 개체가 다수의 개체들이 선택하는 경로를 이용하여 자신의 이동 방향을 결정하는 특성'인 정렬성에 해당한다.
㉡은 각자의 진동수에 따라 빛을 발하던 반딧불이가 상대방의 반짝임에 맞춰 결국에는 하나의 반딧불이처럼 반짝이는 현상에서 착안한 알고리즘이다. 이는 '각 개체가 주변 개체들과 동일한 행동을 하는 특성'인 결합성에 해당한다.

02 정답 ①

(고사한 소나무 수)$=\dfrac{(감염률)}{100}\times\dfrac{(고사율)}{100}\times$(발생지역의 소나무 수)

- 거제 : $0.5\times0.5\times1,590=397.5$
- 경주 : $0.2\times0.5\times2,981=298.1$
- 제주 : $0.8\times0.4\times1,201=384.32$
- 청도 : $0.1\times0.7\times279=19.53$
- 포항 : $0.2\times0.6\times2,312=277.44$
따라서 고사한 소나무 수가 가장 많이 발생한 지역은 거제이다.

03 정답 ⑤

갑과 을이 맞힌 4점의 개수가 x개라고 가정하면, 갑과 을이 9점을 맞힌 화살의 개수는 다음과 같다.

(단위 : 개)

구분	갑	을
0점	6	8
4점	x	x
9점	$20-(6+x)$	$20-(8+x)$

이를 이용해 점수를 계산하면
갑의 점수는 $(0\times6)+(4\times x)+[9\times(14-x)]=(126-5x)$점이며,
을의 점수는 $(0\times8)+(4\times x)+[9\times(12-x)]=(108-5x)$점이다.
또한 x는 $0 \le x \le 12$인 정수이다.
갑과 을의 점수를 공차가 -5인 등차수열로 생각하여 규칙을 찾으면
갑의 가능한 점수 : 126점, 121점, 116점, 111점, …, 66점
을의 가능한 점수 : 108점, 103점, 98점, 93점, …, 48점
따라서 선택지에서 갑의 점수는 일의 자리가 6 또는 1로 끝나고, 을의 점수는 8 또는 3으로 끝나는 점수를 찾으면 갑은 86점, 을은 68점이다.

04 정답 ④

두 번째, 네 번째 조건에 의해 B는 치통에 사용되는 약이고, A는 세 번째, 네 번째 조건에 의해 몸살에 사용되는 약이다.
∴ A – 몸살, B – 치통, C – 배탈, D – 피부병
두 번째, 다섯 번째 조건에 의해 은정이의 처방전은 B, 희경이의 처방전은 C에 해당된다. 그러면 소미의 처방전은 마지막 조건에 의해 D에 해당된다.
∴ A – 정선, B – 은정, C – 희경, D – 소미

05 정답 ②

매뉴얼 작성을 위한 TIP
1. 내용이 정확해야 한다.
2. 사용자가 알기 쉽게 쉬운 문장으로 쓰여야 한다.
3. 사용자에 대한 심리적 배려가 있어야 한다.
4. 사용자가 찾고자 하는 정보를 쉽게 찾을 수 있어야 한다.
5. 사용하기 쉬워야 한다.

06
정답 ②

각종 위원회 위원 위촉에 관한 전결규정은 없다. 따라서 정답은 ②가 된다. 단, 대표이사의 부재중에 부득이하게 위촉을 해야 하는 경우가 발생했다면 차하위자(전무)가 대결을 할 수는 있다.

07
정답 ②

실패의 원인

무지, 부주의, 차례 미준수, 오만, 조사·검토 부족, 조건의 변화, 기획 불량, 가치관 불량, 조직운영 불량, 미지

08
정답 ③

오답분석

①은 영어, ②는 한국어, ④는 프랑스어로 서로 대화할 수 있다.

09
정답 ③

• 1인 1일 사용량에서 영업용 사용량이 차지하는 비중

$$: \frac{80}{180+80+10+12} \times 100 = 28.37\%$$

• 1인 1일 가정용 사용량 중 하위 두 항목이 차지하는 비중

$$: \frac{20+13}{45+38+36+28+20+13} \times 100 = 18.33\%$$

10
정답 ④

남성의 등록 장애인 수가 가장 많은 장애등급은 6급이고, 가장 적은 장애등급은 1급이다. $124,623 \times 3 < 389,601$이므로, 3배 이상이다.

오답분석

① 자료의 수치가 크므로 여성과 남성의 비를 이용해 전체 등록 장애인 수의 증가율을 어림하여 계산할 수 있다. 2022년 여성과 남성 등록 장애인 수의 비는 약 2 : 3이다. 따라서 전체 장애인 수의 증가율은 약 3.5%이다.
② 전년도 등급별 등록 장애인 수를 주어진 자료를 통해서는 알 수 없다.
③ 장애등급 5급과 6급의 등록 장애인 수의 합은 $248,059 + 278,586 + 203,810 + 389,601 = 1,120,056$이고, $1,120,056 \times 2 < 2,517,312$이므로 50% 이하이다.
⑤ 성별 등록 장애인 수 차이가 가장 작은 장애등급은 4급이고, 가장 큰 장애등급은 6급이다.

$$\therefore \frac{190,772+203,810}{1,048,979} \times 100 = 37.6\%$$

11
정답 ④

채울 수 있는 빈칸을 먼저 계산한다.
• B품목 금액 : $1,000 \times 6 = 6,000$원
• D품목 금액 : $4,000 \times 2 = 8,000$원
• E품목 금액 : $500 \times 8 = 4,000$원
• 소계 : $3,500$원 $\div 0.1 = 35,000$원

즉, C품목의 금액은 $35,000 - (5,000 + 6,000 + 8,000 + 4,000) = 12,000$원이다. 따라서 C품목의 수량은 $12,000 \div 1,500 = 8$개이다.

12
정답 ②

A씨
• 이용요금 : $1,310 \times 6 \times 3 = 23,580$원
• 주행요금 : $92 \times 170 = 15,640$원
• 반납지연에 따른 페널티 요금 : $(1,310 \times 9) \times 2 = 23,580$원
$$\therefore 23,580 + 15,640 + 23,580 = 62,800$$원

B씨
• 이용요금
  – 목 : $39,020$원
  – 금 : $880 \times 6 \times 8 = 42,240$원(∵ 24시간 한도 초과로 기준요금으로 계산)
  → $81,260$원
• 주행요금 : $243 \times 170 = 41,310$원
$$\therefore 81,260 + 41,310 = 122,570$$원

13
정답 ②

오답분석

① 내실 있는 훈련과정을 통해 맞춤형으로 인재를 키워내고자 하며, 훈련과정의 단축에 대해선 언급하고 있지 않다.
③ 지역 특성에 맞는 훈련직종과 규모를 확정하고 이에 맞는 훈련을 시행하는 내용이므로 보편적인 업무능력을 키운다는 말은 적절하지 않다.
④ 지역과 산업계가 주도하는 체계로 자리매김하게 만들기 위한 것이 목적이다.
⑤ 기술 미스매치의 원인을 토론한다는 내용은 제시문에서 언급하지 않았다.

14
정답 ④

보도자료의 내용을 보면, 고용부와 H공단은 9월부터 지역 설명회를 열고 인적자원개발위원회 구성과 인력양성계획 수립을 위한 컨설팅을 시행한다고 제시되어 있다. 따라서 중앙부처와 자치단체의 협력이 아니므로 적절하지 않다.

15 정답 ①

두 번째 조건에 따라 B, C가 유죄일 때와 무죄일 때를 나누어 본다. 먼저 B, C가 유죄라고 가정하면 A, D, E가 무죄가 되어야 한다. 하지만 D가 무죄일 때, C가 무죄라는 조건이 성립하지 않아 오류가 발생한다.

B, C가 무죄라고 가정하고 A가 무죄라면 B, E도 무죄여야 하기 때문에 A, C, B, E가 무죄라는 오류가 발생한다. 따라서 B, C가 무죄이고 A가 유죄, D가 무죄일 때 모든 조건을 만족하기 때문에 A, E가 유죄이고 B, C, D가 무죄임을 알 수 있다.

16 정답 ①

다섯 번째 조건에 따라 C는 러닝을 한 후 바로 파워워킹으로 이동한다. 첫 번째 조건과 세 번째 조건에서 A와 C가 이동한 방법의 순서가 서로 반대라 했고, A는 우체국에서 경찰서까지 러닝으로 이동했다고 하였으므로, C는 교회 – 우체국 구간에 러닝으로, 우체국 – 경찰서 구간은 파워워킹으로 이동한 것이 된다. 따라서 C가 경찰서에서 약수터로 이동 시 사용 가능한 이동 방법은 뒤로 걷기와 자전거 타기이다.

17 정답 ④

'멘붕, 안습'과 같은 인터넷 신조어는 갑자기 생겨난 말이며 금방 사라질 수도 있는 말이기에 국어사전에 넣기에는 적절하지 않다는 내용으로 의견에 대한 반대 논거를 펼치고 있다.

18 정답 ②

글의 내용을 요약하여 필자가 주장하는 핵심을 파악해야 한다. 제시문은 텔레비전의 언어가 개인의 언어 습관에 미치는 악영향을 경계하면서, 올바른 언어 습관을 길들이기 위해 문학 작품의 독서를 강조하고 있다.

19 정답 ③

제시된 증인들의 진술을 표로 정리하면 다음과 같다.

증인	A	B	C	D	E	F	G
1	×	×					×
2					×	×	×
3			○				
4			○	○			
5			○	○			

따라서 주동자는 C, D이다.

20 정답 ③

매출 순이익은 [(판매가격)−(생산단가)]×(판매량)이므로 메뉴별 매출 순이익을 계산하면 다음과 같다.

메뉴	매출 순이익(원)
A	$250,000[=(4,000-3,500) \times 500]$
B	$150,000[=(6,000-5,500) \times 300]$
C	$400,000[=(5,000-4,000) \times 400]$
D	$200,000[=(7,000-6,000) \times 200]$
E	$300,000[=(5,000-3,000) \times 150]$

따라서 매출 순이익이 가장 높은 C를 메인 메뉴로 선택하는 것이 가장 합리적인 판단이다.

21 정답 ③

정규근로시간 외에 초과근무가 있는 날의 시간외근무시간을 구하면 다음과 같다.

근무 요일	초과근무시간			1시간 공제
	출근	야근	합계	
1 ~ 15일	–	–	–	770분
18(월)	–	70분	70분	10분
20(수)	60분	20분	80분	20분
21(목)	30분	70분	100분	40분
25(월)	60분	90분	150분	90분
26(화)	30분	160분	190분	130분
27(수)	30분	100분	130분	70분
합계	–	–	–	1,130분

∴ 1,130분=18시간 50분

따라서 1시간 미만은 절사이므로 K사원의 시간외근무수당을 계산하면 7,000×18=126,000원이다.

22 정답 ②

주어진 조건을 표로 정리하면 다음과 같다.

구분	아메리카노	카페라테	카푸치노	에스프레소
호동	○	×	×	×
수근				○
지원				×

따라서 ②가 항상 옳다.

오답분석

① · ⑤ 주어진 조건만으로는 지원이가 마시는 커피를 알 수 없다.
③ 수근이는 에스프레소를 마시지만, 지원이는 에스프레소를 마시지 않는다.
④ 호동이와 수근이가 마시는 커피가 다르다고 했으므로, 호동이는 에스프레소를 마시지 않는다. 또한 주어진 조건에서 카페라테와 카푸치노도 마시지 않는다고 했으므로 호동이가 마시는 커피는 아메리카노이다.

23
정답 ④

녹지의 면적은 2021년부터 유원지 면적을 추월하였다.

24
정답 ④

제시된 조건에 따라 정리하면 '초밥가게 − × − 카페 − × − 편의점 − 약국 − 옷가게 − 신발가게 − × − ×' 순서이다. 따라서 ④가 옳다.

① 카페와 옷가게 사이에 3개의 건물이 있다.
② 초밥가게와 약국 사이에 4개의 건물이 있다.
③ 편의점은 5번째 건물에 있다.
⑤ 옷가게는 7번째 건물에 있다.

25
정답 ④

A의 진술 중 'D가 두 번째이다.'가 참이라고 가정하면 D, E의 진술 중 'E가 네 번째이다.'가 거짓이다. 따라서 A의 통화 요금이 가장 많이 나오고, D가 두 번째이다. 그러면 B의 진술이 모두 거짓이므로 모순이다. 그러므로 A의 진술 중 '내가 세 번째이다.'가 참이다. A가 세 번째이므로, C의 진술 중 'B가 제일 적게 나왔다.'가 참이고, E의 진술 중 '내가 네 번째이다.'가 참이므로 D의 진술 중 'E가 네 번째이다.'가 참이다. 또한 B의 진술 중 'C가 두 번째로 많이 나왔다.'가 참이다. 따라서 요금이 많이 나온 순서대로 나열하면 D − C − A − E − B이다.

26
정답 ④

A와 B사원은 6급이므로 국내여비 정액표에 따라 다군에 속한다.
• 교통비 왕복 총액(2인) : 105,200원
• 일비 : $2 \times 20,000 \times 3 = 120,000$원
• 식비 : $2 \times 20,000 \times 3 = 120,000$원
• 숙박비
 − 첫째 날 : 2명 이상이 공동 숙박하고, 기준금액(남원시, 5만 원)을 넘었으므로 5만 원
 − 둘째 날 : 2명 이상이 공동 숙박하고, 기준금액(5만 원) 이하로 지출했으므로, '4 − 나'를 적용하면 다음과 같다.

$$\left(2 - \frac{40,000}{50,000}\right) \times 20,000 \times 2 = 48,000원$$

따라서 출장여비 총액은 $105,200 + 120,000 + 120,000 + 50,000 + 48,000 = 443,200$원이다.

27
정답 ④

ⓔ의 앞쪽에 제시된 술탄 메흐메드 2세의 행적을 살펴보면 성소피아 대성당으로 가서 성당을 파괴하는 대신 이슬람 사원으로 개조하였고, 그리스 정교회 수사에게 총대주교직을 수여하는 등 '역대 비잔틴 황제들이 제정한 법을 그가 주도하고 있던 법제화의 모델로 이용하였던 것'을 보아 '단절을 추구하는 것'이 아닌 '연속성을 추구하는 것'으로 고치는 것이 적절하다.

28
정답 ⑤

최소비용입지론에서는 운송비가 최소가 되는 지점이 최적 입지가 되며, 일반적으로 운송비는 이동거리가 짧을수록 적게 든다. 또한 최대수요입지론에서는 소비자의 이동거리를 최소화할 수 있는 지점에 입지를 선정한다. 따라서 두 입지론 모두 최적의 입지 선택을 위해서는 거리에 따른 경제적 효과를 중시하고 있음을 알 수 있다.

29
정답 ⑤

제시된 자료에 따르면 2010년 모든 품목의 가격지수는 100이다. 품목별로 2010년 가격지수 대비 2023년 3월 가격지수의 상승률을 구하면 다음과 같다.

• 육류 : $\dfrac{177.0 - 100}{100} \times 100 = 77\%$

• 낙농품 : $\dfrac{184.9 - 100}{100} \times 100 = 84.9\%$

• 곡물 : $\dfrac{169.8 - 100}{100} \times 100 = 69.8\%$

• 유지류 : $\dfrac{151.7 - 100}{100} \times 100 = 51.7\%$

• 설탕 : $\dfrac{187.9 - 100}{100} \times 100 = 87.9\%$

따라서 2010년 가격지수 대비 2023년 3월 가격지수의 상승률이 가장 낮은 품목은 유지류이다.

① 전년 동월 대비 2023년 3월의 식량 가격지수 하락률
 : $\dfrac{213.8 - 173.8}{213.8} \times 100 = 18.71\%$
② 식량 가격지수 자료를 통해 확인할 수 있다.
③ 품목별 전년 동월 대비 2023년 3월 식량 가격지수의 하락 폭을 구하면 다음과 같다.
 • 육류 : $185.5 - 177.0 = 8.5$
 • 낙농품 : $268.5 - 184.9 = 83.6$
 • 곡물 : $208.9 - 169.8 = 39.1$
 • 유지류 : $204.8 - 151.7 = 53.1$
 • 설탕 : $254.0 - 187.9 = 66.1$
 따라서 전년 동월 대비 2023년 3월 식량 가격지수가 가장 큰 폭으로 하락한 품목은 낙농품이다.
④ 품목별 가격지수 자료를 통해 확인할 수 있다.

30
정답 ④

(마)에 의해 대호는 B팀에 가고, (바)에 의해 A팀은 외야수를 선택해야 한다. 또한 (라)에 의해 민한은 투수만 가능하고, C팀이 투수만 스카우트 한다고 했으므로 나머지 B, D팀은 포수와 내야수 중 선택해야 한다. (사)에 의해 성훈이 외야수(A팀)에 간다면 주찬은 D팀에 갈 수밖에 없으며, 이는 (아)에 어긋난다. 따라서 성훈은 포수를 선택하여 D팀으로 가고, (자)에 의해 주찬은 외야수로 A팀으로 간다.

31 정답 ①

제시문은 인간의 질병 구조가 변화하고 있고 우리나라는 고령화 시대를 맞이함에 따라 만성질환이 증가하였으며 이에 따라 간호사가 많이 필요해진 상황에 대해 말하고 있다. 하지만 제도는 간호사를 많이 채용하지 않고 있어 뒤처진 제도에 대한 아쉬움에 대해 설명하고 있는 글이다. 따라서 (나) 변화한 인간의 질병 구조 → (가) 고령화 시대를 맞아 증가한 만성질환 → (다) 간호사가 필요한 현실과는 맞지 않는 고용 상황 → (라) 간호사의 필요성과 뒤처진 의료 제도에 대한 안타까움 순서로 나열되어야 한다.

32 정답 ②

ISNONTEXT 함수는 값이 텍스트가 아닐 경우 논리값 'TRUE'를 반환한다. [A2] 셀의 값은 텍스트이므로 'FALSE'가 산출된다.

오답분석

① ISNUMBER 함수 : 값이 숫자일 경우 논리값 'TRUE'를 반환한다.
③ ISTEXT 함수 : 값이 텍스트일 경우 논리값 'TRUE'를 반환한다.
④ ISEVEN 함수 : 값이 짝수이면 논리값 'TRUE'를 반환한다.
⑤ ISODD 함수 : 값이 홀수이면 논리값 'TRUE'를 반환한다.

33 정답 ②

바이오스는 컴퓨터의 전원을 켰을 때 맨 처음 컴퓨터의 제어를 맡아 가장 기본적인 기능을 처리해 주는 프로그램으로, 모든 소프트웨어는 바이오스를 기반으로 움직인다.

오답분석

① ROM(Read Only Memory)에 대한 설명이다.
③ RAM(Random Access Memory)에 대한 설명이다.
④ 스풀링(Spooling)에 대한 설명이다.
⑤ 미들웨어(Middleware)에 대한 설명이다.

34 정답 ④

ㄴ. 2019년 대비 2022년 모든 분야의 침해사고 건수는 감소하였으나, 50% 이상 줄어든 것은 스팸릴레이 한 분야이다.
ㄹ. 기타 해킹 분야의 2022년 침해사고 건수는 2020년 대비 증가했으므로 옳지 않은 설명이다.

35 정답 ④

지원자 4의 진술이 거짓이면 지원자 5의 진술도 거짓이고, 지원자 4의 진술이 참이면 지원자 5의 진술도 참이다. 즉, 1명의 진술만 거짓이므로 지원자 4, 5의 진술은 참이다. 그러면 지원자 1과 지원자 2의 진술이 모순이다.

• 지원자 1의 진술이 참인 경우
  지원자 2는 A부서에 선발이 되었고, 지원자 3은 B 또는 C부서에 선발되었다. 이때, 지원자 3의 진술에 따라 지원자 4가 B부서, 지원자 3이 C부서에 선발되었다.

∴ − A부서 : 지원자 2
  − B부서 : 지원자 4
  − C부서 : 지원자 3
  − D부서 : 지원자 5

• 지원자 2의 진술이 참인 경우
  지원자 3은 A부서에 선발이 되었고, 지원자 2는 B 또는 C부서에 선발되었다. 이때, 지원자 3의 진술에 따라 지원자 4가 B부서, 지원자 2가 C부서에 선발되었다.

∴ − A부서 : 지원자 3
  − B부서 : 지원자 4
  − C부서 : 지원자 2
  − D부서 : 지원자 5

36 정답 ①

A에 따르면 여성성은 순응적인 태도로 자연과 조화를 이루려 하는 것이므로 여성과 기술의 조화를 위해서는 자연과의 조화를 추구하는 기술을 개발해야 한다.

오답분석

ㄴ. B에 따르면 여성이 남성보다 기술 분야에 많이 참여하지 않는 것은 여성에게 주입된 성별 분업 이데올로기와 불평등한 사회 제도에 의해 여성의 능력이 억눌리고 있기 때문이다.
ㄷ. A는 남성과 여성이 가진 성질이 다르다고 보고 자연과 조화를 이루려는 여성성과 현재의 기술이 대립되어 여성이 기술 분야에 진출하기 어렵다고 하였다.

37 정답 ④

창고를 모두 가득 채웠을 때 보관 가능한 컨테이너 박스의 수는 $10 \times 10 = 100$개이며 다음과 같은 두 가지 경우가 가능함을 알 수 있다.

ⅰ) 경우 1
  9개 창고에 10개씩+1개 창고에 8개(=10개의 창고 중 8개씩 보관할 1개의 창고를 고르는 경우의 수) : $_{10}C_1$ 가지

ⅱ) 경우 2
  8개 창고에 10개씩+2개 창고에 9개씩(=10개의 창고 중 9개씩 보관할 2개의 창고를 고르는 경우의 수) : $_{10}C_2$ 가지

따라서 $_{10}C_1 + _{10}C_2 = 10 + \dfrac{10 \times 9}{2!} = 55$가지이다.

38 정답 ①

주어진 조건에 따라 직원 A ~ H가 앉을 수 있는 경우 중 하나는 A − B − D − E − C − F − H − G이다. 여기서 D와 E의 자리를 서로 바꿔도 모든 조건이 성립하고, A − G − H와 D − E − C를 통째로 바꿔도 모든 조건이 성립한다. 따라서 총 경우의 수는 $2 \times 2 = 4$가지이므로 ①은 항상 참이다.

39 정답 ③

조건에 주어진 단서를 분석하면 다음과 같다.

- 비밀번호를 구성하는 각 숫자는 소수가 아니므로 0, 1, 4, 6, 8, 9 중의 4자리 조합이다.

  소수는 1과 자기 자신만으로 나누어지는 1보다 큰 양의 정수이다(예 2, 3, 5, 7, …).
- 비밀번호는 짝수로 시작하며 가장 큰 수부터 차례로 4가지 숫자가 나열되므로, 9는 제외되고 8 또는 6으로 시작한다.
- 단, 8과 6은 단 하나만 비밀번호에 들어가므로 서로 중복하여 사용할 수 없다. 그러므로 8410 또는 6410의 두 가지 조합밖에 나오지 않는다.

① 두 비밀번호 모두 0으로 끝나므로 짝수이다.
② 두 비밀번호의 앞에서 두 번째 숫자는 4이다.
④ 두 비밀번호 모두 1을 포함하지만 9는 포함하지 않는다.
⑤ 두 비밀번호 중에서 작은 수는 6410이다.

40 정답 ③

제시문의 내용은 어떠한 사고과정을 가지느냐가 사회적 권력에 영향을 준다는 것으로 정리할 수 있다. 그런데 이 사고과정이라는 것이 결국은 문자체계의 이해방식과 연결되는 만큼 글을 읽고 이해하는 능력이 사회적 권력에 영향을 미친다는 전제가 추가되어야 매끄러운 논리 전개가 될 것이다.

ㄱ. 제시문에서는 그림문자와 표음문자가 서로 상반된 특성을 가지고 있다고 볼 수 있으므로, 그림문자를 쓰는 사회에서 남성의 사회적 권력이 여성보다 우월하였다면 반대로 표음문자 체계가 보편화될 경우에는 여성의 사회적 권력이 남성보다 우월하다는 결론을 추론할 수 있다. 그런데 제시문의 결론은 이와 반대로 여성의 권력이 약화되는 결과를 초래한다고 하였으므로 추가될 전제로 적절하지 않다.
ㄴ. 제시문의 내용은 그림문자와 표음문자를 해석하는 방식의 차이가 성별에 따른 사고과정의 차이를 가져오고 그것이 사회적 권력에까지 영향을 준다는 것이다. 하지만 사고과정의 차이가 있다고 해서 그것이 의사소통의 난이도에 영향을 준다고 판단하는 것은 지나친 비약이다.

41 정답 ④

연도별 합계에서 나머지 수를 더한 값으로 빈칸 안의 각 수치를 구할 수 있다.

ㄹ : 145−(21+28+17+30+20)=29

① ㄱ : 866, ② ㄴ : 73, ③ ㄷ : 202, ⑤ ㅁ : 22

42 정답 ③

ㄴ. 2020년 고덕 차량기지의 안전체험 건수 대비 인원수는 $\frac{633}{33}$ ≒19.2로, 도봉 차량기지의 안전체험 건수 대비 인원수인 $\frac{432}{24}$=18보다 크다.

ㄷ. 2019년부터 2021년까지 고덕 차량기지의 안전체험 건수와 인원수는 둘 다 계속 감소하는 것으로 동일함을 알 수 있다.

ㄱ. 2022년에 방화 차량기지 견학 안전체험 건수는 2021년과 동일한 29건이므로 옳지 않은 설명이다.
ㄹ. 신내 차량기지의 안전체험 인원수는 2022년에 385명이다. 이는 692명인 2018년의 약 55%로, 인원수는 50% 미만으로 감소하였음을 알 수 있다.

43 정답 ②

첫 번째, 네 번째 조건에 의해 A는 F와 함께 가야 한다. 그러면 두 번째 조건에 의해 B는 D와 함께 가야 하고, 세 번째 조건에 의해 C는 E와 함께 가야 한다.

44 정답 ④

① 주어진 조건으로 4, 5, 7번에 을이 앉을 수 있으나, 을이 4번에 앉을지 5, 7번에 앉을지 정확히 알 수 없다.
② 갑과 병은 이웃해 앉지 않으므로 1번에 앉을 수 없다.
③ 주어진 조건으로 을과 정이 이웃에 앉게 될지 정확히 알 수 없다.
⑤ 정이 7번에 앉으면 을은 5번에 앉는다. 그러므로 을과 정 사이에 2명이 앉을 수 없다.

45 정답 ③

다섯 번째, 일곱 번째 조건에 의해 G신입사원은 첫 번째 자리에 앉는다. 그러면 여섯 번째 조건에 의해 C과장은 세 번째 자리에 앉는다.
A부장과 B과장이 네 번째, 여섯 번째 또는 다섯 번째, 일곱 번째 자리에 앉으면 D대리와 F신입사원이 나란히 앉을 수 없다. 따라서 A부장과 B과장은 두 번째, 네 번째 자리에 앉는다.
남은 자리는 다섯, 여섯, 일곱 번째 자리이므로 D대리와 F신입사원은 다섯, 여섯 번째 또는 여섯, 일곱 번째 자리에 앉게 되고, 나머지 한 자리에 E대리가 앉는다.

①・②・④ E대리가 다섯 번째, D대리가 여섯 번째, F신입사원이 일곱 번째 자리에 앉으면 성립하지 않는다.
⑤ B과장은 두 번째 또는 네 번째 자리에 앉는다.

46 정답 ①

제품의 질은 우수하나 브랜드의 저가 이미지 때문에 매출이 좋지 않은 것이므로 선입견을 제외하고 제품의 우수성을 증명할 수 있는 블라인드 테스트를 통해 인정을 받는다. 그리고 그 결과를 홍보의 수단으로 사용하는 것이 적절하다.

47 정답 ①

• 부하율 50%
C아파트 전력사용량을 x라 하면

$$50 = \frac{60 + 40 + x}{100} \times 100$$

∴ $x = 50$

• 부하율 80%
C아파트 전력사용량을 a라 하면

$$80 = \frac{60 + 40 + a}{100} \times 100$$

∴ $a = 80$

따라서 C아파트의 전력사용량이 30이 증가해야 한다.

48 정답 ②

각국에서 출발한 직원들이 국내(대한민국)에 도착하는 시각을 계산하기 위해서는 먼저 시차를 구해야 한다. 동일시점에서의 각국의 현지시각을 살펴보면 국내의 시각이 가장 빠르다는 점을 알 수 있다. 즉, 국내의 현지시각을 기준으로 각국의 현지시각을 빼면 시차를 구할 수 있다. 시차는 계산편의상 24시를 기준으로 한다.

구분	계산식	시차
대한민국 ~ 독일	4일 06:20 - 3일 23:20	7시간
대한민국 ~ 인도	4일 06:20 - 4일 03:50	2시간 30분
대한민국 ~ 미국	4일 06:20 - 3일 17:20	13시간

각국의 직원들이 국내에 도착하는 시간은 출발지 기준 이륙시각에서 비행시간과 시차를 더하여 구할 수 있다.

구분	계산식	대한민국 도착시각
독일	4일 16:20 + 11:30 + 7:00	5일 10:50
인도	4일 22:10 + 08:30 + 2:30	5일 09:10
미국	4일 07:40 + 14:00 + 13:00	5일 10:40

따라서 인도에서 출발하는 직원이 가장 먼저 도착하고, 미국, 독일 순서로 도착하는 것을 알 수 있다.

49 정답 ②

조직의 구조는 조직 내의 부문 사이에 형성된 관계로 조직목표를 달성하기 위한 조직구성원들의 상호작용을 보여 준다. 조직구조는 의사결정권의 집중정도, 명령계통, 최고경영자의 통제, 규칙과 규제의 정도에 따라 달라지며, 구성원들의 업무나 권한이 분명하게 정의된 기계적 조직과 의사결정권이 하부구성원들에게 많이 위임되고 업무가 고정적이지 않은 유기적 조직으로 구분할 수 있다.

50 정답 ①

일반적으로 코칭은 문제 및 진척 상황을 직원들과 함께 자세하게 살피고 지원을 아끼지 않으며, 지도 및 격려를 하는 활동을 의미한다. 직원들을 코칭하는 리더는 직원 자신이 권한과 목적의식을 가지고 있는 중요한 사람이라는 사실을 느낄 수 있도록 이끌어 주어야 한다. 또한, 직원들이 자신만의 장점과 성공 전략을 활용할 수 있도록 적극적으로 도와야 한다.

오답분석

② 티칭 : 학습자에게 지식이나 기술을 전달하고, 제능력(諸能力)이나 가치관을 형성시키는 교육활동이다.
③ 멘토링 : 경험과 지식이 풍부한 사람이 지도와 조언을 하여 받는 사람의 실력과 잠재력을 개발하는 것이다.
④ 컨설팅 : 어떤 분야에 전문적인 지식을 가진 사람이 고객을 상대로 상세하게 상담하고 도와주는 것이다.
⑤ 카운슬링 : 심리적인 문제나 고민이 있는 사람에게 실시하는 상담 활동으로, 상담원이 전문적인 입장에서 조언·지도를 하거나 공감적인 이해를 보여 심리적 상호 교류를 함으로써 상담자의 문제를 해결하거나 심리적 성장을 돕는 것이다.

51 정답 ②

경영활동을 구성하는 요소는 경영목적, 인적자원, 자금, 경영전략이다. (나)의 경우와 같이 봉사활동을 수행하는 일은 목적과 인력, 자금 등이 필요한 일이지만, 정해진 목표를 달성하기 위한 조직의 관리, 전략, 운영활동이라고 볼 수 없으므로 경영활동이 아니다.

52 정답 ②

• 항공편 예약
김과장은 시간이 적게 걸리는 항공편을 효율적이라고 본다. 따라서 시간이 적게 걸리는 항공편을 순서대로 나열하면 '503(5시간 10분) - 300(7시간 30분) - 150(10시간 35분) - 701(12시간 10분) - 103(18시간) - 402(21시간 25분)'이다(프놈펜과 서울의 시차 2시간을 적용해서 계산해야 한다).
그러나 주어진 조건에 따라 김과장은 4월 16일 자정 이전에 입국해야 한다. 그러므로 5시간 10분이 걸리지만 4월 17일 오전 7시 5분에 도착하는 503 항공편은 적합하지 않다. 따라서 503 항공편 다음으로 시간이 적게 소요되고 4월 16일 16시 25분에 도착하는 300 항공편을 예약하면 된다.
• 비용(취소 수수료 포함)
 - 김과장이 다시 예약할 300 항공편 : 582,900원
 - 취소 수수료(출발 30일 ~ 21일 전 가격) : 18,000원
따라서 총 비용은 582,900 + 18,000 = 600,900원이다.

53 정답 ④

노선별 건설비용과 사회손실비용은 다음과 같이 구할 수 있다.

• (건설비용)=(각 구간 길이)×(1km당 건설비용)
  - A노선 : $(1.0 \times 1,000) + (0.5 \times 200) + (8.5 \times 100)$
    =1,950억 원
  - B노선 : 20×100억=2,000억 원
  - C노선 : $(0.5 \times 1,000) + (1 \times 200) + (13.5 \times 100)$
    =2,050억 원

• (사회손실비용)
  =(노선 길이)$\times \dfrac{1,000원}{10km} \times$(연간 평균 차량 통행량)×(유지 연수)
  - A노선 : $10km \times \dfrac{1,000}{10} \times 2$백만 대$\times 15$=300억 원
  - B노선 : $20km \times \dfrac{1,000}{10} \times 2$백만 대$\times 15$=600억 원
  - C노선 : $15km \times \dfrac{1,000}{10} \times 2$백만 대$\times 15$=450억 원

• 건설비용과 사회손실비용을 고려한 노선별 비용 비교
  - A노선 : 1,950억+300억=2,250억 원
  - B노선 : 2,000억+600억=2,600억 원
  - C노선 : 2,050억+450억=2,500억 원

따라서 A노선의 비용이 가장 저렴하므로 C노선이 적합하다는 설명은 옳지 않다.

54 정답 ②

구성원들이 보유하고 있는 능력, 스킬, 욕구, 태도 등은 구성원(Staff)에 해당된다. 조직구조(Structure)는 전략을 실행해 가기 위한 틀로서 조직도라 할 수 있으며, 구성원들의 역할과 구성원 간 상호관계를 지배하는 공식 요소들(예 권한, 책임)을 포함한다. 제도·절차(System)와 함께 구성원들의 행동을 특정 방향으로 유도하는 역할을 한다.

> **맥킨지 7S 모델(McKinsey 7S Model)**
> • 공유가치(Shared Value) : 모든 조직구성원들이 공유하는 기업의 핵심 이념이나 가치관, 목적 등을 말한다.
> • 전략(Strategy) : 조직의 장기적 계획 및 목표를 달성하기 위한 수단이나 방법을 말한다.
> • 제도·절차(System) : 조직의 관리체계나 운영절차, 제도 등을 말한다.
> • 조직구조(Structure) : 전략을 실행해 가기 위한 틀로서 조직도라 할 수 있다.
> • 리더십 스타일(Style) : 조직을 이끌어나가는 관리자의 경영방식이나 리더십 스타일을 말한다.
> • 관리기술(Skill) : 전략을 실행하는 데 필요한 구체적 요소를 말한다.
> • 구성원(Staff) : 조직 내 인력 구성을 말한다. 구성원들의 단순한 인력 구성 현황을 의미하기보다는 구성원들이 보유하고 있는 능력, 스킬, 욕구, 태도 등을 포함한다.

55 정답 ④

바로가기 아이콘을 삭제해도 연결된 실제 파일은 삭제되지 않는다.

56 정답 ④

워드프로세서의 머리말은 한 페이지의 맨 위에 한두 줄의 내용이 고정적으로 반복되게 하는 기능이다.

57 정답 ②

'$'가 붙으면 절대참조로 위치가 변하지 않고, 붙지 않으면 상대참조로 위치가 변한다. 「A1」은 무조건 [A1] 위치로 고정이며 「$A2」는 A열은 고정이지만 행은 변한다는 것을 의미한다. [A7] 셀을 복사했을 때 열이 오른쪽으로 2칸 움직였지만 고정이기에 의미는 없고, 행이 7에서 8로 1행만큼 이동하였기 때문에 [A1]+[A3]의 값이 [C8] 셀이 된다. 따라서 1+3=4이다.

58 정답 ③

가정에 있을 경우 전력수급 비상단계를 신속하게 극복하기 위해 전력기기 등의 전원을 차단하거나 사용을 중지하는 것이 필요하나, 4번 항목에 따르면 안전, 보안 등을 위한 최소한의 조명까지 소등할 필요는 없다.

오답분석

① 가정에 있을 경우, TV, 라디오 등을 통해 재난상황을 파악하여 대처하라고 하였으므로, 전력수급 비상단계 발생 시 대중매체를 통해 재난상황에 대한 정보를 파악할 수 있다는 것을 알 수 있다.
② 사무실에 있을 경우 즉시 사용이 필요하지 않은 사무기기의 전원을 차단하여야 한다.
④ 공장에서는 비상발전기의 가동을 점검하여 가동을 준비해야 한다.
⑤ 전력수급 비상단계가 발생할 경우, 컴퓨터, 프린터 등 긴급하지 않은 모든 사무기기의 전원을 차단하여야 하므로 한동안 사무실의 업무가 중단될 수 있다.

59 정답 ④

ⓒ 사무실에서의 행동요령에 따르면 본사의 중앙보안시스템은 긴급한 설비로 볼 수 있다. 따라서 3번 항목의 예외에 해당하므로 중앙보안시스템의 전원을 차단해 버린 이주임의 행동은 적절하지 않다고 볼 수 있다.
ⓔ 상가에서의 행동요령에 따르면 식재료의 부패와 관련 없는 가전제품의 가동을 중지하거나 조정하도록 설명되어 있다. 하지만 최사장은 횟감을 포함한 식재료를 보관 중인 모든 냉동고의 전원을 차단하였으므로 적절하지 못하다.

㉠ 집에 있던 중 세탁기 사용을 중지하고 실내조명을 최소화한 것
   은 행동요령에 따른 것으로 적절한 행동이다.
㉢ 공장에 있던 중 공장 내부 조명 밝기를 최소화한 박주임의 행
   동은 적절하다.

60   정답 ④
기술경영자의 능력
1. 기술을 기업의 전반적인 전략 목표에 통합시키는 능력
2. 빠르고 효과적으로 새로운 기술을 습득하고 기존의 기술에서
   탈피하는 능력
3. 기술을 효과적으로 평가할 수 있는 능력
4. 기술 이전을 효과적으로 할 수 있는 능력
5. 새로운 제품개발 시간을 단축할 수 있는 능력
6. 크고 복잡하고 서로 다른 분야에 걸쳐 있는 프로젝트를 수행할
   수 있는 능력
7. 조직 내의 기술 이용을 수행할 수 있는 능력
8. 기술 전문 인력을 운용할 수 있는 능력

한국전력기술 신입사원 필기전형
제4회 모의고사 정답 및 해설

| 01 | 사무

01	02	03	04	05	06	07	08	09	10
④	③	④	①	⑤	①	②	④	⑤	⑤
11	12	13	14	15	16	17	18	19	20
⑤	③	⑤	③	②	③	②	①	①	④
21	22	23	24	25	26	27	28	29	30
④	③	③	⑤	③	②	④	④	④	③
31	32	33	34	35	36	37	38	39	40
③	④	②	④	⑤	④	⑤	①	③	①
41	42	43	44	45	46	47	48	49	50
②	③	③	③	④	④	④	②	③	③

01
정답 ④

조세지출예산제도는 조세감면에 따른 조세형평성을 제고하기 위하여 정부가 국회에 다음연도 예산안을 제출할 때 조세감면대상 명세서를 함께 제출하여 보다 명확한 감시와 감독이 가능하도록 하는 제도이다.

오답분석
① 지출통제예산은 총액으로 지출을 통제하는 예산제도로, 구체적인 항목별 지출에 대해서는 집행부의 재량을 확대하는 성과지향적 예산제도이다.
② 지방정부예산도 통합재정수지에 포함된다.
③ 우리나라 통합재정수지에서는 융자 지출을 재정수지의 적자 요인으로 간주한다.
⑤ 계획예산제도는 하향적·집권적 예산제도로, 구성원의 참여가 배제된다.

02
정답 ③

지방자치법 제12조에 따르면 지방자치단체의 구역 안에 주소를 가진 자는 그 지방자치단체의 주민이 된다.

오답분석
① 지방자치단체는 '특별시, 광역시, 특별자치시, 도, 특별자치도'와 '시, 군, 구' 두 가지 종류로 구분하며(지방자치법 제2조 제1항), 특정한 목적을 수행하기 위하여 필요하면 따로 특별지방자치단체를 설치할 수 있다(지방자치법 제2조 제3항).

② 지방자치단체인 구의 자치권 범위는 법령으로 정하는 바에 따라 시·군과 다르게 할 수 있다(지방자치법 제2조 제2항).
④ 시는 그 대부분이 도시의 형태를 갖추고, 인구 5만 명 이상이 되어야 한다(지방자치법 제10조 제1항).
⑤ 지방자치단체는 농산물·임산물·축산물·수산물 및 양곡의 수급조절과 수출입 등 전국적 규모의 사무를 처리할 수 없다(지방자치법 제15조 제3호).

03
정답 ④

직무평가란 직무의 각 분야가 기업 내에서 차지하는 상대적 가치의 결정으로, 크게 비계량적 평가 방법과 계량적 평가 방법으로 나눌 수 있다. 비계량적 평가 방법에는 서열법과 분류법이 있으며, 계량적 평가 방법에는 점수법과 요소비교법이 있다.

직무평가 방법

구분		설명
계량적	점수법	직무를 구성 요소별로 나누고, 각 요소에 점수를 매겨 평가하는 방법
	요소비교법	직무를 몇 개의 중요 요소로 나누고, 이들 요소를 기준직위의 평가 요소와 비교하여 평가하는 방법
비계량적	서열법	직원들의 근무 성적을 평정함에 있어 평정 대상자(직원)들을 서로 비교하여 서열을 정하는 방법
	분류법	미리 작성한 등급기준표에 따라 평가하고자 하는 직위의 직무를 어떤 등급에 배치할 것인가를 결정하는 방법

04
정답 ①

허즈버그(F. Herzberg)의 이론은 동기유발에 관심을 두는 것이 아니라 만족 자체에 중점을 두고 있기 때문에 하위 욕구를 추구하는 계층에게는 적용하기가 어렵고, 상위 욕구를 추구하는 계층에 적용하기 용이하다.

05 정답 ⑤

기관위임사무는 지방자치단체장이 국가 또는 상급 지자체사무를 위임받아 수행하는 것이다. 따라서 기관위임사무의 소요 경비는 전액 위임기관의 예산으로 부담한다.

06 정답 ①

종합적 조직 진단을 구성하는 것은 조직문화와 행태, 인력, 재정, 서비스와 프로세스이다.

> **조직진단**
> • 행태과학의 방법을 사용하여 조직의 현재 상태를 점검하고 문제의 해결 또는 조직의 효과성 증대를 위한 방안을 목적으로 한다.
> • 조직의 활동이나 지침을 수립하기 위해서 자료나 정보를 다시 비교·분석·평가한다.

07 정답 ②

판단적 미래예측 기법은 경험적 자료나 이론이 없을 때 전문가나 경험자들의 주관적인 견해에 의존하는 질적·판단적 예측이다.

08 정답 ④

인간관계론은 행정조직이나 민간조직을 단순한 기계적인 구조로만 보고 오직 시스템의 개선만으로 능률성을 추구하려 하였다는 과거의 과학적 관리론과 같은 고전적 조직이론의 개념을 탈피하여 한계점을 수용하고, 노동자들의 감정과 기분 같은 사회·심리적 요인과 비경제적 보상을 고려하며 인간 중심적 관리를 중시하였다.

09 정답 ⑤

테일러(Taylor)의 과학적 관리법은 전문적인 지식과 역량이 요구되는 일에는 부적합하며, 노동자들의 자율성과 창의성은 무시한 채 효율성의 논리만을 강조했다는 비판을 받았다. 이러한 테일러의 과학적 관리법은 단순노동과 공장식 노동에 적합하다.

10 정답 ⑤

ERG 이론과 욕구체계 이론은 인간의 욕구를 동기부여 요인의 대상으로 보고 있으며, ERG 이론은 욕구체계 이론을 바탕으로 존재의 욕구, 관계적 욕구, 성장의 욕구를 기준으로 재정립하였다.

11 정답 ⑤

① 집단사고(Groupthink) : 의사결정 시 만장일치에 도달하려는 분위기가 다른 대안들을 현실적으로 평가하려는 경향을 억압할 때 나타나는 구성원들의 왜곡되고 비합리적인 사고방식으로, 구성원 사이에 강한 응집력을 보이는 집단에서 주로 나타난다.
② 직무만족(Job Satisfaction) : 개인이 자신의 직무에 대해 만족하는 정도를 말한다.
③ 직무몰입(Job Involvement) : 근로자가 특정 조직에 동일시하고 몰입하는 정도를 말한다.
④ 감정노동(Emotional Labor) : 정서노동이라고도 하며, 서비스 업종에 종사하는 사람들이 직무를 수행하다가 마주치는 정서적인 요구를 뜻한다.

12 정답 ③

허즈버그(Hertzberg)의 2요인이론에 따르면 인간행동에 영향을 주는 요인에는 충족된다면 불만족을 없애주는 위생요인과 만족증가를 유도해 어떤 행동을 유발시키는 동기요인으로 구분된다. 동기요인에는 성취감, 안정감, 책임감, 개인의 성장 및 발전, 보람 있는 직무내용, 존경과 자아실현 욕구 등이 포함된다. 반면에 위생요인에는 임금, 작업환경 등을 들 수 있다.

13 정답 ⑤

성과급은 성과에 따라 임금을 산정하는 제도이므로 성과나 직무 가치 등의 직무적 요소를 기본으로 임금을 결정하는 직무급에 해당한다. 또한 성과급의 임금 수령액은 각자의 성과에 따라 증감하므로 변동급에 해당한다.

> • 연공급 : 종업원의 근속연수(Tenure)를 기준으로 임금 결정, 생활보장의 원칙, 숙련상승설
> • 직무급 : 직무평가를 바탕으로 직무의 상대적 가치를 기준으로 임금 결정, 노동대가의 원칙, 임금공정성 제고
> • 직능급 : 종업원이 보유하고 있는 직무수행능력을 바탕으로 임금 결정, 노동대가의 원칙, 직능자격제도

14 정답 ③

주채무자의 부탁으로 보증인이 된 자가 과실없이 변제 기타의 출재로 주채무를 소멸하게 한 때에는 주채무자에 대하여 구상권이 있다(민법 제441조 제1항).

15 정답 ②

근대민법은 형식적 평등을 추구하며 사적자치의 원칙하에 소유권 절대의 원칙(㉠), 계약 자유의 원칙(㉢), 과실 책임의 원칙(㉣)에 충실했다. 그러나 현대 민법은 공공의 복리를 강조하며 이를 실천하기 위한 수단으로 신의성실의 원칙, 권리남용금지의 원칙 등을 강조한다.

16 정답 ③

오답분석

㉠ 우리 민법은 정주의 사실을 요건으로 하여 주소를 결정하는 객관주의 태도를 취하고 있다.
㉣ 우리 민법은 주소의 개수가 두 개 이상일 수 있는 복수주의 태도를 취하고 있다.

17 정답 ②

원시취득
신축한 주택에 대한 소유권 취득, 무주물에 대한 선점, 유실물 습득, 동산의 선위취득, 인격권·신분권 등의 취득, 시효취득

승계취득
매매, 상속, 타인의 토지에 지상권을 설정하여 이를 취득, 회사의 합병

18 정답 ①

우리 민법은 특별실종으로 선박실종, 전쟁실종, 항공기실종, 위난실종을 인정하고 있다(민법 제27조 제2항).

19 정답 ①

사적자치의 원칙이란 신분과 재산에 대한 법률관계를 개인의 의사에 따라 자유로이 규율하는 것이다. 즉, 계약의 내용 및 형식에 있어서 국가 또는 타인의 간섭을 배제하는 원칙을 말하며, 신의칙과는 거리가 멀다.

20 정답 ④

생애주기가설이란 일생동안 소득의 변화는 규칙적이지 않지만, 생애 전체 소득의 현재가치를 감안한 소비는 일정한 수준으로 유지된다는 이론이다. 생애주기가설에 의하면 가처분소득이 동일한 수준이라도 각자의 생애주기가 어디에 속하는가에 따라 소비성향이 다르게 나타난다.

21 정답 ④

이자율평가설에서는 $i = i^* + \dfrac{f-e}{e}$ 가 성립한다(단, i는 자국이자율, i^*는 외국이자율, f는 연간 선물환율, e는 현물환율이다). 문제에서 주어진 바에 따르면 $i=0.05$, $i^*=0.025$, $e=1,200$이므로 이들을 식에 대입하면 $f=1,230$이다.

22 정답 ③

오답분석

ㄹ. 비용극소화를 통해 도출된 비용함수를 이윤함수에 넣어서 다시 이윤극대화 과정을 거쳐야 하므로 필요조건이기는 하나, 충분조건은 아니다.

23 정답 ③

A기업의 수요곡선이 가격($P=500$)으로 일정하게 주어진 것은 완전경쟁 시장구조임을 의미한다. 먼저 사적인 이윤극대화 생산량을 구하기 위해 $P=MC$로 두면 $500=200+\dfrac{1}{3}Q$, $\dfrac{1}{3}Q=300$, $Q=900$이다. 외부한계비용이 20이므로 사적인 한계비용과 외부한계비용을 합한 사회적인 한계비용은 $SMC=220+\dfrac{1}{3}Q$이다. 사회적인 최적생산량을 구하기 위해서는 $P=SMC$이므로 $500=220+\dfrac{1}{3}Q$, $\dfrac{1}{3}Q=280$, $Q=840$이다.

24 정답 ⑤

한국은행은 고용증진 목표 달성이 아닌 통화정책 운영체제로서 물가안정목표제를 운영하고 있다.

25 정답 ③

$\Pi_t=0.04$, $\Pi_{t-1}=0.08$을 $\Pi_t - \Pi_{t-1} = -0.8(U_t - 0.05)$에 대입하면 $U_t=10\%$가 도출된다. 현재 실업률이 5%이기 때문에 실업률 증가분은 5%이고 세 번째 가정에 따르면 GDP는 10% 감소한다. 인플레이션율을 4% 낮출 경우 GDP 변화율(%)이 10%이므로, 인플레이션율을 1% 낮출 경우 감소되는 GDP 변화율(%)인 희생률은 2.5이다.

26 정답 ②

ㄱ. 티부가설은 '발로 하는 투표(Vote by Feet)'로 지방분권을 지향한다.

ㄹ. 주민과 지방정부 간의 소통·접촉의 기회를 증대시켜 각 지역의 상황과 실정에 맞는 행정의 구현이 가능하다.

오답분석

ㄴ. 새뮤얼슨의 공공재 공급 이론은 중앙정부에 의한 공공재 공급을 뒷받침하는 이론으로, 정치논리에 의하여 서비스가 공급되는 것이 불가피하다는 내용이다.

ㄷ. 지방분권의 단점으로 지역 간 격차가 발생할 수 있다. 지역격차 완화는 중앙집권의 장점이다.

27 정답 ④

거래비용이론에서 현대적 이론에 대한 설명이다. 현대적 이론에서는 조직은 거래비용을 감소하기 위한 장치로 기능한다고 본다.

조직이론의 전개

구분	고전적 조직이론	신고전적 조직이론	현대적 조직이론
인간관	합리적 경제인관	사회인관	복잡인관
구조체제	공식적 구조	비공식적 구조	유기체적 구조 (공식적＋ 비공식적)
기초이론	과학적관리론, 행정관리론	인간관계론, 후기인간관계론	후기관료모형, 상황적응이론
가치	기계적 능률성	사회적 능률성	다원적 목표·가치
환경	폐쇄체제		개방체제
성격	정치·행정 이원론, 공·사 행정일원론	정치·행정이 원론의 성격이 강함	정치·행정 일원론, 공·사 행정이원론

28 정답 ④

오염허가서는 간접적 규제의 활용 사례이다. 오염허가서란 오염물질을 배출할 수 있는 권리를 시장에서 매매가 가능하도록 하는 공해배출권 거래제도를 말한다.

오답분석

① 피구세는 환경문제의 해결을 위한 정부의 적극적인 역할로서 오염물질의 배출에 대해서 그 오염물질로 인해 발생하는 외부효과만큼 배출세를 내도록 하는 제도이다.

② 긍정적인 외부효과를 유발하는 기업에 대해서 보조금을 지급하여 최적의 생산량을 생산하도록 유도한다.

③ 코우즈의 정리는 외부효과를 발생시키는 당사자들 사이에 소유권을 명확하게 하면 자발적이고 자유로운 협상에 의해 외부효과의 문제가 해결될 수 있다는 주장이다.

⑤ 교정적 조세는 외부효과에 따른 사적 유인의 왜곡을 사회적 최적과 일치시키는 역할을 하므로, 경제적 효율 향상과 더불어 정부의 조세수입도 증가시키는 결과를 가져온다.

외부효과의 개선

긍정적 외부효과	• 보조금 지급 • 의무 교육의 확대
부정적 외부효과	• 정부의 직접규제 • 조세정책

29 정답 ③

ㄱ. 균형성과표는 카플란과 노턴(Kaplan & Norton)에 의해 개발되었고, 조직의 비전과 목표, 전략으로부터 도출된 성과지표의 집합체이다.

ㄴ. 균형성과표는 재무지표 중심의 기존 성과관리의 한계를 극복하고 다양한 관점의 균형을 추구하고자 한다.

ㄹ. 균형성과표는 재무, 고객·내부 프로세스·학습과 성장(비재무적 지표)이라는 네 가지 관점 간의 균형을 중시한다.

오답분석

ㄷ. 균형성과표는 내부요소와 외부요소의 균형을 중시한다.

ㅁ. 성과관리의 과정과 결과의 균형을 중시한다.

30 정답 ④

예비타당성 조사는 경제성 분석과 정책성 분석으로 이루어진다. 이 중에서 민감도 분석은 비용편익분석을 하는 경제성 분석에 포함된다.

오답분석

①·②·③·⑤ 정책성 분석에 해당한다.

예비타당성 조사

구분	내용
경제성 분석	• 수요 및 편익 추정 • 비용 추정 • 경제성 및 재무성 평가 • 민감도 분석
정책성 분석	• 지역경제 파급효과 • 지역균형개발 • 사업추진 위험요인 • 정책의 일관성 및 추진의지 • 국고지원의 적합성 • 재원조달 가능성 • 상위계획과 연관성

31 　　　　　　　　　　　　　정답 ③

기획재정부장관은 국무회의의 심의를 거쳐 대통령의 승인을 얻은 다음 연도의 예산안편성지침을 매년 3월 31일까지 각 중앙관서의 장에게 통보하고 국회 예산결산특별위원회에 보고하여야 한다(국가재정법 제30조).

오답분석

① 각 중앙관서의 장은 매년 1월 31일까지 당해 회계연도부터 5회계연도 이상의 기간 동안의 신규사업 및 기획재정부장관이 정하는 주요 계속사업에 대한 중기사업계획서를 기획재정부장관에게 제출하여야 한다(국가재정법 제28조).
② 국가재정법 제5조 제1항・제2항
④ 정부는 회계연도마다 예산안을 편성하여 회계연도 개시 90일 전까지 국회에 제출하고, 국회는 회계연도 개시 30일 전까지 이를 의결하여야 한다(헌법 제54조 제2항).
⑤ 국가재정법 제22조 제1항

32 　　　　　　　　　　　　　정답 ④

신공공관리론은 행정과 경영을 동일하게 보는 관점으로 기업경영의 원리와 기법을 공공부문에 그대로 이식하려 한다는 비판이 있다.

오답분석

① 동태적인 측면을 파악할 수 없다.
② 생태론에 대한 설명이다.
③ 합리적 선택 신제도주의가 방법론적 개체주의에, 사회학적 신제도주의는 방법론적 전체주의에 기반을 두고 있다.

33 　　　　　　　　　　　　　정답 ②

보기의 공정상황은 X와 Y생산라인 중 동일한 제품을 생산함에도 시간당 제품 생산율의 차이가 X가 Y에 비해 약 2배가량 속도가 빠르고 불량품 비율도 2배로 낮으므로 X보다 Y생산라인이 작업자의 실수나 생산설비의 이상이 의심된다. 그러므로 우연원인으로 인한 우연변동보다는 이상변동이 적절하다.

34 　　　　　　　　　　　　　정답 ④

모듈화설계는 여러 가지의 서로 다른 제품조립에 널리 사용할 수 있는 기본구성품을 만들고 최종소비자의 기호에 따라 고객이 원하는 대로 조립하도록 하는 것이다.

35 　　　　　　　　　　　　　정답 ⑤

가상현실시스템(Virtual Reality System)이란 여러 가지의 영상이나 컴퓨터 그래픽을 이용하여 가공의 세계나 원격지의 공간을 표시하여 실제 세상이나 상상 속의 행위를 모방한 인공지능 시스템을 말한다.

36 　　　　　　　　　　　　　정답 ④

민츠버그(Mintzberg)는 조직을 다음과 같은 다섯 가지 형태로 구분하여 각 조직에서 표면적으로 관찰할 수 있는 유형이 그 조직이 처한 환경에 적합한지 판단하고, 그렇지 않다면 해당 조직에게 필요한 변화를 모색할 수 있는 도구를 제시한다.

1. 단순구조 조직(Simple Structure)
2. 기계적 관료제 조직(Machine Bureaucracy)
3. 전문적 관료제 조직(Professional Bureaucracy)
4. 사업부제 조직(Divisional Structure)
5. 애드호크라시 조직(Adhocracy)

37 　　　　　　　　　　　　　정답 ⑤

시장세분화 전략은 마케팅 전략 중 하나이다.

일반적인 경영 전략 유형

• 성장 전략 : 기업의 규모를 키워 현재의 영업범위를 확대하는 전략으로, 시장의 성장가능성이 높고, 기업의 점유율이 높거나 투자가치가 있을 경우 이러한 전략을 채택한다. 이 전략은 기업의 장기적 생존을 위해서는 필수적이며, 이를 통해 수익창출 및 점유율 확보, 기업 규모 확대가 가능하다.
• 축소 전략 : 기업의 효율성이나 성과를 향상시키기 위해 규모를 축소하는 전략으로, 시장이 더 성장하지 않고, 기업이 해당 시장에서의 경쟁능력이 없을 경우 다운사이징, 구조조정, 분사 및 청산 등의 방법을 통해 축소 전략을 구사한다.
• 안정화 전략 : 현재 상태에서 큰 변화 없이 현재 상태를 유지하고자 노력하는 전략으로, 시장성장률이 높지 않지만, 시장 내 기업의 점유율이 높을 경우(Cash cow) 해당 사업을 통해 다른 사업을 확장하는 데 필요한 자본을 조달하는 방식의 전략이다.
• 협력 전략 : 전략적 제휴라고도 하는데, 둘 이상의 기업이 공동의 목표를 위해 서로 협력하는 전략이다. 이때 각 기업들은 각자의 독립성을 유지하면서 서로의 약점을 보완하고 경쟁우위를 강화하고자 추구한다.

38 　　　　　　　　　　　　　정답 ①

리엔지니어링은 해머와 챔피(Hammer & Champy)에 의해 제시된 것으로, 정보기술을 통해 기업경영의 핵심적 과정을 전면 개편함으로써 경영성과를 향상시키려는 경영기법이다. 리엔지니어링은 기존의 관리패턴을 근본적으로 바꾸어 기업경영의 질을 높이려는 것으로, 철학이나 사고방식, 더 나아가 문명의 전환까지 염두에 두고 있다.

오답분석

②・③ 다운사이징(Downsizing)에 대한 내용이다.
④ CKD(Complete Knock Down)에 대한 내용이다.
⑤ 다운타임(Downtime)에 대한 내용이다.

39 정답 ④

형의 경중의 비교대상은 법정형이지만 법정형인 한 주형뿐만 아니라 부가형도 포함되고 가중감면사유와 선택형의 가능성도 비교해야 한다.

오답분석
① 행위 시라 함은 실행행위의 종료를 의미하며, 결과발생은 포함하지 않는다.
② 포괄일죄로 되는 개개의 범죄행위가 법 개정의 전후에 걸쳐서 행하여진 경우에는 신·구법의 법정형에 대한 경중을 비교해 볼 필요 없이 범죄 실행종료 시의 법이라고 할 수 있는 신법을 적용하여 포괄일죄로 처단하여야 한다.
③ 범죄 후 수차례 법률이 변경되어 행위 시와 재판 시 사이에 중간시법이 있는 경우에는 모든 법을 비교하여 가장 경한 법률을 적용한다.
⑤ 형법 제1조 제3항

40 정답 ①

피해자의 승낙으로 인한 행위는 위법성이 조각된다. 즉, 처분할 수 있는 자의 승낙에 의하여 그 법익을 훼손한 행위는 특별한 규정이 없는 한 처벌하지 아니한다(형법 제24조). 그러나 살인죄 등의 경우에는 승낙행위가 있어도 위법성이 조각되지 않고 처벌한다.

41 정답 ②

칼 슈미트(C. Schmitt)는 헌법을 헌법제정권력의 행위에 의한 국가 정치생활의 종류와 형태에 대한 근본적 결단이라 하였다.

42 정답 ③

헌법의 제정 주체에 따른 분류 중 흠정헌법(군주헌법)에 대한 설명이다. 흠정헌법은 군주가 제정한다고 하여 군주헌법이라고도 한다. 이는 전제군주제를 취했던 나라에서 군주의 권력을 유보하고 국민에게 일정한 권리나 자유를 은혜적으로 인정하면서 제정한 헌법(입헌군주제로의 이행)을 말하는데, 일본의 명치헌법, 19세기 전반의 독일 각 연방헌법 등이 해당한다.

오답분석
① 국약헌법 : 둘 이상의 국가 간의 합의의 결과로 국가연합을 구성하여 제정한 헌법이다(예 미합중국 헌법).
② 민정헌법 : 국민의 대표자로 구성된 제헌의회를 통하여 제정된 헌법이다(예 오늘날 자유민주주의 국가 대부분의 헌법).
④ 명목적 헌법 : 헌법을 이상적으로 제정하였으나, 사회여건은 이에 불일치한다(예 남미 여러 나라의 헌법).
⑤ 연성헌법 : 법률과 같은 절차에 의하여 개정할 수 있는 헌법이다(예 영국 헌법).

43 정답 ③

가식적 헌법 혹은 장식적 헌법에 대한 설명이다. 가식적 헌법은 헌법이 권력장악자의 지배를 안정시키고 영구화하는 데 이용되는 수단이나 도구에 지나지 않는 것으로, 구소련 등의 공산주의 국가의 헌법을 말한다.

44 정답 ③

민주공화국, 국민주권원리, 민주적 기본질서, 기본적 인권의 핵심이 되는 내용, 국제평화주의, 복수정당제 등은 헌법개정한계설을 취하는 입장에서 볼 때, 개정할 수 없다고 본다.

45 정답 ④

소비자물가지수는 수입생필품을 포함하지만 자본재를 비포함하고, GDP 디플레이터는 수입 생필품을 포함하지 않고 자본재를 포함하는 등 두 물가지수에 포함되는 품목이 다르다. 또한 측정 방식도 달라 소비자물가지수는 과대측정가능성을 가지고 GDP 디플레이터는 과소측정가능성을 가진다. 따라서 둘 중 어느 지수가 소비자들의 생계비를 더 왜곡한다고 하기는 어렵다.

46 정답 ④

독점기업은 $MR = MC$인 지점에서 생산량을 결정하며 수요곡선 상에서 가격을 결정한다. 따라서 모든 소비자를 대상으로 이윤을 극대화하는 가격을 설정해서 판매한다면 $MR' = 90 - 40Q = MC = 10$인 $Q = 20$이며 이때의 $P = 90 - 2Q = 50$이다.

원래의 수요함수 $Q = 45 - \frac{1}{2}P$에서 20만큼이 제외된 새로운 수요함수는 $Q' = 25 - \frac{1}{2}P'$이므로 $MR' = 50 - 40' = MC = 10$인 $Q' = 10$이며 이때의 $P' = 30$이다.

따라서 A기업이 설정한 1차 판매 가격(ㄱ)은 50이고, 2차 판매 가격(ㄴ)은 30이다.

47 정답 ④

국내총생산(GDP)은 일정기간 동안 '자국 영토 내에서' 생산된 모든 최종 재화와 서비스의 시장가치의 합으로 정의되므로 'GDP = A + B'로 표현된다. 반면 국민총생산(GNP)은 일정기간 동안 '자국민'이 생산한 모든 최종재화와 서비스의 시장가치의 합으로 정의되므로 'GNP = A + C'로 표현된다. 따라서 'GNP = GDP - B + C'로 표현된다.

48 정답 ②

타이어 수요곡선과 공급곡선을 연립하면 $800-2P=200+3P$이므로 $P=120$, $Q=560$이다. 그러므로 조세부과 이전에는 공급자가 받는 가격과 소비자가 지불하는 가격이 모두 120으로 동일하다. 이제 소비자에게 단위당 50원의 세금이 부과되면 수요곡선이 하방으로 50만큼 이동하므로 수요곡선이 $P=350-\dfrac{1}{2}Q$로 변경된다. 조세부과 이후의 수요곡선과 공급곡선을 연립하면 $350-\dfrac{1}{2}Q=-\dfrac{200}{3}+\dfrac{1}{3}Q$이므로 $Q=500$, $P=100$으로 계산된다. 따라서 조세부과 이후 공급자가 받는 가격은 100원으로 하락하게 된다. 즉, 소비자는 생산자에게 단위당 100원의 가격을 지불하지만 단위당 50원의 조세를 납부해야 하므로 실제로 소비자가 지불하는 가격은 150원이다.

49 정답 ③

A국과 B국이 고구마와 휴대폰을 생산하는 데 투입되는 노동력을 표로 만들면 다음과 같다.

구분	A국	B국
고구마(1kg)	200	150
휴대폰(1대)	300	200

A국은 B국보다 고구마와 휴대폰을 각각 1단위 구입하기 위해 필요로 하는 노동력이 더 많으므로 B국은 절대우위를 가진다. 한편, A국은 고구마 1kg을 생산하기 위해 휴대폰 1대를 생산하기 위한 노동력의 약 $66.7\%\left(=\dfrac{2}{3}\times100\right)$가 필요하고, B국은 약 $75\%\left(=\dfrac{3}{4}\times100\right)$가 필요하다. 따라서 상대적으로 A국은 고구마 생산에 B국은 휴대폰 생산에 비교우위가 있다. 이 경우 A국과 B국은 각각 고구마와 휴대폰에 생산을 특화한 뒤 서로 생산물을 교환하면 소비량을 늘릴 수 있다. 현재 6,000명 투입이 가능하므로 A국은 고구마 30kg, B국은 휴대폰 30대를 생산한다.

50 정답 ③

상금의 기대치는 24만 원이다. 즉, (상금의 기대치)$=(0.5\times50)+[0.5\times(-2)]=24$이다. 그런데 복권을 구입 시 1만 원의 가격을 지불해야 하므로 기대소득의 크기는 23만 원이다. 문제에서 기대소득과 기대효용이 같다고 가정했으므로 기대효용도 23만 원이 된다.

| 02 | 전기

01	02	03	04	05	06	07	08	09	10
⑤	②	⑤	①	②	①	①	②	③	①
11	12	13	14	15	16	17	18	19	20
①	④	⑤	②	③	①	⑤	④	③	①
21	22	23	24	25	26	27	28	29	30
②	②	③	③	②	①	②	②	②	②
31	32	33	34	35	36	37	38	39	40
③	①	④	④	②	①	②	①	③	②
41	42	43	44	45	46	47	48	49	50
③	②	②	⑤	①	①	①	④	②	①

01 정답 ⑤

• 점전하 전계의 세기

$$E=\dfrac{Q}{4\pi\varepsilon_0 r^2}\,[\text{V/m}]$$

• 선전하 전계의 세기

$$E=\dfrac{\lambda}{2\pi\varepsilon_0 r}\,[\text{V/m}]\text{(무한직선)}$$

• 면전하 전계의 세기

$$E=\dfrac{\sigma}{2\varepsilon_0}\,[\text{V/m}]\text{(무한평면도체)}$$

따라서 면전하에서 전계의 세기와 거리는 아무런 관계가 없다.

02 정답 ②

전기력선의 성질

• 양전하의 표면에서 나와 음전하의 표면으로 끝나는 연속 곡선이다.
• 전기력선상의 어느 점에서 그어진 접선은 그 점에 있어서 전장 방향을 나타낸다.
• 전기력선은 전위가 높은 점에서 낮은 점으로 향한다.
• 전장에서 어떤 점의 전기력선 밀도는 그 점의 전장의 세기를 나타낸다.
• 전기력선은 서로 교차하지 않는다.
• 단위 전하에서는 $\dfrac{1}{\varepsilon_0}$개의 전기력선이 출입한다.
• 전기력선은 도체 표면에 수직으로 출입한다.
• 도체 내부에는 전기력선이 없다.

03

정답 ⑤

$A[\text{m}^2]=\pi r^2$ $l[\text{m}^2]=(\quad)l$ $r=\dfrac{1}{2}r$

• 도체의 저항

$R=\rho\dfrac{l}{A}[\Omega]$, $A=\pi r^2$에서 $r=\dfrac{1}{2}$로 한다.

∴ $R=\rho\dfrac{l}{\pi r^2}$, $r=\dfrac{1}{2}r$ 대입

$R=\rho\dfrac{l}{\pi\left(\dfrac{1}{2}r\right)^2}=\rho\dfrac{l}{\pi\left(\dfrac{1}{4}r^2\right)}$

• 체적이 고정되어 있는 상태에서 단면적 $A=\dfrac{1}{4}$이 되면, 길이

l은 비례해서 4배가 된다.

$R=\rho\dfrac{4l}{\dfrac{\pi r^2}{4}}=\rho\dfrac{16l}{\pi r^2}$

따라서 도체의 저항은 16배 커진다.

04

정답 ①

진공(공기)의 유전율 $\epsilon_0=8.855\times10^{-12}$이고,

$C=\epsilon_0\dfrac{A}{d}$이므로,

$C=8.855\times10^{-12}\times\dfrac{5\times10^{-4}}{1\times10^{-3}}=4.428\times10^{-12}\text{F}$

05

정답 ②

전류를 흐르게 하는 원동력을 기전력이라 하며, 단위는 V이다.

$E=\dfrac{W}{Q}[\text{V}]$(Q : 전기량, W : 일의 양)

06

정답 ①

$I=\dfrac{Q}{t}=\dfrac{600}{5\times60}=\dfrac{600}{300}=2\text{A}$

07

정답 ①

코일 중심의 자기장 세기는 $H=\dfrac{N\times I}{2r}[\text{AT/m}]$이므로 주어진 조

건을 대입하면, $\dfrac{10\times5\text{A}}{2\times0.1\text{m}}=250\text{AT/m}$이다.

08

정답 ②

$F=BIL\sin\theta=2\text{Wb/m}^2\times8\text{A}\times0.5\text{m}\times\cos30°=4\text{N}$

09

정답 ③

유도기전력의 크기는 쇄교자속의 시간에 대한 변화율에 비례하므

로 $v=-N\dfrac{\Delta\Phi}{\Delta t}=-100\times\dfrac{2}{10\times10^{-3}}=-20,000\text{V}$

10

정답 ①

유도기전력 $e=L\dfrac{di}{dt}[\text{V}]$이므로

$L=\dfrac{e\times dt}{di}[\text{H}]=\dfrac{20\times0.1}{16}=0.125\text{H}$이다.

11

정답 ①

케이블에 교류가 흐르면 도체로부터 전자유도작용으로 연피에 전
압이 유기되고, 그 와전류가 흐르게 되어 케이블의 전력손실이 발
생한다.

12

정답 ④

선택 배류기는 전기적 부식을 방지해주는 역할을 하며, 지하 전력
케이블에 설치한다.

선택 배류기
선택 배류기는 지중 케이블의 전기적 부식을 방지해주는 역
할을 하며, 지하 전력케이블에 설치한다. 매설 금속과 전철
레일사이에 선택 배류기를 접속한 것으로, 매설 금속의 전위
가 전철 레일에 대해 가장 높게 그리고 장시간에 걸쳐 정전위
가 되는 곳에 설치하는 것이 효과적이다.

13

정답 ⑤

$C_s=$대지정전용량, $C_m=$선간정전용량일 때,

• 단상 2선식 : 전선 1가닥에 대한 작용정전용량

　단도체 $C=C_s+2C_m\,\mu\text{F/km}$

• 3상 3선식 : 전선 1가닥에 대한 작용정전용량

　단도체 $C=C_s+3C_m\,\mu\text{F/km}$

14 정답 ②

충전전류는 일반적으로 앞선전류이다.

> **충전전류**
> 송전선과 대지 간에는 대지전압이 걸리게 되며, 이 전압에 의하여 정전용량이 발생한다. 송전선과 대지 간에는 전압차가 있기 때문에 전류가 흐르게 되는 이를 충전전류라 한다.

15 정답 ③

$$\delta = \frac{V_S - V_R}{V_R} \times 100 = \frac{66-63}{63} \times 100 \fallingdotseq 4.76\%$$

16 정답 ①

교류송전에서는 송전거리가 멀어질수록 동일 전압에서의 송전 가능전력이 적어지는 이유는 선로의 유도성 리액턴스는 선로의 길이가 길수록 커지기 때문이다.

17 정답 ⑤

전력용 콘덴서에 방전코일을 설치하는 주 목적은 전원 개방 시 잔류전하를 방전시키기 위함이다.

> **방전코일**
> 콘덴서 또는 콘덴서 뱅크가 계통에서 분리되는 경우 단 시간에 잔류전하를 방전하여 인체의 위험을 방지한다.
> • 저압 : 1분 이내 50V 이하로 방전
> • 고압, 특고압 : 5초 이내 50V 이하로 방전

18 정답 ④

선로 전압강하 보상기는 배전선의 전압강하를 보상하는 방법으로 부하의 탭절환변압기를 이용하여 배전전압을 중부하 시에는 높게, 경부하 시에는 낮게 자동적으로 조정하여 정격전압으로 위치시킨다.

19 정답 ③

계통연계기 방식 사용 시 전압변동이 작다.

> **계통연계기**
> 계통연계기는 일종의 가변 임피던스 소자로서 계통에 직렬로 삽입하여 평상시에는 낮은 임피던스로 전류를 자유로이 통과시키고, 사고 시에는 높은 임피던스로 단락전류를 억제시키는 방법이다. 대용량 설비에 적용하며, 수전점, 급전 피더, 모선과 모선 사이, 변압기 2차 등에 직결 설치 방법이 있다.
>
> **계통연계기의 특징**
> • 단락사고 발생 시 단락전류를 억제시켜 계통의 단락전류를 억제한다.
> • 설치된 차단기를 교체하지 않고 계통용량을 늘릴 수 있다.
> • 정전범위가 축소되어 공급신뢰도가 향상된다.
> • 전압변동이 거의 없다.
> • 응답속도가 빠르다(0.5Hz 이내에서 한류동작).
> • 차단기가 고장전류 차단 후 연계기는 즉시 평상시 회로로 회복된다.

20 정답 ①

3상 차단기 용량 $P_s = \sqrt{3} \times (정격전압) \times (차단전류)$

$$(차단전류) = \frac{P_s}{\sqrt{3} \times (정격전압)}$$

$$= \frac{250 \times 10^6}{\sqrt{3} \times 7.2 \times 10^3} \fallingdotseq 20,047\text{A}$$

21 정답 ②

전기자의 유도기전력 $E = \frac{pZ}{60a} \Phi n [\text{V}]$ 에서

• 자극수 $p = 10$
• 전기자 도체수 $Z = 600$
• 권선의 병렬회로 수 $a = 10$
  (∵ 중권의 병렬회로 수는 극수와 같다)
• 1극당 자속수 $\Phi = 0.01$
• 전기자의 회전속도 $n = 1,200$

$\therefore E = \frac{pZ}{60a} \Phi n = \frac{10 \times 600}{60 \times 10} \times 0.01 \times 1,200 = 120\text{V}$

22   정답 ②

주변속도 $v = \pi D \dfrac{N}{60}$ [m/s]이다. 전기자 지름 $D = 0.2$m, 회전수

$N = 1,800$rpm을 대입하면 주변속도 $v = \pi \times 0.2\text{m} \times \dfrac{1,800\text{rpm}}{60}$

$= 3.14 \times 6 = 18.84$m/s임을 알 수 있다.

23   정답 ①

발전기 속도 $N = \dfrac{120f}{P}$ 에서 주파수 $f = \dfrac{N \times P}{120} = \dfrac{600 \times 10}{120} =$

50Hz이다.

24   정답 ③

단절권 계수 $K_S = \sin \dfrac{\beta \pi}{2} \left[\beta : \dfrac{(권선피치)}{(자극피치)} \right]$

$\qquad\qquad\quad = \sin \left(\dfrac{13}{15} \times \dfrac{\pi}{2} \right) = \sin \dfrac{13}{30} \pi$

25   정답 ③

$\%Z = \dfrac{I_n Z}{E_n} \times 100 = \dfrac{PZ}{10V^2}$

(I_n : 정격전류, Z : 내부임피던스, P : 변압기용량, E_n : 상전
압, 유기기전력, V : 선간전압 또는 단자전압)

26   정답 ③

V결선 시의 출력 $P = \sqrt{3}\,K$

△결선 시의 출력 $3K = 3 \times \dfrac{P}{\sqrt{3}} = \sqrt{3}\,P$

27   정답 ③

소형은 5 ~ 10%의 슬립, 중대형은 2.5 ~ 5%의 슬립을 사용한다.

28   정답 ②

유도 전동기 회전수가 $N = (1-s)N_s = (1-0.03) \times N_s = 1,164$

rpm이면, 동기회전수 $N_s = \dfrac{1,164}{0.97} = 1,200$rpm이다. 따라서 동

기회전수 $N_s = \dfrac{120f}{P} = \dfrac{120 \times 60}{P} = 1,200$rpm에서 극수를 구하

면 $P = \dfrac{120 \times 60}{1,200} = 6$극이다.

29   정답 ②

$PIV = \sqrt{2}\,E$이므로,

$E = \dfrac{\pi}{\sqrt{2}} (E_d + v_a) = \dfrac{\pi}{2} (100 + 15) = 255.4$V

$\therefore \; PIV = \sqrt{2} \times 255.4 = 361.2$V

30   정답 ②

$\eta = \dfrac{\left(\dfrac{I_m}{\pi} \right)^2 \times R}{\left(\dfrac{I_m}{2} \right)^2 \times R} \times 100 = \dfrac{4}{\pi^2} \times 100 \fallingdotseq 40.6\%$

31   정답 ③

$P = VI\cos\theta = 90 \times 5 \times 0.6 = 270$W

32   정답 ①

최대 전력을 전달하기 위한 조건은 전원측의 내부 저항과 외부 저
항이 같을 때이다.

$\therefore \; r = R$

33   정답 ④

△결선(상전압=선전압)

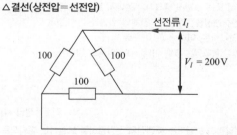

• 상전류 $I_p = \dfrac{V_p}{Z_p} = \dfrac{200}{100} = 2$A

• 선전류 $I_l = \sqrt{3}\,I_p$[A] $= 2\sqrt{3}$ [A]

34   정답 ④

- 직렬접속 시
  - 내부저항 $r_0 = n \times R = 15$개 $\times 0.2 = 3\,\Omega$
  - 기전력 $E_0 = n \times E = 15$개 $\times 1.5 = 22.5\text{V}$
  - 전류 $I_{직렬} = \dfrac{E}{r+R} = \dfrac{22.5}{3+3} = 3.75\text{A}$
- 병렬접속 시
  - 내부저항 $r_0 = \dfrac{R}{n} = \dfrac{0.2}{15개} \fallingdotseq 0.013\,\Omega$
  - 기전력 $E_0 = E = 1.5\text{V}$
  - 전류 $I_{병렬} = \dfrac{E}{r+R} = \dfrac{1.5}{0.013+3} = 0.4978 \fallingdotseq 0.5\text{A}$

35 정답 ②

코일의 자체 인덕턴스 $L = \dfrac{N\Phi}{I}$ 이므로

$L = \dfrac{200 \times 0.025}{5} = 1\text{H}$이다.

36 정답 ①

$e = V_m \sin\omega t$ 이고 정현파의 실횻값 $V = \dfrac{V_m}{\sqrt{2}}$ 이므로

$V_m = \sqrt{2}\,V$, $w = 2\pi f$이다. 따라서 전압의 순시값 $e = \sqrt{2}\,V$
$\sin(2\pi f t) = \sqrt{2} \times 100 \times \sin(2\pi \times 60 \times t) \fallingdotseq 141.4\sin 377t$ 이다.

37 정답 ②

공진 시 $\omega L = \dfrac{1}{\omega C}$

$\therefore\ C = \dfrac{1}{\omega^2 L} = \dfrac{1}{(2\pi f)^2 \times L}$

$= \dfrac{1}{4 \times 3.14^2 \times (710 \times 10^3)^2 \times 200 \times 10^{-6}} \fallingdotseq 250\text{PF}$

38 정답 ①

선전류 $I_P = \dfrac{V_P}{Z}$, $Z = \sqrt{6^2 + 8^2} = 10$

$I_P = \dfrac{220}{10} = 22\text{A}$

$I_l = \sqrt{3}\,I_P = \sqrt{3} \times 22 \fallingdotseq 38\text{A}$

39 정답 ③

RLC 직렬회로

임피던스 $Z = R + j(X_L - X_C)[\Omega]$

$X_L = j\omega L = j(5,000 \times 32 \times 10^{-3}) = j160$

$X_C = \dfrac{1}{j\omega C} = \dfrac{1}{j(5,000 \times 5 \times 10^{-6})} = \dfrac{40}{j} = j40$

$Z = 90 + j(160 - 40) = 90 + j120\,\Omega$

$\therefore$ (리액턴스) $= 120\,\Omega$

40 정답 ②

- 직류전력 $P_{DC} = VI = 100 \times 40 = 4,000\text{W}$
- 교류 기본파의 전력 $P_1 = VI\cos\theta$

  $= \left(\dfrac{80}{\sqrt{2}} \angle 0° \times \dfrac{30}{\sqrt{2}} \angle 60°\right) = \dfrac{2,400}{2} \angle 60°$

  위상차 $60° = 1,200 \times \cos 60° \left(= \dfrac{1}{2}\right) = 600\text{W}$
- 교류 제7고조파의 전력 $P_7 = VI\cos\theta$

  $= \left(\dfrac{40}{\sqrt{2}} \angle 60° \times \dfrac{10}{\sqrt{2}} \angle 60°\right) = \dfrac{400}{2} \angle 0°$

  위상차 $0° = 200 \times \cos 0°(=1) = 200\text{W}$

$\therefore$ 전력 $P = P_{DC} + P_1 + P_7 = 4,000 + 600 + 200 = 4,800\text{W}$

41 정답 ③

$\tau = \dfrac{P}{\omega} = \dfrac{EI_a}{2\pi n}$

$E = V - I_a R_a = 215 - 150 \times 0.1 = 200[\text{V}]$

$\therefore\ \tau = \dfrac{200 \times 150}{2 \times 3.14 \times \dfrac{1,500}{60}} \fallingdotseq 191\text{N}\cdot\text{m}$

42 정답 ②

전기력선의 성질

- 도체 표면에 존재(도체 내부에는 없다)
- $(+) \rightarrow (-)$ 이동
- 등전위면과 수직으로 발산
- 전하가 없는 곳에는 전기력선이 없음(발생, 소멸이 없다)
- 전기력선 자신만으로 폐곡선을 이루지 않음
- 전위가 높은 곳에서 낮은 곳으로 이동
- 전기력선은 서로 교차하지 않음
- (전기력선 접선방향) = (그 점의 전계의 방향)
- $Q[\text{C}]$에서 $\dfrac{Q}{\varepsilon_0}$개의 전기력선이 나옴
- 전기력선의 밀도는 전기장의 세기에 비례

43
정답 ②

정전용량 $Q=CV$에서 $C_1=\dfrac{Q}{V_1}$, $C_2=\dfrac{Q}{V_2}$

$$\therefore \frac{C_1}{C_2}=\frac{\dfrac{Q}{V_1}}{\dfrac{Q}{V_2}},\ V_1=V_2 \text{이므로}\ \frac{C_1}{C_2}=\frac{V_2}{V_1}=1$$

44
정답 ⑤

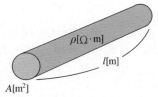

전선의 고유저항 $R=\rho\dfrac{l}{A}[\Omega]$일 때

ㄱ. 전기저항 $R[\Omega]\propto$ 고유저항 $\rho[\Omega\cdot m]$
ㄷ. 전기저항 $R[\Omega]\propto$ 길이 $l[m]$
ㄹ. 도체의 길이를 n배 늘리고, 단면적을 $\dfrac{1}{n}$배 감소 시 전기저항

$R[\Omega]$은 n^2배로 증가한다.

오답분석

ㄴ. 전기저항 $R[\Omega]\propto$ 단면적 $\dfrac{1}{A[m^2]}$

45
정답 ①

오답분석

② 발열상태 : 화학반응 등에 의해 물체가 열이 나는 상태이다.
③ 중성상태 : 음전하와 양전하의 양이 같아 물체의 전하 합이 0인 상태이다.
④ 양의 대전상태 : 전자가 다른 곳으로 이동하여 전자가 있던 자리에 양전하를 갖는 양공이 생성되어 양전하로 대전된 상태이다.
⑤ 전이상태 : 원자와 분자 등의 입자에서 내부의 전자 배치 상태가 다른 전자 배치 상태로 바뀌는 상태이다.

46
정답 ①

전력량 $W=Pt[Wh]$

• $W_{220V}=Pt=55\times\left(2\times\dfrac{1}{2}\times10\right)=550Wh$
• $W_{110V}=Pt=55\times(1\times1\times10)=550Wh$
따라서 전력량의 비는 1 : 1로 같다.

47
정답 ①

두 도선 사이의 간격이 $r[m]$인 경우 두 도선 사이에 작용하는 힘 $F=2\times10^{-7}\times\dfrac{I^2}{r}[N/m]$인데, 간격이 $2r$로 되었으므로 $F=2\times10^{-7}\times\dfrac{I^2}{2r}=\dfrac{1}{2}F$가 된다. 따라서 원래 작용하던 힘의 반으로 줄게 된다.

48
정답 ④

• a점에서의 자계의 세기

$H=\dfrac{I}{2\pi r}=\dfrac{1}{2\pi a}$ $\because I=1,\ r=a$ 대입

• b점에서의 자계의 세기

$H'=\dfrac{I}{2\pi r}=\dfrac{8}{2\pi b}$ $\because I=8,\ r=b$ 대입

$H=H'$라 두면 $\dfrac{1}{2\pi a}=\dfrac{8}{2\pi b}$, $\dfrac{1}{a}=\dfrac{8}{b}$

$\therefore \dfrac{b}{a}=8$

49
정답 ②

상호인덕턴스 $M=k\sqrt{L_1L_2}$

$\therefore$ 결합계수 $k=\dfrac{M}{\sqrt{L_1L_2}}=\dfrac{10}{\sqrt{20\times80}}=\dfrac{10}{\sqrt{1,600}}=0.25$

50
정답 ①

인덕턴스 $LI=N\phi$

$L=\dfrac{N\phi}{I}=\dfrac{600\times10^{-3}}{3}=200\times10^{-3}H=200mH$

01	02	03	04	05	06	07	08	09	10
②	③	②	③	③	④	②	②	④	⑤
11	12	13	14	15	16	17	18	19	20
④	④	④	①	④	④	④	④	①	③
21	22	23	24	25	26	27	28	29	30
①	②	④	①	②	③	②	③	③	①
31	32	33	34	35	36	37	38	39	40
④	②	③	③	③	②	④	③	③	③
41	42	43	44	45	46	47	48	49	50
⑤	②	①	⑤	③	③	②	①	④	②

01
정답 ②

인장강도는 최초의 단면적을 기준으로 하기 때문에 최대 공칭응력으로 나타낼 수 있다.
- 응력 : 재료나 구조물에 외력이 작용했을 때 그 외력에 대한 재료 내부의 저항력으로 일반적으로 응력이라고 하면 공칭응력을 말한다.
- (공칭응력) $= \dfrac{(외력)}{(최초의\ 단면적)} = \dfrac{F}{A}$

02
정답 ③

전단응력 $\tau = r \times G$

(τ : 전단응력, G : 탄성계수, r : 전단변형률)

$\therefore$ 전단변형률 $r = \dfrac{\tau}{G} = \dfrac{1 \times 10^3}{80 \times 10^9} = 0.0125 \times 10^{-6}$

$\qquad = 12.5 \times 10^{-9}$

03
정답 ②

단순지지보가 균일분포하중을 받고 있을 때 최대 전단력은 양끝단 지지부의 반력으로 볼 수 있으며, 양쪽의 반력은 같기 때문에 한쪽 부분의 반력을 구하면 다음과 같다.

$R_A = \dfrac{wl}{2} = \dfrac{10 \times 500}{2} = 2,500\text{N} = 2.5\text{kN}$

04
정답 ③

비틀림각 $\theta = \dfrac{T \cdot L}{G \cdot I_P} = \dfrac{T \cdot L}{G \cdot \dfrac{\pi d^4}{32}} = \dfrac{32 T \cdot L}{G \cdot \pi d^4}$

단면 극관성모멘트(극단면 2차 모멘트 : I_P) 값이 분모에 있으므로 이 값이 클수록 비틀림각(θ)은 감소한다.

① 분모에 있는 전단탄성계수(G) 값이 작을수록 비틀림각(θ)은 커진다.
② 분자에 있는 축길이(L)가 증가할수록 비틀림각(θ)은 커진다.
④ 분자에 있는 축지름(d)이 작을수록 비틀림각(θ)은 커진다.

비틀림각(θ) 구하는 식

$\theta = \dfrac{T \cdot L}{G \cdot I_P} = \dfrac{T \cdot L}{G \cdot \dfrac{\pi d^4}{32}} = \dfrac{32 T \cdot L}{G \cdot \pi d^4}$

여기서 I_P : 극단면 2차 모멘트, G : 전단탄성계수,

$I_P = \dfrac{\pi d^4}{32}$ (중실축), $\dfrac{\pi(d_2^4 - d_1^4)}{32}$ (중공축)

05
정답 ③

- 안전율(S) : 외부의 하중에 견딜 수 있는 정도를 수치로 나타낸 것이다.

$S = \dfrac{[극한강도(\sigma_u)]}{[허용응력(\sigma_a)]} = \dfrac{[인장강도(\sigma_u)]}{[허용응력(\sigma_a)]}$

① 안전율은 일반적으로 플러스(+)값을 취한다.
② 기준강도가 100MPa이고, 허용응력이 1,000MPa이면 안전율은 0.1이다.
④ 안전율이 1보다 작아지면 안전성은 떨어진다.
⑤ 일반적인 강재 안전율은 3 ~ 3.5 정도이고, 콘크리트 안전율은 3 ~ 4 정도이다.

06
정답 ④

원형봉의 늘어난 길이인 변형량(δ)을 구하면

$\delta = \dfrac{PL}{AE} = \dfrac{100 \times 10^3 \times 3}{0.01 \times 300 \times 10^9} = \dfrac{3 \times 10^5}{3 \times 10^9}$

$\therefore \ \delta = 0.0001\text{m}$

07
정답 ②

전단 탄성계수 $G = \dfrac{E}{2(1+\mu)}$ (E : 탄성계수, μ : 푸아송 비)

$\therefore$ 전단 탄성계수 $G = \dfrac{E}{2(1+\mu)} = \dfrac{200}{2(1+0.3)} \fallingdotseq 76.9\text{GPa}$

08
정답 ②

• 원형 중심축 관성모멘트(단면 2차 모멘트)

$$I = \frac{\pi d^4}{64} (d : 지름)$$

따라서 관성모멘트 $I = \frac{\pi d^4}{64} = \frac{\pi \times 80^4}{64} = 2 \times 10^6 \, \text{mm}^4$ 이다.

09
정답 ④

단면계수

• 원형 중실축 : $Z = \frac{\pi d^3}{32}$

• 원형 중공축 : $Z = \frac{\pi d_2^3}{32}(1 - x^4)$, 여기서 $x = \frac{d_1}{d_2}$

• 삼각형 : $Z = \frac{bh^3}{36}$

• 사각형 : $Z = \frac{bh^2}{6}$

10
정답 ⑤

연성파괴는 소성변형을 수반하면서 서서히 끊어지므로 균열도 매우 천천히 진행되면서 갑작스럽게 파괴된다. 또한, 취성파괴에 비해 덜 위험하고, 컵 – 원뿔 파괴(Cup and Cone Fracture)현상이 나타난다.

11
정답 ④

가공도가 클수록, 가열시간이 길수록, 냉간가공도가 커질수록 재결정온도는 낮아진다. 이때 강도가 약해지고 연성은 증가한다. 일반적으로 재결정온도는 약 1시간 안에 95% 이상 재결정이 이루어지는 온도로 정의되며, 금속의 용융온도를 절대온도 T_m 이라 할 때 재결정온도는 대략 $0.3 \sim 0.5 \, T_m$ 범위에 있다.

12
정답 ④

형상기억합금

항복점을 넘어서 소성변형된 재료는 외력을 제거해도 원래의 상태로 복원이 불가능하지만, 형상기억합금은 고온에서 일정시간 유지함으로써 원하는 형상으로 기억시키면 상온에서 외력에 의해 변형되어도 기억시킨 온도로 가열만 하면 변형 전 형상으로 되돌아오는 합금이다. Ni-Ti계, Ni-Ti-Cu계, Cu-Al-Ni계 합금이 있으며, 니티놀이 대표적인 제품이다.

오답분석

① 비정질합금 : 일정한 결정구조를 갖지 않는 아모르포스(Amor
-phous) 구조이며, 재료를 고속으로 급랭시키면 제조할 수 있다. 강도와 경도가 높으면서도 자기적 특성이 우수하여 변압기용 철심재료로 사용된다.

② 내열금속 : 상당한 시간 동안 고온의 환경에서도 강도가 유지되는 재료이다.

③ 초소성 재료 : 금속재료가 일정한 온도와 속도하에서 일반 금속보다 수십에서 수천 배의 연성을 보이는 재료이다. 연성이 매우 커서 작은 힘으로도 복잡한 형상의 성형이 가능한 신소재로, 최근 터빈의 날개 제작에 사용된다.

13
정답 ④

전기 전도율이 높은 순서대로 금속을 나열하면 'Ag(은)>Ni(니켈)>Fe(철)>Sn(주석)>Pb(납)'이므로 Ag(은)의 전기 전도율이 가장 높다.

14
정답 ①

청열 취성은 철이 산화되어 푸른빛으로 보이는 상태를 말하며, 탄소강이 200 ~ 300℃에서 인장강도와 경도 값이 상온일 때보다 커지지만, 연신율이 낮아져 취성이 커지는 현상이다.

15
정답 ④

강(Steel)은 철과 탄소 기반의 합금으로, 탄소함유량이 증가함에 따라 성질이 달라진다. 탄소함유량이 증가하면 경도, 항복점, 인장강도는 증가하고, 충격치와 인성은 감소한다.

> **탄소함유량 증가에 따른 강(Steel)의 특성**
> • 경도 증가
> • 취성 증가
> • 항복점 증가
> • 인장강도 증가
> • 충격치 감소
> • 인성 감소
> • 연신율 감소

16
정답 ④

인성(Toughness)은 파괴되기(파괴강도) 전까지 재료가 에너지를 흡수할 수 있는 능력이다.

오답분석

① 재료에 응력이 증가하게 되면 탄성영역을 지나 항복점까지 도달하면 재료는 파괴된다.

② 탄력(Resilience)은 탄성범위 내에서 에너지를 흡수하거나 방출할 수 있는 재료의 능력이다.

③ 연성(Ductility)은 탄성한계보다 큰 외력이 가해졌을 때 파괴되지 않고 잘 늘어나는 성질이다.

⑤ 연성은 일반적으로 부드러운 금속 재료일수록 크고, 동일의 재료에서는 고온으로 갈수록 크게 된다.

17
정답 ④

밀링머신과 평면연삭기는 모두 테이블에 공작물을 고정시킨 후 이 테이블에 이송운동을 주면서 주축에서 장착된 커터와 연삭숫돌을 회전시켜 공작물을 절삭하는 공작기계이다.

오답분석
- 선반 : 공작물은 고정 후 회전, 절삭공구는 직선이송으로 공작물을 절삭한다.
- 드릴링머신 : 공작물은 고정, 절삭공구는 회전 및 직선이송으로 공작물을 절삭한다.

18
정답 ④

침탄법의 처리온도는 약 900~950℃로, 질화법의 처리온도인 500℃보다 더 높다.

- 질화법
암모니아(NH_3)가스 분위기(영역) 안에 재료를 넣고 500℃에서 50~100시간을 가열하면 재료표면에 Al, Cr, Mo원소와 함께 질소가 확산되면서 강재료의 표면이 단단해지는 표면경화법이다. 내연기관의 실린더 내벽이나 고압용 터빈날개를 표면경화할 때 주로 사용된다.

- 침탄법
순철에 0.2% 이하의 탄소(C)가 합금된 저탄소강을 목탄과 같은 침탄제 속에 완전히 파묻은 상태로 약 900~950℃로 가열하여 재료의 표면에 탄소를 침입시켜 고탄소강으로 만든 후 급랭시킴으로써 표면을 경화시키는 열처리법이다. 기어나 피스톤 핀을 표면경화할 때 주로 사용된다.

침탄법과 질화법의 특징

특성	침탄법	질화법
경도	질화법보다 낮다.	침탄법보다 높다.
수정여부	침탄 후 수정 가능하다.	불가능하다.
처리시간	짧다.	길다.
열처리	침탄 후 열처리가 필요하다.	불필요하다.
변형	변형이 크다.	변형이 작다.
취성	질화층부가 여리지 않다.	질화층부가 여리다.
경화층	질화법에 비해 깊다.	침탄법에 비해 얇다.
가열온도	질화법보다 높다.	침탄법보다 낮다.

19
정답 ①

소르바이트(솔바이트) 조직은 트루스타이트보다 냉각속도를 더 느리게 했을 때 얻어지는 조직으로, 펄라이트보다 강인하고 단단하다.

20
정답 ③

노멀라이징(불림, 소준)은 미세한 조직을 얻기 위해 변태점 이상 가열 후 공기 중에서 냉각시키는 것으로, 연질화되며 항복점 강도가 증가된다.

오답분석
① 템퍼링(뜨임, 소려) : 변형점 이하(600℃)로 가열 후 서서히 냉각시켜 안정시킨다. 담금질한 강의 취성 개선이 목적이다. 경도와 강도가 감소되고 신장률, 수축율이 증가한다.
② 퀜칭(담금질, 소입) : 고온가열 후(오스테나이트 상태) 물이나 기름으로 급랭시켜 마텐자이트 조직을 얻는다. 경도, 내마모성이 증가되고 신장률, 수축율은 감소한다.
④ 어닐링(풀림, 소둔) : 고온(800℃)으로 가열하여 노중에서 서서히 냉각하여 강의 조직이 표준화, 균질화되어 내부변형이 제거된다. 인장강도가 저하되고 신율과 점성이 증가된다.
⑤ 오스포밍 : 과랭 오스테나이트 상태에서 소성가공하고, 그후의 냉각 중에 마텐자이트화하는 방법이다. 인장강도 300kg/mm^2, 신장 10%의 초강력성이 발생된다.

21
정답 ①

압출가공이란 소재를 용기에 넣고 높은 압력을 가하여 다이구멍으로 통과시켜 형상을 만드는 가공법이다.

오답분석
② 단조가공에 대한 설명이다.
③ 인발가공에 대한 설명이다.
④ 압연가공에 대한 설명이다.
⑤ 전조가공에 대한 설명이다.

22
정답 ②

구성인선이 발생되지 않으려면 윤활성이 높은 절삭제를 사용해야 한다.

구성인선(Built-up Edge)
연강이나 스테인리스강, 알루미늄과 같이 재질이 연하고 공구재료와 친화력이 큰 재료를 절삭가공할 때, 칩과 공구의 윗면 사이의 경사면에 발생되는 높은 압력과 마찰열로 인해 칩의 일부가 공구의 날 끝에 달라붙어 마치 절삭날과 같이 공작물을 절삭하는 현상으로 발생 → 성장 → 분열 → 탈락의 과정을 반복한다. 구성인선이 발생되면 공작물의 정밀 절삭이 어렵게 되며 공구의 손상을 가져온다.

구성인선의 방지대책
- 절삭깊이를 작게 한다.
- 세라믹공구를 사용한다.
- 절삭속도를 빠르게 한다.
- 바이트의 날 끝을 예리하게 한다.
- 윤활성이 높은 절삭유를 사용한다.

- 바이트의 윗면 경사각을 크게 한다.
- 마찰계수가 작은 절삭공구를 사용한다.
- 피가공물과 친화력이 작은 공구재료를 사용한다.
- 공구면의 마찰계수를 감소시켜 칩의 흐름을 원활하게 한다.

23 정답 ④

카운터 싱킹은 접시머리 나사의 머리가 완전히 묻힐 수 있도록 원뿔 자리를 만드는 작업이다.

24 정답 ①

② 강성에 대한 설명이다.
③ 내마모성에 대한 설명이다.
④ 내크리프성에 대한 설명이다.
⑤ 연성에 대한 설명이다.

25 정답 ②

① 플래시현상 : 금형의 주입부 이외의 부분에서 용융된 플라스틱이 흘러나와 고화되거나 경화된 얇은 조각의 수지가 생기는 불량현상으로, 금형의 접합부에서 발생하는 성형불량이다. 금형 자체의 밀착성을 크게 하기 위해 체결력을 높여 예방한다.
③ 플로마크현상 : 딥드로잉가공에서 성형품의 측면에 나타나는 외관결함으로, 성형재료의 표면에 유선 모양의 무늬가 있는 불량현상이다.
④ 제팅현상 : 게이트에서 공동부에 분사된 수지가 광택과 색상의 차이를 일으켜 성형품의 표면에 꾸불거리는 모양으로 나타나는 불량이다.
⑤ 웰드마크현상 : 열가소성 수지나 고무를 사출 또는 압출하여 성형할 때 수지의 둘 이상의 흐름이 완전히 융합되지 않은 경우에 생기는 줄무늬의 얼룩이 나타나는 불량현상이다.

26 정답 ③

고상용접은 모재를 용융시키지 않고 부품표면을 인력이 작용할 수 있는 거리까지 접근시킨 후 기계적으로 접합면에 열과 압력을 동시에 가함으로써 원자와 원자를 밀착시켜 접합시키는 용접법이다. 일렉트로 슬래그용접은 모재표면을 서로 용융시켜 접합시키는 용접에 속하며, 용융시키지 않고 접합시키는 고상용접과는 거리가 멀다.

고상용접의 종류
- 확산용접 : 모재의 접합면을 오랜 시간동안 재결정온도나 그 이상의 온도로 장시간 가압하면 원자의 확산에 의해 재료가 접합되는 용접법이다.
- 초음파용접 : 모재를 서로 가압한 후 초음파의 진동에너지를 국부적으로 작용시키면 접촉면의 불순물이 제거되면서 금속 원자 간 결합이 이루어져 접합이 되는 용접법이다.
- 마찰용접 : 모재를 서로 강하게 맞대어 접촉시킨 후 상대운동을 시켜 이때 발생하는 마찰열로 접합하는 방법이다.
- 폭발용접 : 화약에 의한 폭발을 이용하여 재료를 접합시키는 용접법으로, 용가재에 폭약을 부착시켜 이를 모재의 표면에서 일정거리로 띄운 상태에서 뇌관으로 폭발시켜 재료를 접합한다.

27 정답 ②

인베스트먼트주조법은 생산성이 낮고 제조원가가 비싸다는 단점이 있다.

인베스트먼트주조법
제품과 동일한 형상의 모형을 왁스(양초)나 파라핀(합성수지)으로 만든 후 그 주변을 슬러리 상태의 내화재료로 도포한 다음 가열하면 주형은 경화되면서 왁스로 만들어진 내부모형이 용융되어 밖으로 빼내어짐으로써 주형이 완성되는 주조법이다. 로스트왁스법이라고도 하며, 치수정밀도가 좋아서 정밀주조법으로도 불린다.

인베스트먼트주조법의 특징
- 패턴을 내열재로 코팅한다.
- 생산성이 낮고 제조원가가 비싸다.
- 사형주조법에 비해 인건비가 많이 든다.
- 복잡하고 세밀한 제품을 주조할 수 있다.
- 제작공정이 복잡하며 고비용의 주조법이다.
- 주물의 표면이 깨끗하고 치수정밀도가 높다.
- 패턴(주형)은 왁스, 파라핀과 같이 열을 가하면 녹는 재료로 만든다.

28 정답 ②

$V = \dfrac{\pi dN}{1,000}$ 에서

$N = \dfrac{1,000\,V}{\pi d} = \dfrac{1,000 \times 150}{\pi \times 50} ≒ 954.93\text{rpm}$

$\therefore$ [가공시간(T)] $= \dfrac{l}{Nf} = \dfrac{700}{954.93 \times 0.34} ≒ 2.2\text{min}$

29

정답 ③

전조가공은 절삭칩이 발생하지 않으므로 표면이 깨끗하고 재료의 소실이 거의 없는 가공법이다.

> **전조가공**
> 재료와 공구를 각각이나 함께 회전시켜 재료 내부나 외부에 공구의 형상을 새기는 특수 압연법이다. 대표적인 제품으로는 나사와 기어가 있으며, 절삭칩이 발생하지 않아 표면이 깨끗하고 재료의 소실이 거의 없다. 또한 강인한 조직을 얻을 수 있고 가공속도가 빨라서 대량생산에 적합하다.

30

정답 ①

스터드볼트는 양쪽 끝이 모두 수나사로 되어 있는 볼트로, 한쪽 끝은 암나사가 난 부분에 반영구적인 박음 작업을 하고, 반대쪽 끝은 너트를 끼워 고정시킨다.

오답분석

② 관통볼트 : 구멍에 볼트를 넣고 반대쪽에 너트로 죄는 일반적인 형태의 볼트이다.
③ 아이볼트 : 나사의 머리 부분을 고리 형태로 만들고 고리에 로프나 체인, 훅 등을 걸어 무거운 물건을 들어 올릴 때 사용하는 볼트이다.
④ 나비볼트 : 볼트를 쉽게 조일 수 있도록 머리 부분을 날개 모양으로 만든 볼트이다.
⑤ 탭볼트 : 죄려고 하는 부분이 두꺼워서 관통 구멍을 뚫을 수 없거나 길다란 구멍을 뚫었다고 하더라도 구멍이 너무 길어서 관통 볼트의 머리가 숨겨져서 죄기 곤란할 때 상대편에 직접 암나사를 깎아 너트 없이 죄어서 체결하는 볼트이다.

31

정답 ④

• 최소 자승중심법(LSC; Least Square Center) : 측정한 도형의 중심으로부터 충분한 수의 선을 반지름 방향으로 그려서 n등분한 후에 평균원을 구한 뒤 그 중심을 기준으로 외접원과 내접원의 반지름 차를 진원도로 결정하는 방법이다.
• 진원도(Roundness) : 둥근 형상의 물체가 기준원인 진원에서 벗어난 정도를 말하는데, 그 측정법에는 크게 직경법과 3점법, 반경법이 있다. 반경법의 종류에 최소 영역중심법, 최소 외접원중심법, 최대 내접원중심법, 최소 자승중심법이 있다.

32

정답 ②

• 결합용 기계요소 : 나사, 볼트, 너트, 키, 핀, 코터, 리벳 등
• 동력 전달용 기계요소 : 축, 커플링, 클러치, 베어링, 마찰차, 벨트, 체인, 스프로킷 휠, 로프, 기어, 캠 등
• 동력 제어용 기계요소 : 클러치, 브레이크, 스프링 등

33

정답 ③

공기 마이크로미터 특징

• 배율이 높다(1,000 ~ 4,000배).
• 치수가 중간과정에서 확대되지 않아 항상 그 정도를 유지한다.
• 다원측정이 쉽다.
• 측정력이 거의 0에 가까울 정도로 정확한 측정이 가능하다.
• 안지름 측정이 용이하고, 대량생산에 효과적이다.
• 복잡한 구조나 형상, 숙련을 요하는 구조도 측정이 가능하다.

34

정답 ③

구멍은 150.04mm 이하 150mm 이상이고, 축은 150.03mm 이하 149.92mm 이하이다.
축의 최소 치수가 구멍이 최대 치수보다 작고, 축의 최대 치수가 구멍의 최소 치수보다 클 때 중간 끼워맞춤에 속한다.

분류	축과 구멍의 상관관계
억지 끼워맞춤	축의 크기>구멍의 크기
중간 끼워맞춤	축의 크기=구멍의 크기
헐거움 끼워맞춤	축의 크기<구멍의 크기

35

정답 ③

탄소강의 5대 원소
C(탄소), Si(규소), Mn(망간), P(인), S(황)

36

정답 ③

평벨트는 바로걸기와 엇걸기가 가능하나, V벨트는 바로걸기만 가능하다.

37

정답 ②

• $[기초원지름(D_g)] = D\cos\alpha$
• $(기초원피치) = [원주피치(p)] = \dfrac{\pi D}{z}$

D 대신 기초원지름 $D_g = D\cos\alpha$를 대입하면

$p = \dfrac{\pi D\cos\alpha}{z} = \dfrac{\pi D}{z}\cos\alpha$이다.

38

정답 ④

코킹(Caulking)은 물이나 가스 저장용 탱크를 리벳팅한 후 밀폐를 유지하기 위해 날 끝이 뭉뚝한 정(코킹용 정)을 사용하여 리벳 머리 등을 쪼아서 틈새를 없애는 작업이다.

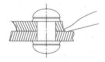

39

정답 ③

축의 위험 회전속도(n_c)를 구하기 위해서는 각속도(ω) 구하는 식을 응용해야 한다.

$$\omega = \frac{2\pi n}{60}$$

위 식에 ω 대신 위험 각속도(ω_c), 회전수 n 대신 축의 위험 회전수(n_c)를 대입하면

위험 각속도 $\omega_c = \frac{2\pi n_c}{60}$

$$n_c = \frac{60\omega_c}{2\pi} = \frac{30}{\pi}w_c = \frac{30}{\pi}\sqrt{\frac{k}{m}}$$

고유진동수(f)는 강성(k)에 비례하고, 질량(m)에 반비례하므로 $f \propto \sqrt{\frac{k}{m}}$ 로 표시한다.

따라서 n_c와 f 모두 $\sqrt{\frac{k}{m}}$ 와 관련되므로 축의 위험 회전속도(n_c)는 고유진동수(f)와 관련이 크다.

고유진동수(f)
단위시간당 진동하는 횟수이다. 구조물의 동적 특성을 표현하는 가장 대표적인 개념으로, 단위는 [Hz]를 사용한다.

$$f \propto \sqrt{\frac{k}{m}}$$

여기서 k : 강성, m : 질량

40

정답 ③

수격현상은 배관 내의 압력차로 인해 진동과 음이 발생하는 것을 말한다.

오답분석

① 서징현상 : 펌프에서 일어나는 현상 중 송출압력과 송출유량 사이에 주기적인 변동이 발생하는 현상을 말한다.

② 공동현상 : 수중에 녹아있던 용존산소가 낮은 압력으로 인하여 기포가 발생하는 현상을 말한다.

41

정답 ⑤

(단위 체적당 탄성에너지)=(최대 탄성에너지)이므로,

$$u = \frac{U}{V} = \frac{\sigma^2}{2E} = \frac{E \times \epsilon^2}{2}$$

$$u_1 = \frac{\sigma^2}{2E} \rightarrow u_2 = \frac{(4\sigma)^2}{2E} = \frac{16\sigma^2}{2E}$$

따라서 $u_2 = 16u_1$ 이므로 16배가 된다.

42

정답 ②

내압을 받는 얇은 원통에서 원주(후프)응력 $\sigma_r = \frac{Pd}{2t}$,

축방향의 응력 $\sigma_s = \frac{Pd}{4t}$ 이므로,

$$\sigma_r = \sigma_y = \frac{Pd}{2t} = \frac{860,000 \times 3}{2 \times 0.03} = 43,000,000 N/m^2 = 43MPa$$

$$\sigma_s = \sigma_x = \frac{Pd}{4t} = \frac{860,000 \times 3}{4 \times 0.03} = 21,500,000 N/m^2$$
$$= 21.5MPa$$

2축 응력에서 최대 전단응력은 $\theta = 45°$일 때,

$$\tau_{\max} = \frac{1}{2}(\sigma_x - \sigma_y) = \frac{1}{2}(21.5 - 43) = -10.75MPa$$

43

정답 ①

2축 응력(서로 직각인 두 수직응력의 합성)에서

$$\sigma_n = \sigma_x \cos^2\theta + \sigma_x \sin^2\theta$$

• 법선응력(σ_n)

$$\frac{1}{2}(\sigma_x + \sigma_y) + \frac{1}{2}(\sigma_x - \sigma_y)\cos 2\theta$$
$$= \frac{1}{2}(132.6 + 45.6) + \frac{1}{2}(132.6 - 45.6) \times \cos(2 \times 60°)$$
$$= 67.4MPa$$

• 전단응력(τ)

$$\sigma_x \cos\theta \sin\theta - \sigma_y \sin\theta \cos\theta = (\sigma_x - \sigma_y)\cos\theta \sin\theta$$
$$= \frac{1}{2}(\sigma_x - \sigma_y)\sin 2\theta$$
$$= \frac{1}{2}(132.6 - 45.6) \times \sin(2 \times 60°)$$
$$= 37.7MPa$$

44

정답 ⑤

$$[비틀림각(\theta)] = \frac{Tl}{GI_p} = \frac{32\,Tl}{G\pi d^4}$$

$$T = \frac{G\pi d^4 \theta}{32l}$$
$$= \frac{(100 \times 10^9) \times \pi \times 0.15^4 \times \frac{1}{20}}{32 \times 1}$$
$$= 248,504.9N \cdot m \fallingdotseq 248.5kN \cdot m$$

45
정답 ③

$$\delta = \frac{PL^3}{3EI} = \frac{PL^3}{3E} \times \frac{12}{bh^3} = \frac{8 \times 10^3 \times 1.5^3}{3 \times 200 \times 10^9} \times \frac{12}{0.3 \times 0.1^3}$$

$$= 0.18 \times 10^{-2}\text{m} = 1.8\text{mm}$$

46
정답 ③

응력집중계수(k)는 노치부의 유무나 급격한 단면변화와 같이 재료의 모양변화에는 영향을 받지만, 재료의 크기나 재질에는 영향을 받지 않는다. 응력집중현상 감소를 위해서는 필릿의 반지름을 크게 하고, 단면부분을 열처리하거나 표면거칠기를 향상시킨다.

47
정답 ②

크리프(Creep) 현상은 금속을 고온에서 오랜 시간 외력을 가하면 시간의 경과에 따라 서서히 변형이 증가하는 현상을 말한다.

오답분석

① 전성 : 얇은 판으로 넓게 펼 수 있는 성질을 말한다.
③ 가단성 : 금속을 두드려 늘릴 수 있는 성질을 말한다.
④ 연성 : 가느다란 선으로 늘어나는 성질을 말한다.
⑤ 피로 : 재료의 파괴력보다 적은 힘으로 오랜 시간 반복 작용하면 파괴되는 현상을 말한다.

48
정답 ①

$$\delta = \frac{PL}{AE}$$

$$2 = \frac{50 \times 10^3 \times 100}{500 \times E}$$

$$E = \frac{50 \times 10^3 \times 100}{500 \times 2}$$

$$= 5,000\text{N/mm}^2$$

$$= 5,000 \times 10^6 \text{N/m}^2$$

$$= 5 \times 10^9 \text{N/m}^2$$

$$= 5\text{GPa}$$

변형량(δ) 구하기

$$\delta = \frac{PL}{AE}$$

P : 작용한 하중[N]
L : 재료의 길이[mm]
A : 단면적[mm^2]
E : 세로탄성계수[N/mm^2]

49
정답 ④

스페로다이징(Spherodizing)은 공석온도 이하에서 가열하는 것으로, 최고의 연성을 가진 재료를 얻고자 할 때 사용하는 열처리법이다. 미세한 펄라이트 조직을 얻기 위해 공석온도 이상으로 가열후 서랭하는 열처리법은 불림(Normalizing)이다.

50
정답 ②

구상흑연주철은 황 성분이 적은 선철을 용해로, 전기로에서 용해한 후 주형에 주입 전 마그네슘, 세륨, 칼슘 등을 첨가시켜 흑연을 구상화하여 보통주철보다 강력한 성질을 갖은 주철이다.

오답분석

① 합금주철 : 보통주철에 니켈, 구리 등을 첨가하여 특수강 성질을 갖게 하는 주철이다.
③ 칠드주철 : 표면의 경도를 높게 만들기 위해 금형에 접해서 주철용탕을 응고하고 급랭하여 제조한 주철이다.
④ 가단주철 : 주조성이 좋은 주철을 용해하여 열처리를 함으로써 견인성을 높인 주철이다.
⑤ 백주철 : 회주철을 급랭시킨 주철로 파단면이 백색을 띠며, 흑연의 함유량이 매우 적고, 다른 주철보다 시멘타이트의 함유량이 많아서 단단하지만 취성이 있는 주철이다.

한국전력기술 NCS 답안카드

성 명

지원 분야

문제지 형별기재란

( )형   Ⓐ   Ⓑ

수험번호

⓪	⓪	⓪	⓪	⓪	⓪	⓪
①	①	①	①	①	①	①
②	②	②	②	②	②	②
③	③	③	③	③	③	③
④	④	④	④	④	④	④
⑤	⑤	⑤	⑤	⑤	⑤	⑤
⑥	⑥	⑥	⑥	⑥	⑥	⑥
⑦	⑦	⑦	⑦	⑦	⑦	⑦
⑧	⑧	⑧	⑧	⑧	⑧	⑧
⑨	⑨	⑨	⑨	⑨	⑨	⑨

감독위원 확인

㊞

1	① ② ③ ④ ⑤	21	① ② ③ ④ ⑤	41	① ② ③ ④ ⑤
2	① ② ③ ④ ⑤	22	① ② ③ ④ ⑤	42	① ② ③ ④ ⑤
3	① ② ③ ④ ⑤	23	① ② ③ ④ ⑤	43	① ② ③ ④ ⑤
4	① ② ③ ④ ⑤	24	① ② ③ ④ ⑤	44	① ② ③ ④ ⑤
5	① ② ③ ④ ⑤	25	① ② ③ ④ ⑤	45	① ② ③ ④ ⑤
6	① ② ③ ④ ⑤	26	① ② ③ ④ ⑤	46	① ② ③ ④ ⑤
7	① ② ③ ④ ⑤	27	① ② ③ ④ ⑤	47	① ② ③ ④ ⑤
8	① ② ③ ④ ⑤	28	① ② ③ ④ ⑤	48	① ② ③ ④ ⑤
9	① ② ③ ④ ⑤	29	① ② ③ ④ ⑤	49	① ② ③ ④ ⑤
10	① ② ③ ④ ⑤	30	① ② ③ ④ ⑤	50	① ② ③ ④ ⑤
11	① ② ③ ④ ⑤	31	① ② ③ ④ ⑤	51	① ② ③ ④ ⑤
12	① ② ③ ④ ⑤	32	① ② ③ ④ ⑤	52	① ② ③ ④ ⑤
13	① ② ③ ④ ⑤	33	① ② ③ ④ ⑤	53	① ② ③ ④ ⑤
14	① ② ③ ④ ⑤	34	① ② ③ ④ ⑤	54	① ② ③ ④ ⑤
15	① ② ③ ④ ⑤	35	① ② ③ ④ ⑤	55	① ② ③ ④ ⑤
16	① ② ③ ④ ⑤	36	① ② ③ ④ ⑤	56	① ② ③ ④ ⑤
17	① ② ③ ④ ⑤	37	① ② ③ ④ ⑤	57	① ② ③ ④ ⑤
18	① ② ③ ④ ⑤	38	① ② ③ ④ ⑤	58	① ② ③ ④ ⑤
19	① ② ③ ④ ⑤	39	① ② ③ ④ ⑤	59	① ② ③ ④ ⑤
20	① ② ③ ④ ⑤	40	① ② ③ ④ ⑤	60	① ② ③ ④ ⑤

※ 본 답안지는 마킹연습용 모의 답안지입니다.

한국전력기술 NCS 답안카드

성 명	

지원 분야	

문제지 형별기재란	Ⓐ
(형)	Ⓑ

수 험 번 호
⓪ ① ② ③ ④ ⑤ ⑥ ⑦ ⑧ ⑨
⓪ ① ② ③ ④ ⑤ ⑥ ⑦ ⑧ ⑨
⓪ ① ② ③ ④ ⑤ ⑥ ⑦ ⑧ ⑨
⓪ ① ② ③ ④ ⑤ ⑥ ⑦ ⑧ ⑨
⓪ ① ② ③ ④ ⑤ ⑥ ⑦ ⑧ ⑨
⓪ ① ② ③ ④ ⑤ ⑥ ⑦ ⑧ ⑨
⓪ ① ② ③ ④ ⑤ ⑥ ⑦ ⑧ ⑨

감독위원 확인
(인)

1	① ② ③ ④ ⑤	21	① ② ③ ④ ⑤	41	① ② ③ ④ ⑤
2	① ② ③ ④ ⑤	22	① ② ③ ④ ⑤	42	① ② ③ ④ ⑤
3	① ② ③ ④ ⑤	23	① ② ③ ④ ⑤	43	① ② ③ ④ ⑤
4	① ② ③ ④ ⑤	24	① ② ③ ④ ⑤	44	① ② ③ ④ ⑤
5	① ② ③ ④ ⑤	25	① ② ③ ④ ⑤	45	① ② ③ ④ ⑤
6	① ② ③ ④ ⑤	26	① ② ③ ④ ⑤	46	① ② ③ ④ ⑤
7	① ② ③ ④ ⑤	27	① ② ③ ④ ⑤	47	① ② ③ ④ ⑤
8	① ② ③ ④ ⑤	28	① ② ③ ④ ⑤	48	① ② ③ ④ ⑤
9	① ② ③ ④ ⑤	29	① ② ③ ④ ⑤	49	① ② ③ ④ ⑤
10	① ② ③ ④ ⑤	30	① ② ③ ④ ⑤	50	① ② ③ ④ ⑤
11	① ② ③ ④ ⑤	31	① ② ③ ④ ⑤	51	① ② ③ ④ ⑤
12	① ② ③ ④ ⑤	32	① ② ③ ④ ⑤	52	① ② ③ ④ ⑤
13	① ② ③ ④ ⑤	33	① ② ③ ④ ⑤	53	① ② ③ ④ ⑤
14	① ② ③ ④ ⑤	34	① ② ③ ④ ⑤	54	① ② ③ ④ ⑤
15	① ② ③ ④ ⑤	35	① ② ③ ④ ⑤	55	① ② ③ ④ ⑤
16	① ② ③ ④ ⑤	36	① ② ③ ④ ⑤	56	① ② ③ ④ ⑤
17	① ② ③ ④ ⑤	37	① ② ③ ④ ⑤	57	① ② ③ ④ ⑤
18	① ② ③ ④ ⑤	38	① ② ③ ④ ⑤	58	① ② ③ ④ ⑤
19	① ② ③ ④ ⑤	39	① ② ③ ④ ⑤	59	① ② ③ ④ ⑤
20	① ② ③ ④ ⑤	40	① ② ③ ④ ⑤	60	① ② ③ ④ ⑤

한국전력기술 NCS 답안카드

번호						번호						번호					
1	①	②	③	④	⑤	21	①	②	③	④	⑤	41	①	②	③	④	⑤
2	①	②	③	④	⑤	22	①	②	③	④	⑤	42	①	②	③	④	⑤
3	①	②	③	④	⑤	23	①	②	③	④	⑤	43	①	②	③	④	⑤
4	①	②	③	④	⑤	24	①	②	③	④	⑤	44	①	②	③	④	⑤
5	①	②	③	④	⑤	25	①	②	③	④	⑤	45	①	②	③	④	⑤
6	①	②	③	④	⑤	26	①	②	③	④	⑤	46	①	②	③	④	⑤
7	①	②	③	④	⑤	27	①	②	③	④	⑤	47	①	②	③	④	⑤
8	①	②	③	④	⑤	28	①	②	③	④	⑤	48	①	②	③	④	⑤
9	①	②	③	④	⑤	29	①	②	③	④	⑤	49	①	②	③	④	⑤
10	①	②	③	④	⑤	30	①	②	③	④	⑤	50	①	②	③	④	⑤
11	①	②	③	④	⑤	31	①	②	③	④	⑤	51	①	②	③	④	⑤
12	①	②	③	④	⑤	32	①	②	③	④	⑤	52	①	②	③	④	⑤
13	①	②	③	④	⑤	33	①	②	③	④	⑤	53	①	②	③	④	⑤
14	①	②	③	④	⑤	34	①	②	③	④	⑤	54	①	②	③	④	⑤
15	①	②	③	④	⑤	35	①	②	③	④	⑤	55	①	②	③	④	⑤
16	①	②	③	④	⑤	36	①	②	③	④	⑤	56	①	②	③	④	⑤
17	①	②	③	④	⑤	37	①	②	③	④	⑤	57	①	②	③	④	⑤
18	①	②	③	④	⑤	38	①	②	③	④	⑤	58	①	②	③	④	⑤
19	①	②	③	④	⑤	39	①	②	③	④	⑤	59	①	②	③	④	⑤
20	①	②	③	④	⑤	40	①	②	③	④	⑤	60	①	②	③	④	⑤

※ 본 답안지는 마킹연습용 모의 답안지입니다.

한국전력기술 NCS 답안카드

번호	답란	번호	답란	번호	답란
1	① ② ③ ④ ⑤	21	① ② ③ ④ ⑤	41	① ② ③ ④ ⑤
2	① ② ③ ④ ⑤	22	① ② ③ ④ ⑤	42	① ② ③ ④ ⑤
3	① ② ③ ④ ⑤	23	① ② ③ ④ ⑤	43	① ② ③ ④ ⑤
4	① ② ③ ④ ⑤	24	① ② ③ ④ ⑤	44	① ② ③ ④ ⑤
5	① ② ③ ④ ⑤	25	① ② ③ ④ ⑤	45	① ② ③ ④ ⑤
6	① ② ③ ④ ⑤	26	① ② ③ ④ ⑤	46	① ② ③ ④ ⑤
7	① ② ③ ④ ⑤	27	① ② ③ ④ ⑤	47	① ② ③ ④ ⑤
8	① ② ③ ④ ⑤	28	① ② ③ ④ ⑤	48	① ② ③ ④ ⑤
9	① ② ③ ④ ⑤	29	① ② ③ ④ ⑤	49	① ② ③ ④ ⑤
10	① ② ③ ④ ⑤	30	① ② ③ ④ ⑤	50	① ② ③ ④ ⑤
11	① ② ③ ④ ⑤	31	① ② ③ ④ ⑤	51	① ② ③ ④ ⑤
12	① ② ③ ④ ⑤	32	① ② ③ ④ ⑤	52	① ② ③ ④ ⑤
13	① ② ③ ④ ⑤	33	① ② ③ ④ ⑤	53	① ② ③ ④ ⑤
14	① ② ③ ④ ⑤	34	① ② ③ ④ ⑤	54	① ② ③ ④ ⑤
15	① ② ③ ④ ⑤	35	① ② ③ ④ ⑤	55	① ② ③ ④ ⑤
16	① ② ③ ④ ⑤	36	① ② ③ ④ ⑤	56	① ② ③ ④ ⑤
17	① ② ③ ④ ⑤	37	① ② ③ ④ ⑤	57	① ② ③ ④ ⑤
18	① ② ③ ④ ⑤	38	① ② ③ ④ ⑤	58	① ② ③ ④ ⑤
19	① ② ③ ④ ⑤	39	① ② ③ ④ ⑤	59	① ② ③ ④ ⑤
20	① ② ③ ④ ⑤	40	① ② ③ ④ ⑤	60	① ② ③ ④ ⑤

성 명

지원 분야

문제지 형별기재란

Ⓐ Ⓑ

( )형

수 험 번 호

| ⓪ ① ② ③ ④ ⑤ ⑥ ⑦ ⑧ ⑨ |
| ⓪ ① ② ③ ④ ⑤ ⑥ ⑦ ⑧ ⑨ |
| ⓪ ① ② ③ ④ ⑤ ⑥ ⑦ ⑧ ⑨ |
| ⓪ ① ② ③ ④ ⑤ ⑥ ⑦ ⑧ ⑨ |
| ⓪ ① ② ③ ④ ⑤ ⑥ ⑦ ⑧ ⑨ |
| ⓪ ① ② ③ ④ ⑤ ⑥ ⑦ ⑧ ⑨ |
| ⓪ ① ② ③ ④ ⑤ ⑥ ⑦ ⑧ ⑨ |

감독위원 확인

(인)

한국전력기술 전공 답안카드

성 명

지원분야

문제지 월별기재란 ( )형 Ⓐ Ⓑ

수험번호
⓪①②③④⑤⑥⑦⑧⑨ (×7)

감독위원 확인 (인)

1	①②③④⑤	21	①②③④⑤	41	①②③④⑤
2	①②③④⑤	22	①②③④⑤	42	①②③④⑤
3	①②③④⑤	23	①②③④⑤	43	①②③④⑤
4	①②③④⑤	24	①②③④⑤	44	①②③④⑤
5	①②③④⑤	25	①②③④⑤	45	①②③④⑤
6	①②③④⑤	26	①②③④⑤	46	①②③④⑤
7	①②③④⑤	27	①②③④⑤	47	①②③④⑤
8	①②③④⑤	28	①②③④⑤	48	①②③④⑤
9	①②③④⑤	29	①②③④⑤	49	①②③④⑤
10	①②③④⑤	30	①②③④⑤	50	①②③④⑤
11	①②③④⑤	31	①②③④⑤		
12	①②③④⑤	32	①②③④⑤		
13	①②③④⑤	33	①②③④⑤		
14	①②③④⑤	34	①②③④⑤		
15	①②③④⑤	35	①②③④⑤		
16	①②③④⑤	36	①②③④⑤		
17	①②③④⑤	37	①②③④⑤		
18	①②③④⑤	38	①②③④⑤		
19	①②③④⑤	39	①②③④⑤		
20	①②③④⑤	40	①②③④⑤		

※ 본 답안지는 마킹연습용 모의 답안지입니다.

한국전력기술 전공 답안카드

※ 본 답안지는 마킹연습용 모의 답안지입니다.

1	① ② ③ ④ ⑤	21	① ② ③ ④ ⑤	41	① ② ③ ④ ⑤
2	① ② ③ ④ ⑤	22	① ② ③ ④ ⑤	42	① ② ③ ④ ⑤
3	① ② ③ ④ ⑤	23	① ② ③ ④ ⑤	43	① ② ③ ④ ⑤
4	① ② ③ ④ ⑤	24	① ② ③ ④ ⑤	44	① ② ③ ④ ⑤
5	① ② ③ ④ ⑤	25	① ② ③ ④ ⑤	45	① ② ③ ④ ⑤
6	① ② ③ ④ ⑤	26	① ② ③ ④ ⑤	46	① ② ③ ④ ⑤
7	① ② ③ ④ ⑤	27	① ② ③ ④ ⑤	47	① ② ③ ④ ⑤
8	① ② ③ ④ ⑤	28	① ② ③ ④ ⑤	48	① ② ③ ④ ⑤
9	① ② ③ ④ ⑤	29	① ② ③ ④ ⑤	49	① ② ③ ④ ⑤
10	① ② ③ ④ ⑤	30	① ② ③ ④ ⑤	50	① ② ③ ④ ⑤
11	① ② ③ ④ ⑤	31	① ② ③ ④ ⑤		
12	① ② ③ ④ ⑤	32	① ② ③ ④ ⑤		
13	① ② ③ ④ ⑤	33	① ② ③ ④ ⑤		
14	① ② ③ ④ ⑤	34	① ② ③ ④ ⑤		
15	① ② ③ ④ ⑤	35	① ② ③ ④ ⑤		
16	① ② ③ ④ ⑤	36	① ② ③ ④ ⑤		
17	① ② ③ ④ ⑤	37	① ② ③ ④ ⑤		
18	① ② ③ ④ ⑤	38	① ② ③ ④ ⑤		
19	① ② ③ ④ ⑤	39	① ② ③ ④ ⑤		
20	① ② ③ ④ ⑤	40	① ② ③ ④ ⑤		

성 명

지원분야

문제지 형별기재란

형 ( ) Ⓐ Ⓑ

수 험 번 호

⓪ ① ② ③ ④ ⑤ ⑥ ⑦ ⑧ ⑨

감독위원 확인

(인)

2023 하반기 SD에듀 한국전력기술
NCS & 전공 최종모의고사 5 + 2회분 + 무료NCS특강

초 판 발 행	2023년 10월 20일 (인쇄 2023년 10월 06일)
발 행 인	박영일
책 임 편 집	이해욱
편 저	SDC(Sidae Data Center)
편 집 진 행	김재희
표 지 디 자 인	조혜령
편 집 디 자 인	김지수 · 장성복
발 행 처	(주)시대고시기획
출 판 등 록	제10-1521호
주 소	서울시 마포구 큰우물로 75 [도화동 538 성지 B/D] 9F
전 화	1600-3600
팩 스	02-701-8823
홈 페 이 지	www.sdedu.co.kr
I S B N	979-11-383-6234-4 (13320)
정 가	18,000원

SD에듀가 합격을 준비하는 당신에게 제안합니다.

성공의 기회! SD에듀를 잡으십시오.
성공의 Next Step!

결심하셨다면 지금 당장 실행하십시오.
SD에듀와 함께라면 문제없습니다.

기회란 포착되어 활용되기 전에는
기회인지조차 알 수 없는 것이다.

– 마크 트웨인 –

기업별 맞춤 학습 "기본서" 시리즈

공기업 취업의 기초부터 합격까지! 취업의 문을 여는 *Hidden Key!*

기업별 기출문제 "기출이 답이다" 시리즈

역대 기출문제와 주요 공기업 기출문제를 한 권에! 합격을 위한 *One Way!*

시험 직전 마무리 "봉투모의고사" 시리즈

실제 시험과 동일하게 마무리! 합격을 향한 *Last Spurt!*

※ **기업별 시리즈** : 부산교통공사/한국가스공사/LH 한국토지주택공사/한국공항공사/건강보험심사평가원/국민연금공단/인천국제공항공사/한국수력원자력/한국중부발전/한국환경공단/부산환경공단/한국국토정보공사/SR/신용보증기금&기술보증기금/도로교통공단/한국지역난방공사/한국마사회/한국도로공사/강원랜드/발전회사/항만공사 등

※도서의 이미지 및 구성은 변동될 수 있습니다.

현재 나의 실력을 객관적으로 파악해 보자!

모바일 OMR
답안채점 / 성적분석 서비스

도서에 수록된 모의고사에 대한 객관적인 결과(정답률, 순위)를 종합적으로 분석하여 제공합니다.

OMR 입력

성적분석

채점결과

시간측정 가능!!

※OMR 답안채점 / 성적분석 서비스는 등록 후 30일간 사용 가능합니다.

참여 방법 → 도서 내 모의고사 우측 상단에 위치한 QR코드 찍기 → 로그인 하기 → '시작하기' 클릭 → '응시하기' 클릭 → 나의 답안을 모바일 OMR 카드에 입력 → '성적분석 & 채점결과' 클릭 → 현재 내 실 확인하기